KB189106

행복의 법칙

행복의 법칙

행복은 행운처럼 다가오는 것이 아니라
법칙에 의해 마땅히 얻어지는 것이다

광덕 지음

불광출판사

오늘날 고(苦)를 구한다는 사람은 없을 것이다. 억지를 써서라도 평화를 구하고 진리를 구하고 행복을 구한다. 그리고서 제 나름대로의 공식에 따라 생활을 벌려가며 행복이라는 것을 추구한다. 그러나 행복이라는 것이 그리 쉽게 손에 잡히지는 않는 모양이다. 부자든 권세가든 알고 보면 대개가 고의 연속이고, 그 고는 정신적 깊은 층에서 오는 괴로움일 수도 있다. 그래서 행복이란 어려서 잃은 어머니처럼 그리운 말로만 남기 일쑤다. 그런 나머지 행복을 논한다고 하면, 기껏해야 생각하기 나름이라는 식으로 회피하고 체념하거나 관능적 자극으로 망각하려 한다. 때로는 되어가는 대로 살아가는 것을 인생의 지혜로 삼는다는 사람도 본다.

　　그러나 행복은 몽환이 아니다. 체념이나 망각으로 얻어지는 것이 아니다. '니르바나'의 진리, 부처님의 간절하신 설법만큼 진실하고 현실적인 것이다. 행복은 우리 생명의 진실이자 현존적 실재인 불성의 공덕을 긍정하고 신뢰하는 동시에, 그것을 생활로써 열어가는 데 있다.

나는 여기 행복을 논하면서, 불교의 높고 어려운 수행으로 얻어지는 행복은 논할 주제도 못 되기에 아예 언급도 하지 않았다. 단지 우리의 생활현장에서 청정한 마음의 법칙을 활용해 행복을 누리게 되는 것을 말하려 했다. 진실 존재가 원래로 니르바나인 것을 믿고 신뢰하는 가운데 본성의 행복한 공덕이 나타난다. 행복은 부처님께서 보이신 바 생명 진실을 믿고 생각하며 몸으로 행할 때, 그 모습이 구체적으로 드러난다.

행복은 어떤 권능자가 주어서 얻어지는 과실이 아니다. 진실을 믿고 행하는 데서 어김없이 이루어지는 법칙인 것이다. 이러한 행복의 법칙을 나는 그동안 불광법회에서 말해 왔으며 글로 쓰기도 했다. 다시 강조하건대 행복은 어느 권능자의 관용에서 얻어지는 것이 아니고, 진실을 행함으로써 이루어지는 법칙이다.

여기 모은 글은 기왕에 월간 「불광」이나 불광법회에서 말해온 것들이다. 이것이 아직도 행복의 길을 가는 형제들에게 도움이 된다 하기에 여기에 모으기로 했다. 이 책을 손에 드는 분들이 행복의 법칙을 진실로 받아들여 새로이 증거하게 되기를 믿어 마지않는다.

1990년 9월 10일
불광사에서 광덕 삼가 적음

"선(禪)은 숭산,
글은 법정이지만
두루 갖춘 이는
광덕이다"

월주 스님(전 조계종 총무원장, 김제 금산사 조실)

"'나는 불자다. 부처님의 진리생명이다. 오늘 하루 좋은 일이 찾아온다.'고 매일 10번 이상 소리를 내서 말하고 일어납시다. 그리고 내 생명 가득히 부처님의 진리가 태양처럼 솟아오른 것을 마음의 눈으로 지켜봅시다. 진리의 태양이 나의 생명, 나의 가정, 나의 사업, 우리 겨레 위에, 다시 온 누리 중생에게 퍼지는 것을 생각하고, 저들 모두의 평화와 행복을 기원합시다."

한국불교의 도심포교와 현대화에 큰 업적을 남긴 광덕(光德, 1927~1999) 스님의 생전 법문이다. 스님은 1950년 범어사로 입산했으며, 이후 동산 스님을 은사로 출가했다. 종정을 지낸 성철 스님의 사제다.

나와 광덕 스님은 1950년대 처음 만났고, 종단 소임을 맡으며 오랜 인연을 맺었다. 1971년 청담 스님이 입적했을 때에는 내가 조계종 총무원 교무부장, 광덕 스님이 총무부장이었다. 광덕 스님은 청담 스님의 갑작스러운 입적 뒤 총무원장 직무대행을 맡기도 했다.

우리 두 사람은 젊은 스님들답게 한국불교의 미래에 대한 우려와 고민을 자주 토로했다. 광덕 스님은 "출가해 수행하지만 한국불교는 무상하고 지나치게 허무주의가 짙다. 선문답에 머물러 있으면 어떻게 세상을 구할 수 있겠나."라고 말했다.

광덕 스님은 당대를 대표하는 선지식인 동산 스님의 제자였고 선(禪) 수행과 『금강경』에도 밝았다. 그러나 현실세계와 거리를 두는 불교의 초세간적인 분위기를 자주 비판했다. 결국 스님은 산에서 내려왔고, 종단을 거쳐, 다시 도심으로 걸어 들어갔다. 도심의 불자들 사이에 스님의 길이 있었다. 철저하게 수행 위주로 살아간 성철 스님과는 다른 길이다.

1950, 60년대 종단에는 젊은 인재가 적지 않았다. 세월이 흘러 법명을 높인 이들이 숭산, 광덕, 법정 스님이다. 세 스님 모두 수행이 깊었으며, 숭산 스님은 선을 통한 국제포교, 법정 스님은 글을 통한 문서포교, 광덕 스님은 보현행원을 중심으로 한 도심포교에서 한국불교의 새 길을 개척했다. 이런 비유도 있었다. "선은 숭

산, 글은 법정이지만 두루 갖춘 이는 광덕이다."

스님은 1965년 창립된 대학생불교연합회의 초대법사를 맡고, 다시 서울 강남 봉은사에 대불련 수도원을 설립했다. 수도원이라는 명칭에서도 볼 수 있듯, 모두 획기적인 시도였다. 학생들은 낮에는 학교에서 공부하고 아침, 저녁에는 정진했다. 하루 1,000배 기도와 철야 정진 등 수좌처럼 생활했다. 당시 서울 혜화동의 서울대나 장충동 동국대 등 강북에서 봉은사에 오려면 배를 타고 건너는 고된 일과였다. 박세일 한반도선진화재단 이사장, 박성배 미국 스토니브룩 뉴욕주립대 교수 등이 이곳에서 수행했다.

스님은 1974년 불광회(佛光會)를 창립해 불교 대중화 운동의 이론적 기초를 세우고 추진력을 얻는다. 불광회를 시작으로 1975년 대중법회인 불광법회 창립, 1982년 잠실 불광사 창건이 이어진다. 불광사는 서울 구룡사, 능인선원 등 대규모 도심 포교당의 모델이 됐다. 불광은 부처님의 반야(般若, 지혜)다. 반야 사상을 통해 인간의 마음과 삶을 밝게 비추고 나아가 사회의 성공과 행복, 번영을 실현한다는 것이다.

지금은 불교와 관련한 잡지나 출판사가 많지만 당시에는 빈약하기 짝이 없었다. 1974년 창간한 월간 「불광」은 지금까지 이어지며 문서포교의 전형으로 자리 잡았고, 불광출판사 역시 불교계의 대표적인 출판사가 됐다. 생전 스님은 아이처럼 해맑은 표정과 솔직담백한 말이 매력적이었다.

"제가 책 좀 읽었다고 해서 종단에 징발되어 10년 가까이 종단 행정에 관여한 것을 아실 겁니다. 그러다가도 틈만 있으면 팽개

치고 산으로 달아났습니다. 꿩이 생각은 콩밭에 가 있다더니, 도시에 나와 있으면서도 산중으로 달아나 참선만 하는 생각을 하고 살았습니다. 그러는 가운데 월간 「불광」을 만들게 되었고, 불광 형제들을 만나 이렇게 더불어 살게 됐습니다."

스님은 입적 전 10여 년간 투병했다. 몸의 고통 때문에 누워 있다가도 '나는 죽지 않아'라며 벌떡 일어나기도 했다. 그만큼 불교를 위한 원력(願力)이 강했다. 병색이 완연했지만 법문에 들어서면 언제나 힘 있는 목소리로 대중을 만났다. 말하는 사람이 힘 있어야 그 기운을 다른 사람에게 전할 수 있다는 것이 스님의 지론이었다. 스님이 건강을 잃지 않고 더 살 수 있었다면 불교 발전에 더욱 크게 기여했을 것이다.

스님이 추구한 불광의 길, 그것은 하나하나의 갈래까지 새로운 것이었다. 고된 도심의 현대인들에게 행복의 문을 밝게 비춰준 찬란한 빛이었다.

목차

1
장
행복의 법칙

4장 — 성공자의 자기관리

1장

행복의 법칙

누가 가장 행복한 사람인가

이 세상에서 어떤 사람이 가장 행복할까? 부자일까, 세도가일까, 건강한 사람일까? 아니다. 그것은 자기 뜻대로 착하고 아름다운 일들을 이룰 수 있는 사람이다. 원래로 천지만물은 어떤 권능자의 것이 아니라 마음이 만드는 것이고, 개인을 둘러싼 환경 여건도 그 사람의 마음가짐에서 이루어진다. 그렇다면 이 세상에서 가장 행복한 사람은 틀림없이 자기 마음속에서 항상 밝은 생각을 갖는 사람일 게다. 명랑한 사람, 자비로운 사람, 다른 사람을 칭찬하고 축복하는 사람이다. 그리고 마음이 평화롭고 조화를 이룬 사람, 건강·행복·풍요 등 좋은 생각만을 항상 가지고 끊임없이 노력하는 사람, 이런 사람이 행복한 사람이다. 왜냐하면 그러한 마음 자세가 아름답고 행복한 목표를 하나하나 실현해 가기 때문이다.

'좋은 일이 생기면 기뻐하자'고 생각한다면 그것은 이미 늦은 것이다. 먼저 마음에 있고 그 다음 현실 위에 이루어지는 것이므로, 이루어진 다음에 생각한다는 것은 잘못이다. 먼저 기뻐하고 먼저 성취를 생각하고 먼저 행복을 간직해야 한다. 이것은 마치 텔레비전의 채널을 맞추는 것과도 같다. 채널을 KBS에 맞춰야 KBS 방송이 나오고 MBC에 맞춰야 MBC 방송이 나오지 않는가. 행복과 성취의 마음에 채널을 맞추지 않으면 행복 방송이 나올 리 만무하다. 불행과 고민과 불평불만 등 어두운 생각을 지으면 불쾌한 일들이 하나하나 나타나는 것도 당연하다. 노여움, 슬픔, 미움, 불평불만만큼 우리의 생명력을 낭비하는 것도 없다. 그런 생각들은 값있는 인생을 허비할 뿐만 아니라 자신의 운명에 불행과 고난을 불러들인다. 더 나아가 이웃에게까지 어둡고 나쁜 파문을 퍼뜨리게 된다. 우울증만 더해갈 뿐이다.

아무래도 행복을 바라거든 마음에 불평 대신 감사한 생각을 가슴에 채워야 한다. 다른 사람을 칭찬하고 그들의 장점을 발견해 주며 그들의 행복을 축복할 것이다. 항상 명랑하고 유쾌하게 웃으며 살아야 한다. 어떠한 고난을 당하더라도 그것을 행운이 닥쳐올 징조인 것으로 알고 기쁜 마음으로 이겨 나가야 할 것이다.

인간은 모두 근본 바탕 성품이 불성이다. 우리는 불성의 온갖 공덕을 이미 갖추고 있다. 이 불성을 빼고 다시 다른 권능자는 없다. 무한 창조의 자재한 위력은 우리의 본성에 본래로 갖추어 있다. 일체유심조(一切唯心造)라 하는 부처님 가르침은 우리들의 마음 쓰기에 따라 행복도 불행도 만들어낸다는 것을 의미한다. 그렇다면 우리 인생은 얼마나 거룩하고 축복된 삶인가. 마땅히 마음과 생각을 바르게 써서 우리와 환경의 국토를 아름답게 꾸며가야 할 것이 아닌가.

　잠시라도 답답하고 우울한 생각이나 미워하는 생각으로 지낸다면, 그 시간의 인생은 정말 억울하고 답답한 인생이다. 우리는 마땅히 바라밀(婆羅密, 피안에 이르는 완전한 성취)을 관(觀)하여 밝은 마음을 가득 채우고, 그 밝음과 기쁨을 우리가 걸어가고 살아가는 마당에 뿌려나가야 할 것이다. 이 사람이 가장 행복한 사람임은 다시 말할 것이 없으리라.

- 1977년 5월

행복의 법칙

행복을 찾는 얼굴들

—

사람은 누구나가 행복을 찾는다. 그러면서도 다들 행복하지는 않은 모양이다. 겉으로는 행복의 많은 여건들을 가지고 있는 사람도 역시 행복하지는 않은 모양이다. 돈, 권세, 사업, 가족, 명예 등 많은 것을 가진 이들도 역시 행복은 빠진 모양이다.

우리가 행복을 찾는 것은 욕심이 많아서가 아니다. 행복이라는 구색을 마저 갖추자는 겉치레가 아니다. 재부(財富), 권세, 명예를 쓰고 다녀도 가슴 한 구석에는 싸늘한 바람이 떠나지 않기 때문이다. 어둠의 입김, 불안의 구름이 우리의 주변을 얼른대고 있다. 우리의 혼과 마음이 안식을 얻을 보금자리가 없는 것이다.

많은 사람들을 만나며 그들에게서 행복에의 간절한 소망을 읽는다. 이루지 못한 상태에 사는 것을 당연한 것으로 여기며 참고 있는 인종가(忍從家)도 있다. 참고 살아가노라면 어떻게든 되겠지 하는 낙천가도 있다. 이렇게 하면 된다는 기대와 자신을 가지는 사람, 또 그 사이에서 이렇게 할까 저렇게 할까 헤매는 사람도 있다. 혹은 묵상(默想)과 수행으로, 혹은 좌충우돌 또는 체념으로 한결같이 현상에서 탈피를 기도한다. 그들의 잔잔한 표정에서 또는 흔들리는 눈망울 저 너머에서 인간의 진실하고 애절한 생명의 소망을 읽을 때가 한두 번이 아니다.

유물론적 행복관이 낳는 공동(空洞)

—

실로 많은 사람들이 행복해 보이지만 정녕 행복하지는 않았다. 거리를 메우는 사람의 물결, 총총걸음으로 제각기 방향을 찾아 흘러간다. 하지만 그들 가슴의 고백은 행복만이 아닌 것은 너무나 많이 보아 온다. 그것은 왜일까? 그것은 한마디로 행복의 법칙을 모르기 때문이다.

우리 모두는 행복을 구한다고 한다. 행복이 무엇이기에 어떤 것을 구한다고 하는 것일까. 돈인가, 부귀인가, 권세인가, 아들딸 많은 것인가, 건강인가, 아니면 욕구충족인가, 그 모두인가. 만약 이것들이 행복이라면 돈 많으면 크게 행복할 것이다. 권세 잡으면 크게 행복할 것이다. 천자만손(千子萬孫)이면 행복할 것이다. 건강하면 행복할 것이다. 과연 그러한가? 역대 돈환(돈주앙, 바람둥이)이 행복했으며, 천하무적 복서나 레슬러들이 행복했던가, 억만장자재벌들이 또한 권문세가들이 과연 행복했던가.

대개 물질이나 형상 있는 것, 감각적인 것을 행복의 표적으로 알고 찾아 헤매고서는 결코 행복은 잡히지 않는다. 왜냐하면 그것들 물질적인 것이나 형상이 있는 것, 감각적인 것들은 행복 요소의 겉치레요 잔재(殘滓)이지 행복 자체는 아니기 때문이다. 그것은 그림자이지 실체가 아니기 때문에, 잡았다고 할 때는 이미 놓치고 없는 것이다. 아무리 물질적·감각적 여건을 완비해 보라, 거기에 행복의 신이 찾아드는가. 갈등과 대립과 갈증과 거친 인심과 기계적 잔인성이 인간의 가슴속에 깊숙한 공동(空洞)을 만들어, 뼈 속 깊이 처참한 공허가 스며들 것이다.

오늘날 우리 주변에는 유물론적 행복관이 난무하고 있다. 그래서 물질적·감각적 추구가 행복인 줄 알고, 물질 획득을 행복 획득으로 알고 있다. 곧 이것을 가치로 알고 있다. 과연 물질 획득이 곧 행복 획득이었던가? 부자가 된 분은 대답해 보라.

물질적·감각적 행복은 물거품이다

—

그러면 '행복의 법칙'이란 무엇이란 말인가? '물질은 물질 아닌 것의, 형상 있는 것은 형상 아닌 것의 그림자'라는 사실을 알고, 이 그림자를 넘어선 저 너머의 실자(實者)를 잡아야 한다.

물질은 그림자이며 형상은 꿈이며 감각적인 것은 환(幻)인 것을 모르기 때문에, 이 꿈이며 환이며 그림자가 아닌 실자에 착안하지 못하는 것이다. 그러므로 환이나 그림자나 물거품을 잡으려 애쓰고 허덕인다. 그리고 그와 같이 기를 쓰고 진땀을 흘려 행복이란 것을 잡았을 때는 이미 공허를 안겨준다. 그것은 실(實)이 아니기 때문이다.

우리는 물질은 그림자라는 사실을 철저히 알아야겠다. 이것은 참으로 중요하다. 독자 여러분은 『반야심경』을 아실 것이다. 그리고 그 첫머리에 "오온(五蘊)은 다 공(空)했다"는 구절을 기억하실 것이다. 이 『반야심경』은 진리에 들어 자재와 행복을 얻는 방법을 설한 경이라 해도 좋다. 그래서 짤막한 말씀 가운데 진리의 뜻이 풍성히 담겨 있다. 여기 "오온이 공했다" 한 것은 대자재(大自在)를 성취한 관세음보살이 대지혜로써 보니, 오온이 공한 것이라 그렇게 말씀하신 것이다.

오온이란 무엇인가? 오온이라 함은 '다섯 가지의 쌓임' 또는 '다섯 가지 구성요소'라는 뜻인데, 물질과 정신의 총체를 가리킨 말이다. 다섯 가지란 색(色) 즉 물질계와, 수(受, 감각), 상(想, 표상), 행(行, 의지), 식(識, 의식) 등의 정신현상을 말한다. 다음에 공했다는 것은 '아무 것도 없다'는 것이 원의(原意)이다. 인도 수학에서는 영(零)을 의미한다. 그래서 오온은 있는 듯하지만, 그림자일 뿐 없다는 뜻이 된다.

또 『금강경』에는 "일체 현상계는 꿈이며 환이며 물거품이며 그림자이며 이슬과 같고 또한 번개와도 같으니 이와 같이 여길지니라."고 말씀하신다. 이러한 부처님 말씀에 의한다면 우리가 현상에 눈이 팔리고 물질에 마음을 빼앗겨, 거기서 가치니 행복이니를 찾아 헤맨다면 신기루에 현혹된 사막의 나그네와 무엇이 다른가. 행복은커녕 공허와 실의와 갈증이 엄습해 온다.

우리는 여기서 번뇌의 근원을 여실히 보게 된다. 그러므로 행복을 구한다면 마땅히 그림자 아닌 실자를 찾아야 한다는 까닭이 여기에 있다. 이것을 모르기 때문에 건강을 구하면서 건강을 얻지 못하고, 세계의 평화를 바라면서 전쟁은 그칠 줄 모른다. 우리는 마땅히 물질계와 현상은 이것이 그림자라는 사실을 철저히 조파(照破)하여야겠다.

현상 너머 실자가 만능자이다

—

나는 앞서 그림자이며 환인 현상을 넘어서 실자를 파악할 것을 말했다. 그러면 이 현상 너머의 실자란 무엇인가. 그것은 진리다. 바꿔 말해서 참마음이요, 불심이다. 불심인 진리가 현상 너머에 있는 실자다.

혹자는 필자의 이와 같은 표현을 탓하리라. "현상이 공이며 환일진대, 어찌 내외가 있는 것이며 실자라는 것이 있을 것이며 득실이 있을 것인가? 만약 따로 있다면 그도 또한 망(妄)이다." 좋다. 혹시 독자 가운데 이와 같이 항의하는 분이 있다면 필자가 바랐던 바다. 실자란 말도 부득이한 표현인 것을 이해했기 때문이다.

이 실자, 불심인 진리가 행복의 근원이다. 행복을 구하는 자는 무엇보다 먼저 이 불심을 잡아서 제 것으로 만들어야 한다. 이 불

심이 만능자다. 무엇이든 거기서 나온다. 불심은 무량한 지혜이고
끝없는 사랑이고 생명이고 보장(寶藏)이고 평화이고 조화이고 힘
이고 광명이다. 나는「한마음 헌장(憲章)」에서 불심을 '한마음'이라
하고 다음과 같이 말했다.

영원한 자재, 광명과 창조와 무한과 환희가
대해(大海)의 파도처럼
끝없이 너울치고 역동한다.
모든 것이 원만하게
모든 것이 조화있게
이미 이루어졌고 구족하다.
대성취가 자족하다.
존재에 앞선 존재 이전자,
모두의 모두이기에
모두는 이미
거기 있고 그의 것이다.
풍요, 자재, 광명, 생명, 평화, 무한창조….
행복, 지혜, 자비, 무한공덕장,
자재조화력, 구원생명(久遠生命),
축복의 물결,
행복의 대해(大海)

진리의 열쇠는 쥐어져 있다

—

이것은 진리의 근본 표현이며 불심의 본연 속성이다. 이것이 그림자이며 환인 현상 저 너머 실자의 본연동태다. 이보다 더 큰 소망이 있을 수 있을까? 이 이상을 생각할 수 있을까? 실로 이 이상은 없다. 이것이 마지막 가는 소망이며 다시 더는 생각할 수 없는 것이다. 우리는 이 진리를 잡아야 하고, 이 불심을 나의 것으로 만들어야 한다.

혹자는 여기에 진리를 잡고 불심을 나의 것으로 만든다 할 때 "그것은 어떻게 만들며, 만드는 일이 어려운 것이라면 결국 하늘의 별을 따라는 식의 말이 아닌가." 할 것이다. 그러나 염려할 것은 없다. 이미 완전하고 생생하게 있는 것이기 때문이다. 누구든 이 생명 이전부터 본래 있는 것이기 때문이다. 알고 보면 얻는다는 것이 망(妄)인 것이다. 천만 번 죄를 짓고 악을 저지르고 억만 번 지옥을 드나들었다 하더라도 변하는 것이 아니기 때문이다. 이것이 본래 있는 것이다. 참으로 있는 것이다. 다른 것은 있는 듯하지만 실로는 없는 것이요, 우리의 지금 당장 현전(現前)된 현실이 바로 그것이기 때문이다. 왜? 참으로 있는 것은 그것뿐이기 때문이다. 그것이 바로 현실이며 현존(現存)인 것이다.

부처님께서는 말씀하셨다.

"사리불이여, 마땅히 알라. 내 일찍이 서원을 세워 일체 중생으로 하여금 모두가 나와 꼭 같게 하고자 하였느니라. 내 이제 저 옛적에 세운 바 원을 이미 만족하였느니라."(『법화경』「방편품」)

이와 같이 하여 우리는 저 옛적부터 부처님의 위신력을 힘입어 이미 여래공덕인 불성진리를 완전히 얻어 마친 것이다.

이 땅에 오기 전에 받은 여의주

—

그런데도 이미 우리는 이 사실을 알지 못하고 자질구레한 소망을 찾아 헤매기 얼마였던가. 사실 아무리 억만장자이며 전 세계의 재화가 몽땅 자기 명의로 등기되어 있더라도, 그러한 사실을 모르고 있다면 한 푼도 쓸 수 없는 가난뱅이와 무엇이 다른가. 자신에게 무량한 재화가 있는 것을 알 때 비로소 그는 부자의 권능을 갖추게 마련이다. 우리가 불심진리의 무량공덕을 지니고 있더라도 이것을 알지 못하고 지낸다면 고난의 구렁으로 전락하는 것도 또한 이와 같다. 『법화경』 「오백제자 수기품」에는 이와 똑같은 이야기가 보인다.

옛적에 가난한 사람이 있었다. 하루는 친구 집에 와서 술에 취해 드러누웠다. 친구는 바쁜 일이 있어 그가 잠에서 깨기를 기다리지 않고 집을 나서면서, 엄청난 값이 나가는 보배구슬을 술 취한 그의 속옷 자락에 달아 주었다. 그는 술에 취해서 이런 일을 도무지 깨닫지 못하였다. 그는 술이 깨자 일어나 다른 고장으로 떠났다. 벌어먹기가 역시 힘들었다. 그래서 조금이라도 벌이가 되면 그것으로 만족을 삼고 지내다가, 하루는 다시 옛 친구를 만났다. 친구가 이 사람을 보고 안타까워하며 말했다.

"이 못난 친구야, 어찌 이런 꼴이 되어 있는가. 내가 지난 번 자네를 편안히 하고 또한 마음껏 즐겁게 살게 하고자 무가보주(無

價寶珠)를 자네 옷 속에 걸어 주었는데, 지금도 그대로 있지 않은가? 그런데도 자네는 이것을 모르고 고생하고 시달리며 푼돈 벌이에 바쁘니 어리석기 짝이 없구먼. 자네 그 보물을 소용대로 쓰게. 언제까지나 마음껏 쓰더라도 부족하지는 않을 것이네."

여기의 장자(長子) 친구는 부처님이시고 가난한 친구는 범부 중생이다. 저들 범부 중생은 이미 부처님 집에서 마음껏 마셨고 배부르게 먹고 다시 선물로 무가보주를 얻은 것이다. 쓰고 쓰고 언제까지 한없이 쓰더라도 한이 없는 큰 보물을 얻은 것이다. 이 보물이 자기 속옷에 간직되어 지금 당장도 변함없이 여전한데, 가난한 친구처럼 어리석게도 이 사실을 깨닫지 못하고 하루하루 밥벌이에 허둥거리는 셈이다. 부처님께서는 "여기 무가보주가 있다." 하고 거듭 일깨워 주신다. 그리고 "마음대로 써라. 그리하여 행복하게 살아라." 하신다.

무가보주, 무가보주, 이 무가보주, 이것이 진리이며 불심이며 본면목 불성이다. 만고에 변함없는 행복의 근원이다. 우리는 이를 믿고 이 무가보주를 쓸 줄 알아야 하겠다. 하루하루 품팔이에 만족하지 말고 우리가 본래로 갖춘 무한가치를 발현하여야겠다.

행복의 긍정이 행복을 부른다

—

이래서 우리의 참 모습은 무한가치를 지닌 불성이며 불심이며 진리이다. 그러므로 우리는 결코 거짓인 자기를 살려고 하지 말고'

참된 자아'로 살아야 하겠다.

불성(佛性)은 불(佛)의 본성(本性)이다. 형상인 불이 불이 아니라, 불성이 바로 진불(眞佛)이다. 그러므로 만인에게 있는 불성이 즉시 진불이다. 김 씨의 아들에게는 김 씨의 피가 흐르고 박 씨의 자손에게는 박 씨의 피가 흐르고 불(佛)의 아손(兒孫)에는 불의 피가 흐르는 법이다. '불(佛)의 피', 이것이 불성이다. 그러므로 만인은 바로 불자이며, 불이 그의 본 모양이요 생명이다. 행복을 구하는 자는 먼저 이것을 믿어야 한다. 믿는 것이 현재에 나타나는 법이다.

독자는 이제 그림자이며 환인 현상을 넘어선 저 너머의 실자가 무엇인지 알았으리라. 그리고 행복을 구하는 자는 이 실자를 잡아야 한다는 말이 하늘의 별을 따라는 말이 아니고, 이미 있는 현실인 현존 즉 불성진리를 믿으라 함을 이해했으리라 믿는다.

그러면 이 만화(萬化)의 조화주(造化主)이며 창조의 도깨비 방망이 같은 불성진리를 어떻게 하여 우리 현실 위에 구현시킬 것인가의 문제가 남는다. 그것은 현상을 보지 않고 진리본성을 믿는 것이다. 다시 말해서 그것은 새로 만들어내는 것이 아니라 있는 것을 나투는 것이니, 믿으면 믿는 대로 나타나는 법이다. 그래서 '믿음이 창조'라고 말한다.

만인에게 합장하고 감사하는 자세

—

우리는 무엇보다 만인을 부처님으로 알고 존중하고 감사하고 섬기고 받들어야 한다. 이렇게 말하면 거짓을 꾸민다고 오해할지도 모른다. 그러나 그것은 현상을 보는 것이 아니고 그의 실상이며 본성을 보고 하는 말이니, 조금도 거짓을 꾸며서 그렇게 믿으라는 것이 아니다. 사실을 사실대로 보고 믿으라는 것뿐이다.

그렇게 하면 자신은 중생이 아니게 된다. 자신에게 불(佛)도 나타나고 불의 자비와 위덕과 은혜가 내린다. 가까이는 부모님, 남편과 아내, 형제와 자녀, 그리고 자신을 둘러싸고 있는 그 모두가 은혜를 내린다. 모두가 하나같이 따뜻하게 은혜와 찬양으로 엉키게 된다.

경에 말씀하신다. "일체 중생을 부모와 같이, 스승과 같이, 아라한과 같이, 내지 부처님과 똑같이 받들어 섬겨라. 그러면 부처님의 무량한 공덕을 갖추게 되느니라."

자비는 행복을 실어 오는 파이프

—

자기를 본원진리(本源眞理)에 연결시켜야 한다. '본원진리'라 함은 불성을 말한다. '연결시킨다' 함은 자신의 생명이 부처님 진리에서 온 것임을 믿고 부처님 마음다운 따뜻함, 윤택함, 부드러움을 행하는 것이다. 이와 같이 믿고 따뜻함을 행할 때, 우리의 내부 생명인 불성공덕은 현실 위에 나타나게 마련이다.

어찌하여 자비를 행하면 우리의 내부 생명인 불성에서 온갖 공덕이 현실 위에 나타나는 것일까. 그 이유는 간단하다. 불성의 기본 체성(體性)이 자비인 까닭이다. 경에도 분명히 "모든 부처님은 대자비로 체를 삼으신다."고 하셨다. 그러므로 자비를 행하면 우리의 내부 생명인 부처님의 대자비 위신력이 우리의 현실에 연결되고 유도되어 나타나는 것이다. 만약에 자비를 행하지 않으면서 불신력(佛神力)을 누리고자 하는 것은 전원(電源)에 나무를 연결해 놓고 전기가 흘러오기를 바라거나 또한 라디오에 전파 주파를 맞추지도 않고 방송을 들으려고 하는 것과 같다. 나무는 도체가 아니다. 전기가 흐를 리 없다. 방송을 듣고자 할 때 주파수를 맞추지 않으면 방송국에서 아무리 강력한 전파를 발사하더라도 그 소리를 들을 수 없는 것과 같이, 부처님의 위신력을 입고자 하거든 자비를 행하라는 것이다.

자비를 행하자. 자비가 부처님의 체온이며 방송주파다. 그러면 부처님 위신력은 우리의 것이 되고 불성공덕은 우리 생활에 구현될 것이다.

대호쾌활(大好快活) 밝게 웃자

—

끝으로 절실히 요구되는 것은 '밝은 마음'을 갖는 것이다. 밝은 마음을 행하는 것이다.

무엇이 밝은 마음인가? 그것은 무엇이 어두운 마음인가를 생각해 보면 명백하다. 이 세상에서 온당하지 않은 것, 떳떳하지 않은 것, 불평불만, 나쁜 것 등 그 모두는 마음을 어둡게 하고 마음을 우울하게 하는 것이다. 그러므로 불평불만, 부도덕, 질병, 불행, 재앙, 공포 등 일체 마음을 어둡게 하는 것을 마음에서 몰아내야 한다. 어떻게 어두운 것을 마음에서 몰아낼까. 그것은 밝은 마음을 내는 것이다. 마음속으로 다만 감사하고 선량하고 성취하고 활기 넘치는 생각으로 가득 채우라. 답답하고 용렬하고 겁약한 생각이 들거든, 자신의 불신력을 생각하고 용력으로 채우라.

본래 이 생명, 이 마음은 부처님에게서 온 것이며 모두가 불성시현(佛性示現)이다. 그러니 어둠이니 우울이니 겁약이니가 있을 수 없다. 어둠은 바로 밝음의 부재를 의미한다. 독립적 존재가 아니다. 어둠이란 것은 망견(妄見)이다. 모름지기 항상 깨우쳐서 정견(正見)을 세우라. 그러면 언제나 밝음이 가득할 것이다. 이 밝음이 만인의 본면목이다. 대호쾌활이 그의 표정이다. 부처님은 비로자나, 즉 광명이 두루 비춰 일체처에 가득하다는 뜻이 된다. 아미타불을 진시방무애광여래(盡十方無 光如來)라 하는데, 무한 세계에 걸림 없는 대광명이라는 뜻이다.

여기서 우리는 알 것이다. 진리의 본신이 '빛'이라는 사실을. 진리의 본신이 곧 우리의 본신이다. 그러할진대 우리의 마음은 본래로 밝게 빛날 수밖에 없는 것이다.

'어둠은 없는 것, 밝음만이 있다.' 부처님의 광명이 나의 생명이다. 우리는 항상 이 생각을 잊지 말고 우리 마음에서 일체 어둠을 소탕하자. 그리고 건강, 행복, 지혜, 자비, 용기, 성취를 마음속에 가득히 채우자. 이것이 불광(佛光)이다. 이것이 대성취의 길이다.

- 1974년 12월

행복과 창조의 길 1

개미집의 용 이야기

—

어떤 사람이 이상한 개미집을 발견하였다. 낮에는 활활 타오르고 밤에는 뭉게뭉게 연기만이 피어올랐다. 이를 발견한 사람이 지혜 있는 사람을 찾아가서 물었다.

"이러이러한 개미집이 있습니다. 이를 어찌 하오리까?"

"그대에게 있는 칼을 빼라. 그 칼로 개미집을 파 헤쳐라."

지혜 있는 사람의 대답이었다.

그 사람은 칼을 빼어 개미집을 파헤쳤다. 그랬더니 여러 가지가 나왔다. 지혜 있는 사람에게 물었더니, "그 모두를 버려라." 했다. 그 모두를 퍼냈더니 마침내 물거품이 가득했다. 역시 모두 퍼냈다. 그랬더니 이번에는 거북이가 웅크리고 있는 것이 아닌가. 역시 칼끝은 무참히도 거북이까지를 찍어냈다. 그 다음에는 용이 도

사리고 앉아 있었다. 지혜 있는 사람은 말했다.

"그 용만을 두라. 그밖에는 모두 버려라. 그리고 용을 자유롭게 두라. 용을 공경하라."

낮에는 타오르고 밤에는 뭉게뭉게 피어오르는 개미집은 인생살이다. 밤에는 궁리하고 계산하며 내일을 경륜한다. 그리고 낮에는 왕성하게 동서남북으로 일을 벌인다. 활활 타오르는 것이다. 이와 같이 밤낮을 반복한다. 이것이 인생이다. 이 인생문제를 들고 나온 사람이 도를 구하는 사람이다. 이 인생이란 무엇이며 어떻게 살아가야 할 것인가를 궁구하며, 밝혀진 바른 길대로 살아가고자 한다. 이 길을 가르쳐 주는 지혜 있는 사람은 부처님이다.

그래서 여기 구도자는 부처님에게 인생이 무엇이며 어떻게 살아야 할까를 묻는다. 부처님은 칼을 빼어 개미집을 파헤치게 했다. 칼이 무엇인가? 지혜다. 반야(般若, 지혜)의 칼이다. 이것이 만인이 본래로 가진 것이다.

결국 지혜로 인생을 비쳐보는 것이다. 반야에 의한 인간분석이다. 인간이 무엇인가. 지혜로 비쳐보고 거기서 인간의 구성요소를 밝혀낸다. 그리고 그 요소가 갖는 허실을 가리고 거짓을 버린다. 그리고 진실을 취하고 긍정하며 가치로 삼아, 성실히 추구할 것을 보여준다.

인생공허를 극복하는 길

—

여기 개미집 이야기는 『남전중부경전 의지경』 가운데 한 토막을 요약한 것이다.

지혜에 비쳐진 바 인생은 몇 가지의 층을 이루고 있다. 비유이기는 하지만 우선 표면상 잡다한 복합을 이루고 있으며, 그것은 물거품으로 뒷받침되어 있다. 그 모두는 필경 물거품과 같이 공허한 것으로서, 있는 듯하지만 그것은 겉모양뿐이다. 인생에 있어 소중하게 여겨지는 모두가 필경 허무 위에 떠있는 포말이다. 언제 꺼질지 모르는 불안을 내포하고 있다기보다, 그러한 상태로나마 있는 것이 실은 겉모양일 뿐이다.

우선 지혜의 눈은 이것을 밝혀낸다. 모든 존재 자체의 공허성. 그리하여 당연히 인생은 공허한 것에의 집착을 버리게 하며 거짓에서의 탈출을 요구한다. 공허를 가치로 삼아 추구하는 삶에 행복은 있을 수 없다. 설사 얻어진 듯한 행복도 잡는 순간 이미 공허한 것이며, 멸을 실현하는 변화의 쓴맛이 앞에 다가선다. 기대했던 뿌듯한 행복감은 싸늘한 바람을 꼬리에 달고 찾아든다. 가슴속 깊숙이 찾아드는 인생 공허…. 채우지 못한 허전한 가슴은 필경 참된 태양으로 충족할 때까지는 황야의 거센 바람을 맛보아야 한다.

지혜의 칼은 다시 공허성의 밑바닥을 파고들었다. 그리고 거기서 거북을 들추어낸다. 물거품의 조작자는 바로 거북이었다. 거북이 무엇인가. 거북은 망심이다. 참된 자기를 상실하고 거짓된 자아를 설정하여, 그것을 가치와 자기근거로 삼는 도착된 자기의식이다.

본래로 밝고, 본래 스스로 안정되고, 본래부터 완전 구족한 참된 자기의 왕국. 이것은 잃으려야 잃을 수 없다. 빼앗길 수도 없다. 누구에게도 정복당할 수 없다. 오직 스스로 착각하여 이 본래의 왕국을 등지고 후미진 골목길을 찾아든다. 거기서 자기를 본다. 그리고 자기의 경계를 본다. 이 자기는 한정과 불안 위에 선 자기며 공허로 둘러싸인 경계다. 이것이 아(我)며 아소(我所, '나의 것'이라는 집착)다. 이 아소가 본원천국에서 벗어난 방랑의 첫 기숙처다. 이 아소에 깃든 마음, 이것이 망심이다. 자기 상실이 빚은 마음이다. 이 망심이 일체 피아(彼我)를 계교하며 우열을 분별한다. 또한 애증을 일으키고 득실을 헤아리고 탐애와 집착을 발동시킨다. 일체 유(有)란 필경 이 망심이 지은 바다. 그리고 망심이 지은 바는 망각(妄覺)이며 망유(妄有)다. 실(實)일 수 없고 진(眞)일 수 없고 견(堅)일 수 없고 참된 유(有)일 수 없다. 이 점은 망심이 지은 바 일체가 물거품인 사실에서 역력히 본 바이다.

부처님은 거북을 극복하라고 가르친다. 반야의 지혜에 비친 바로는 이 망심이라는 거북도 실로는 없는 것이었다. 망심도 망각이었다. 망심의 공, 이것이 반야가 비쳐준 견해다. 이것을 경에는 칼로 거북을 잡아내라고 표현하였다.

망심의 거북을 몰아낸 자리에 앉은 것이 용이었다. 여기서 용은 불성을 가리킨다. 인간의 참성품이며 일체 존재의 실상이다. 일체 성현도 중생도 함께 있고 과거도 미래도 현재도 함께 있고 나도 너도 일체 경계도 그이되 그가 아닌 근원적 실재, 여기에 이르러서는 유가 아니다. 무도 아니다. 유무가 아닌 것도 아니다. 숨은 것도 초월자도 아니다. 눈앞에 전면 드러나 있다. 본연의 모습이며 만인의 본래면목이다. 이것을 용으로 비유했다.

"용만을 두라. 그밖에는 모두 버려라. 그리고 용을 자유롭게 두라. 용을 공경하라."

이것은 바로 인간의 참모습을 말해주는 것이며 인생의 살아갈 길을 명확하게 설파한 말씀이다.

여기서 보여진 인간의 참면목은 물질도 육체도 감각도 정신도 아니며, 그것을 기초로 한 가치도 아니었다. 그것은 불성으로 불리우는 완전자였다. 일체지혜와 자비와 위덕과 능력과 아름다운 조화와 무한에의 자재(自在)를 나툴 주인, 영원의 자유 해탈자였으며 모든 공덕을 이미 갖춘 원만구족자였다. 이것은 범부의 생각으로는 짐작할 수 없다. 있는 것이라느니 없는 것이라느니 장차 이룰 가능성이라느니 한다면, 이것은 다 아니다. 우리는 오직 긍정이 있을 뿐이다. 나의 진면목이 어떤 것인가를 의심하지 않을 뿐이다. 모든 망연을 쉴 때 일찍이 밝게 빛나고 있는 자기를 아는 것이다. 그뿐이 아니다. 지혜의 눈이 이것을 밝게 본다. 망심, 망연, 망경계는 모두가 망이다. 망은 착각이다. 실로는 없는 것을 있는 것으로 착각한 것이다. 그러므로 착각된 눈만 돌이키면 본래의 빛을 본다. 쉴 것도 없다. 좇을 것도 없다. 버릴 것도 없다. 만약 쉬거나 좇아서 얻는다면 정(正)이 아니라 사(邪)다. 본래대로 이미 거기 있고 자신의 것인 까닭이다.

평등한 권능 자비

—

우리의 참면목이 불성이다. 우리는 스스로 있는 자다. 자존자이다. 누구의 은혜로 창조된 피조물이 아니다. 부처님의 생명이 나의 생명이어서 나는 극치의 존엄과 권위와 가치를 본래부터 타고났다. 변할 수도 빼앗길 수도 없다. 이것은 만인의 본모습이다. 더한 자 없고 못한 자 없다. 모두가 한 불자다. 우리는 자신의 본 권능을 자유로이 행사하여 자신의 세계를 장엄한다. 검게, 희게 또는 붉고 푸르게 등 모두가 아름답다. 자유로운 자기 표현이며 자기 실현이다. 혹은 천상에 혹은 지상에 자신의 세계를 펼친다.

우리는 자신의 본성이 지닌 자주적이고 능동적이며 창조적인 힘을 잊어서는 안 된다. 그리고 그러한 지혜와 힘은 일체와 나눌 수 없는 하나이며, 완전한 조화 속에서 하나의 생명으로 움직이고 있다는 사실을 명심할 일이다. 지혜와 자비와 위력은 자신의 본성에서 하나이며, 하나로 움직일 때 본성의 위력은 창조를 실현한다.

그러므로 자비는 누구를 위하거나 무엇을 얻기 위하여 지불하는 대가가 아니다. 천국에의 '티켓'을 얻자는 것이거나 부처님의 은총을 받겠다는 것일 수 없다. 자신에게 있는 생명의 따뜻함을 나누는 것이다. 태양이 밝음을 온 우주에 뿌리듯이, 스스로 체온을 온 시간과 공간 속에서 대하는 일이나 사람에게 풍기는 것이다. 이것은 무연(無緣)의 자비라 한다.

불성을 지닌 자(佛性者)에게는 불행이 있을 수 없다. 병고가 있을 리 없다. 재난이 있을 수 없다. 불안, 위기, 실패가 있을 수 없다.

일체 어둠이라는 그림자가 있을 수 없다. 그는 지혜며 일체구족이며 완전조화며 창조의 본원력이며, 현실이란 그의 자기 분별이며 의지의 실현이며 무한력의 피력이기 때문이다. 있는 것은 그뿐이다. 다른 것이란 없다. 걸릴 자, 장애할 자가 없다. 푸른 하늘에 늘 펼쳐지는 아침 햇살처럼 거침없이 뻗어간다. 광명에 어둠이 공존할 수 없다. 억천만 겁 동안 어두웠던 동굴이라도, 한번 빛이 뿌려지면 어둠은 순식간에 사라진다.

그러므로 그에게는 좌절이란 없다. 절망이란 없다. 고난이 고난일 수 없다. 뜻하는 것은 이루어진다. 아무것도 그를 막지 못한다. 끝모를 용기와 지칠 줄 모르는 전진, 이것이 불성자의 생리이다. 이 걸림없는 해탈자, 절대의 자재자, 무한의 덕성 원만 행복자, 이것이 우리의 본래면모다.

경에는 "용〔佛性〕만을 두어라. 그밖에는 모두를 버려라. 그를 자유롭게 두라. 공경하라." 하신다. 우리는 여기서 거듭 우리의 본성 본면목이 어떤 것이며 어떻게 자기를 펼쳐갈 것인가를 깊이 살펴야 할 것이다.

이와 같이 무한 자재 행복의 본연적 구전자(具全者)가 우리 인간이다. 이것은 반야의 대지혜가 본 바 만인의 실상이다. 그러므로 지혜의 눈을 뜬 사람이면 누구나 이 사실을 본다. 그래서 금강반야 회상에서 수보리 장로는 이 사실을 알고 감격 감사의 탄성을 발한 것이다.

"희유하십니다. 세존이시여. 부처님께서는 최상의 은혜로 우리를 감싸주고 계시며 또한 최상의 부촉을 우리에게 주셨습니다."

하였다. 우리의 본모습이 불성이며 불성 밖에 중생성이나 기구한 사주팔자상이란 없는 것임을 아는 사람이면, 어찌 수보리 장로만의 감사 탄성으로 그칠 것인가. 우리 모두의 감사며 탄성이 아닐 수 없다.

우리는 여기서 감사와 탄성으로만 그칠 수 없다. 마땅히 참된 우리의 진리적 현실을 중생계의 현실로 구현하여야 하겠다.

생각은 힘이며 지성이다

—

우리의 본연력(本然力)을 어떻게 무엇으로 발동할 것인가. 그것은 '생각의 힘'을 활용하는 데 있다. 우리의 생각인 '상념(想念)'은 하나의 '힘'이다. 절대의 위력을 가진 힘이다. 불성 무한력에 직접 통하는 '채널'이며 불성의 표현이다. 그래서 생각은 무한한 힘일 뿐만 아니라 우리의 활동을 방향 지을 지성을 스스로 지니고 있다. 그래서 생각을 어떻게 쓰느냐에 따라 그 생각 내용대로 이뤄간다.

이 원리는 단순하지만 실로 중대한 의미를 갖는다. 생각하는 것이 이루어진다는 사실을 알 때 우리는 무엇을 생각할 것인가? 무엇을 생각하고 있는가? 우리의 평소 마음가짐은 어떠하였는가? 깊이 생각하게 한다.

경에는 '일체유심조(一切唯心造)'라 말씀하셨다. 우리는 누구나 평화를 원한다. 행복을 원한다. 싸움보다는 화목을 원한다. 그런데 진정 우리의 생각, 우리의 마음속은 평화롭고 생동적이며 사랑과

행복감으로 채워왔던가? 밝은 희망보다도 우울한 어둠을 생각하
진 않았던가? 불안, 절망, 증오, 갈등 등 이런 생각들은 없었던가?
어두운 생각에는 어둠이 나타난다. 우리 앞에 밝음과 행복이 열릴
수 없다. 혹자는 말하리라. "불안하니까 불안한 생각이고, 불만스
러운 여건에서는 불평이 터져나올 수밖에 없지 않는가." 하지만 그
는 성취의 원리, 생각의 위력, '일체유심조'의 가르침, 그리고 환경
여건에 초출하여 능히 환경여건을 변혁시키는 주체적 권능의 소재
를 모르는 것이다.

밖이 어두우니까 내 마음이 어두운 것이 아니다. 내 마음 내
생각을 어둡게 하니까 밖의 환경이 어두운 것이다. 우리는 성공과
건강을 희망하면서도, 생각은 엉뚱하게 실패의 불안이나 병의 두
려움으로 채운다. 그래서는 성공이나 건강이 올 리 만무하다.

일신상의 사정이나 환경 여건 등 무엇 하나라도 우리의 생각
을 떠나 있을 수는 없다. 그 생각의 본원은 마음이다. 우리는 이 마
음을 써서 무엇인가를 구상하고 만들어 간다.

그 과정은 신념이 출발이다. 신념이 이루어질 때까지는 막연한
감정이다가, 점차 이 감정이 하나의 정서로 굳어가면서 뚜렷한 '생
각'을 형성한다. 생각은 욕망과 의욕으로 강화되고 목적의 선택, 확
정, 달성 방법의 연구를 거친다. 그리고 마침내 생각은 하나의 행동
을 발동시킨다. 우리 눈앞에 벌어지고 있는 모든 건축물, 시설, 기
계공단, 고속도로, 지하철 등은 다 이렇게 하여 이루어졌다.

어떤 일을 성공시키는 근본 요소는 돈이나 물자나 인력이 아니
라, 그에 앞서 움직이고 끌고 가는 마음과 생각이 이를 결정한다.

마음이 의욕하고 연구하고 설계하고 추진한다. 고난을 당하면 이를 극복하고 앞으로 밀고 나아간다. 그러므로 생각이 불확실하거나 신념이 결여되거나 생각하는 것이 불건전할 때, 거기서 이루어지는 것은 당연히 불확실하고 추진력은 없으며 결과는 불건전하다. 실패할지도 모른다, 불행이 올지도 모른다, 경제위기를 당할 것이다 하는 생각으로는 그 결과가 그런 생각대로 동요하는 것이다.

이 점을 분명히 알고, 마음 생각을 우리 본마음인 불성답게 써야 한다. 우리의 생각을 밝고 발랄하고 긍정적이고 희망적인 방향으로 운전해 나아가야 한다. 우리의 마음을 밝고 싱싱한 생명감과 충족감으로 가득 채워야 하는 것이다.

불성인간의 자각

—

우리에게 갖춰져 있는 불성의 위력을 끌어내 쓰려면, 먼저 불성인간이라는 자각이 무엇보다 앞서야 한다. 이것 없이는 힘이 나올 여지가 없다. 대개 사람들은 생각의 장벽과 한정 속에 갇혀 산다. 우리는 허다한 이유, 조건, 원리, 조리, 학설, 권위가의 의견 등 가지가지 제약에 갇혀 자기를 결박한다. 그러므로 모름지기 이 한정 제약의 희망관념을 타파하고 불성 무한의 자기 본성을 신앙적으로 확신하여야 한다.

아무리 많은 돈이 은행에 예치되어 있어도, 그 사실을 모르는 자로서는 그 예금을 쓸 수 없다. 있으나마나 곤경 속에 헤맬 수밖에 없다. 우리에게 우주 일체를 아는 대지혜가 통해 있고, 일체를 성취시킬 위력을 가지고 있고, 일체를 감쌀 크나큰 덕성이 있으며, 만난을 이기는 용기를 갖고 있다는 신념이 있어야 한다. 이것은 불성 인간의 자각이 첫째 요건이다. 일체유심조다.

부처님은 이 진리를 자유로이 구사하시어 무량청정 장엄 국토를 성취하신다. 여기에는 공해도 자원고갈도 쟁투도 데모도 최루가스도 있을 리 없다. 주택문제, 인구문제도 걱정 없다. 무심(無心)에서 청정 불토를 구현하시고 유심(有心)차별에서 일체 중생 차별 국토에 광명을 시현하신다. 부처님의 대자비 위력은 유무에 자재 출입하시면서 중생의 눈을 뜨게 하시며, 그에게 자재를 얻도록 곡진한 방편을 베푸신다. 부처님의 이 대지혜 대자비 대위신력은 불성공덕의 유출이다.

이 공덕은 이미 보아 온 바와 같이 불보살의 독점물이 아니다. 기도하고 성실하면 조금씩 하사하는 은총이 아니다. 우리에게 본래로 주셨다. 이 땅에 오기 전에 이미 갖췄다. 중생이란 실로는 불성의 몰각이며 공덕성의 오용이었다. 우리는 마땅히 우리의 자유의지와 자유로운 생각의 힘으로 우리의 본성 본래대로의 행동을 현출하여야 한다. 우리의 자유의지 자유상념의 힘은 우리 자신의 환경과 운명을 결정할 근원적 힘이라는 사실을 거듭거듭 명심하자.

설사 우리의 환경 여건이 불행한 상태로 돌아간다 하더라도 결코 비관할 것 없다. 우리의 현 생각 관념을 밝고 희망적이며 성취적인 감정으로 채움으로써, 우리에게 밝고 희망적인 일이 모여들고 성공의 파도가 밀려오는 것이다.

도대체 우리를 둘러싸고 있는 불안한 환경, 불행의 여건이란 무엇일까? 어떻게 해서 우리 앞에 나타나고 존속하는 것일까? 이것들은 모두 과거와 현재의 생각작용과 마음상태의 표현이며, 마음에 인상지운 사실의 현상적 구현이다. 또한 마음과 생각, 관념의 뒤받침에 의하여 나타났으며 현재 존속한다. 그러므로 생각이 바뀌어 그를 뒤받침하는 마음이 없을 때 불행의 현상은 존속할 수 없게 된다. 즉 현상은 마음을 떠나 독자적 존재성을 갖지 못한다. 그러므로 불행이 닥쳐왔을 때는 먼저 마음을 돌이켜야 한다. 그리고 마음을 밝고 바람직한 생각으로 깊이 다져야 한다.

　　적어도 불안한 생각을 버리고 낙관적인 생각으로 바꿔야 한다. 물론 이것은 쉬운 일이 아니다. 그러나 이것이 운명적 환경을 변혁할 길이라는 것을 알 때, 우리는 이를 행해야 한다. 사실 행해 보면 실로 묘미가 있다. 불안에 결박된 자기의 해탈을 맛보게 된다.

– 1975년 3월

행복과 창조의 길 2

인간과 그 환경의 원형은 상념이다

—

이제까지 우리의 환경과 운명을 결정짓는 것이 외부조건에서 오는 것이 아니라, 오히려 우리 자신의 자유로운 생각을 어떻게 쓰느냐에 달려있다는 것을 보아 왔다. 불행이 있는 것도 그를 지탱하는 생각이 뒷받침해서 있어지는 것이며, 스스로의 소망하는 바를 이루는 것도 또한 자신의 자유로운 생각이 가져온 결과였다. 결국 생각이 모두를 만든다. 참으로 있는 것은 생각이다. 이 생각이 얽히고설켜서 우리의 복잡한 인간 현상도 있는 것이다.

우리는 오늘날 라디오나 TV의 전파 파장이 혼교해서 허공에 복잡하게 얽혀있는 것을 알고 있다. 방송의 전파 파장이 온 세계를 가득히 덮고 그 파장을 받아들일 수 있는 수신기가 마련될 때, 그 파장에 알맞은 라디오 소리나 TV 화면을 볼 수 있다. 이와 같이 우리 인간들도 생각이라는 마음씀을 통하여 수많은 생각의 파장을 우리 주변에 형성하고 있는 것이다.

인간의 상황은 물질상황이며 환경상황이며 인간적 상황이라고 하겠지만, 오히려 근본적으로는 이와 같은 인간정신의 발현인 마음의 파장 즉 상념의 표현이라 하여야 옳을 것이다. 사람은 어떠한 일을 당했을 때 감정을 일으킨다. 또는 어떠한 생각을 일으킨다. 이것은 약한 전류와 같은 것으로, 이러한 파장은 인간의 신경 조직 속을 흐르기도 하고 그에 따라서 내장의 기능을 감퇴시키거나 저해시키기도 한다. 생각을 일으키거나 감정상태에 따라서 인간의 생리적인 조건에 변화를 가져온다. 그런데 인간의 감정이나 생각의 파동은 신체 내부에 영향을 주는 데 그치지 않는다. 그 마음의 파동은 마치 방송국 송신탑에서 전파를 발사하듯이, 우주 어느 곳에든 무수한 상념과 감정을 발사하며 그 속에 살고 있다. 말하자면 우리는 마음의 파장인 상념파 속에 살고 있으며, 이 상념파를 통하여 자기를 실현하고 있다 하겠다.

우리의 인식 능력은 눈에 비치는 형상, 고막을 두들기는 음파, 또는 손으로 만져질 수 있는 물건 등으로 한정적 인식을 하지만, 그렇다고 귀로 들을 수 없고 눈으로 보이지 않고 손으로 만져지지 않는다 하여 없는 것은 아니다. 지금 보아온 방송전파와 같이 우리의 육안으로 볼 수 없고 우리의 청각으로 들을 수 없고 우리의 촉각으로 만져질 수 없는 전파는 없는 것이 아니다. 여전히 있는 것이며 우리의 주변에 끊임없이 넘치고 있는 것이다. 이 전파를 받을 수 있는 기계를 통해서 우리는 그 내용을 해득한다. 이와 같이 무수한 마음의 파장에 둘러싸인 인간은 우리의 보통 감각으로서는 알 수 없는, 우리의 감각 기관을 초월한 것을 알 때가 있다.

먼 곳에 있는 근친자가 어려움을 당하고 있는 광경을 꿈에서 본다든가, 또는 장차 일어날 일을 미리 적중시킨다든가, 그밖에 앞으로 일어날 일을 예감으로 짐작하는 등 여러 경우가 있다. 어떤 때는 생각지도 않던 좋은 아이디어가 하늘에서 내려오듯 머리 속에 번뜩여 새로운 결정을 내릴 중요한 계기가 되기도 한다. 이것은 다른 것이 아니다. 우리들 주변을 둘러싸고 있는 상념의 파장을 어떠한 정신적 상황을 통해서 감지한 탓이다. 말하자면 우리들은 현상 외에는 없는 듯이 알고 있다가도, 실은 감각기관을 초월한 또 다른 존재를 파악하는 것이다.

우리는 감각이 전부가 아니며, 우리의 인식이 전부가 아니며, 우리가 알고 있는 지식이 전부가 아니라는 것을 이런 기회에 다시 명념하여야 할 것이다.

우리의 환경을 이룩하는 원인자인 마음은 부처님의 본성이며 우리 인간의 본성인 불성의 표현임은 이미 거듭 말했거니와, 이 부처님과 통하고 있는 인간본성이 얼마만 한 것인가 하는 것은 참으로 헤아릴 수 없다. 경에 의하면 "사리불 존자나 그밖에 신통력을 갖춘 아라한들이 그 모두가 가지고 있는 실력을 다하여 몇 백만억 겁을 생각하더라도, 부처님이 가지신 공덕은 헤아릴 수 없고 생각할 수 없다." 하고 있다. 만약 부처님의 이와 같은 공덕 세계를 형상으로 나툰다고 하면 어떻게 될까? 아마도 우리는 우리 몸을 둘 공간을 유지하지 못하고, 그 공덕에 압도되어 스스로 그 생명을 유지할 겨를이 없을 것이다.

부처님의 무량공덕 즉 인간의 본성에 갖추어져 있는 부처님의 자비하신 공덕의 공급은 이러한 형상적인 것이 아니다. 형상으로서 축적하거나 형상을 가지고 준비시켜 놓은 것이 아니다. 50mm의 비면 족할 곳에 500mm의 비가 내렸다면, 홍수에 밀려 지상의 생명은 유지하기 어려울 것이다. 부족하지도 않고 남지도 않게 필요할 때는 나타나고 필요 없을 때는 사라지는 이러한 조화력이 바로 부처님의 공덕 공급의 양태라 하겠다.

우리는 자신에게 깊이 깃들어 있는 부처님의 자비 위신력과 자신에게 깃들어 있되 보이지 않는 무한의 공덕장을 깊은 신뢰로써 믿어야 할 것이다. 이것은 필요에 따라 보이지 않는 통로를 통해서 우리에게 공급되도록 마련되어 있는 불보살의 대자비의 질서이다.

자기신성(自己神性)을 잡자

—

앞서 용 이야기를 기억할 것이다. 낮에 타오르고 밤에는 꾸물대던 알 수 없는 개미집으로 표현된 인간의 일상사는 그 겉모양인 연기나 불꽃이나 그 내부에 들어있는 물거품이나 거북으로 파악할 수는 없다. 있는 듯이 보였지만 실로는 있는 것이 아니었다. 그러면 무엇이었던가! 있는 것은 용이라고 했다. 바로 인간의 본성이며 불보살의 본성이며 불국토의 법성인 불성이 참으로 있는 것이다. 이 불성이 무한한 지혜와 무한한 공급과 무한한 자비의 근원이다. 그렇다면 근본적으로 인간이 그 소망의 충족을 도모한다면 마땅히 구하여야 할 것은 이 불성이다. 온갖 유형적 존재나 감각적 가치나 환상적 의미는 모두가 허망한 것이다. 그 속에서 얻은 관념으로 가치를 설정하고 그를 향하여 치닫는다면 그는 필경 공허한 것을 이룰 수밖에 없다. 마땅히 구하여야 할 것은 본성이라 하는 제일자(第一者), 이것뿐이다.

그런데도 오늘날 많은 사람들이 다양한 종교적 신앙을 가지고 있지만, 그들이 찾는 것은 실로 희한하다. 자기 밖에 있는 신(神)에 의지하고, 밖에 있는 권능자에게 의타심을 내거나, 밖에 있는 절대자에게 눈물로 호소하고 울음으로써 기도하는 것을 기도나 수행이라고 하고 있다. 이것은 마치 허망한 물거품이나 거북이를 붙잡고 호소하는 것과 무엇이 다를까! 필경 자신을 망각하고 본분을 잊은 인간의 정신적 방황을 더할 뿐이다.

근래 정신병의 증가 추세는 사뭇 높아지고 있다 한다. 거기에는 물론 여러 가지 이유를 들 수 있다. 하지만 그 중에 근본적인 요인을 들어 말한다면, 첫째로 인간이 참된 자기에 눈뜨지 못하고 참된 자아의 확립이 없는 데 있다 하겠다. 그것은 참된 자아형성을 거부하고 자기를 허무에 돌리거나 자기부정과 자기멸시를 하기 때문이다. 밖에 있는 자기 아닌 절대자를 구하고자 하는 종교 주변에서 더욱 그러한 병적 현상을 볼 수 있다. 참된 자아형성이야말로 인간이 스스로 서서 참된 주체적 세계를 전개하도록 한다. 원만자족, 조화된 질서를 이루는 근원이 된다. 자기 안에 있는 신, 자기 안에 있는 절대자, 자기로서의 무상진리를 드러내야 한다. 밖에 있는 신이나 절대자나 진리에 의존하여 울며 매달리는 태도로는 참된 진리의 인간 본성이 안정을 얻을 수 없다. 오히려 마음의 안녕을 얻기보다는 자기 생명의 공허를 의식할 수밖에 없다. 인간 본성은 이러한 나약하고 비겁하고 어리석은 자세를 기뻐하지 않는다. 우리의 자성에 깃든 참된 절대자, 참된 신, 참된 생명의 주체자는 자주적인 자각과 자극에 의한 주체적 자기 전개를 진정으로 원한다.

무엇이 마음속의 신이며, 마음 진리일까? 그것은 우리의 본원 각성이다. 생명력이다. 마음속 지혜다. 마음속 자비심이다. 이것을 떠나 다른 것을 구한다면 설사 얻는다 해도 허망한 것이며 또한 부담물이 될 수밖에 없다. 인간을 해방시키고 무한한 자유를 얻는 길이 아닌 것을 알아야 한다.

내재(內在)하는 생명력을 발휘하라

—

이미 보아온 바와 같이 인간 본성은 생명력과 지혜와 자비로써 자기를 표현한다. 이 셋을 활동시킴으로써 우리는 필요한 물건의 공급을 받을 수 있고 필요한 환경을 조성시킬 수 있다. 만약 바람직한 여건이 이루어지지 않는다면, 그것은 원칙적으로 자기 자신에게 내재하고 있는 불성의 표현방법을 몰랐거나 잘못 쓴 데 유인하는 것을 알아야 한다.

인간에게 주어진 생명력과 지혜와 자비는 불성이 지니고 있는 무한력과 창조력을 구사하는 기본방식이다. 만약 여기 누가 궁픔을 자긍하는 사람이 있다면 "나는 나의 생명력을 십분 발휘했던가?" 또는 "나는 나에게 주어진 지혜를 십분 발휘했던가?"를 반성해야 할 것이다. 동시에 자기에게 있는 생각, 지혜, 자비의 힘을 억제하고 은폐하고 아끼지 않았던가를 반성해야 한다. 최선을 다한 성실성을 내가 지니고 있는가를 물어보아야 할 것이다. 어떤 일에 보살핌과 성의가 부족했는지, 막바지 힘까지도 다 바치는 끈질긴 노력을 다했던가를 철저히 반성해야 한다. 누군가가 해 줄 것이다, 부처님이 해줄 것이다, 저절로 될 것이다 등 의존하거나 자기의 힘을 아끼거나 한다면 자신에게 있는 창조력의 발현 양식인 생명력과 지혜와 자비를 은폐한 것이다. 그것은 바로 자신에게 내재한 불성을 소홀히 하고 불성진리 이외에 밖에 다른 진리가 있는 것을 믿는 자라 해야 할 것이다.

참된 자기를 가벼이 여기고 공경할 줄 모르는 생활 태도로는 성공이 올 리가 만무하다. 거듭 말해서 창조의 근원이며 행복과 성취의 원동력인 자기본성을 은폐하고 창조적 존재방식을 어기고 있기 때문이다.

부(富)의 창조적 운영

—

대개 부라 하는 것은 쌓아두는 데 가치가 있는 것이 아니다. 부는 자기 능력을 증장시키고 자기의 지식을 발휘하고 자기의 지혜를 더욱 증진시키며 자기의 자비를 실천하는 데 유용하게 쓰여져야 한다. 자기에게 쌓여진 부는 모든 이웃과 함께 진리의 질서를 누리고 진리의 영광을 구현하는 데 이바지할 때 참된 의의를 발휘한다. 그렇지 않고 자신의 탐심을 충족시키거나 타인의 압제에 사용하거나 자신의 나태에 기여하거나 자신의 무자비 대립감정을 보호하고 유지하는 데 그 재물이 쓰여진다면, 그것은 재물의 본래 가치가 아니다. 마침내는 자신의 마음을 어둡게 만들고 자신의 환경에 장벽을 쌓고 자신의 존재기초를 진리로부터 단절하는 것이기 때문에, 그 부는 행복이 아니다. 그 부에서는 고통과 불안과 멸망이 따르기 마련이다.

부를 갖는 의미가 무엇인가를 우리는 다시 살펴야 할 것이다. 급한 일이 닥치면 쓰겠다고 축적할 때가 있다. 급한 때에 쓰겠다고 마음속에 적어두고 있는 한 급한 일은 기어코 나타나게 마련이다. 노후의 어려울 때에 쓰겠다고 축적할 때 역시 노후에 어려운 일은 닥치게 마련이다. 그리고 마음에서 예기하고 기대하는 것은 마침내 이루어지는 것이다. 마음에 먹은 것은 마치 자석이 철을 끌어당기듯이 마음에 먹은 대로 환경을 만들어 낸다. 보다 많은 자비를 실천하고 보다 밝은 지혜를 개발하고 보다 싱싱한 생명을 구현하기 위해서 자신이 노력을 기울이고 자신의 지혜가 쓰여지고 자신의 부가 운영될 때, 그에게는 보다 큰 생명의 전개가 오는 것은 당연하지 않은가.

이런 말을 들을 때, 혹 어떤 이는 자기 충족에의 욕망이 없으면 인간은 실패를 가져오며 세간적 재산의 증식이 어려워지고 따라서 생활환경이 거칠어진다고 말할 사람이 있을지도 모른다. 그러나 생명력이 왕성하고 지혜가 개발되며 친절과 봉사와 자비가 넘치는 생활 태도가 수입을 감소시키고 실패를 가져오게 만든다고 생각할 수 없다. 오히려 왕성한 활동력과 지혜, 지식, 이웃과 함께하는 자비 모두가 크면 클수록, 모든 사람의 찬양 속에 자신의 뜻은 이루어진다. 자신의 부는 더욱 증장되며 자신의 활동은 더욱 영광스럽게 퍼져나갈 것은 너무나 당연하다. 다른 사람을 압도하려는 감정을 가지고 자기위치를 보존하고자 하는 생각은 근본적으로 부단한 대립, 시비, 갈등, 시기, 불화, 투쟁을 부를 수밖에 없다.

　행복감이란 아무리 '나 혼자만의 행복'이라 하더라도, 그것이 떳떳하게 드러낼 수 없는 그늘진 것이라면 행복이 아니다. 적어도 모두에게 인정받는 것이어야 한다. 드러낼 수 있는 것이어야 하며 남과 함께 기뻐하고 찬양 받는 것이라면 더욱 좋다. 왜 그럴까?

　진리의 본래 질서나 생명의 본래존재방식이 그런 것이 아니기 때문에, 인간이 그러한 생각과 행동을 할 때 행복하지 않은 법이다. 생명의 진리를 어긴 일시적인 성공은 마침내는 마음에 어둠을 안기는 쓴웃음일 수밖에 없는 것이니, 그것은 떳떳하지 못하기 때문이다. 마음의 밝은 태양을 향해서 자신의 행이 어긋나기 때문이다.

- 1975년 5월

행복과 창조의 길 3

새 것을 향하여 전진하는 자세

—

사람들은 새로운 것을 좋아한다. 묵은 것을 버리고 새로운 것만을 찾아 헤맨다. 그런가 하면 새로운 것이 올 때 묵은 것에 대한 향수도 떠나지 않는 것이 또한 인간이다. 묵은 것에 집착하는 것이 발전을 저해한다든가 새로운 것만 추구하는 것이 또한 전통을 잃는다고들 한다. 하지만 만약 인생에서 춘하추동의 계절적 변화나 인간사회의 변동이 없다면, 거기에 삶의 보람은 거의 없을 것이다. 막막하고 단조로운 생활의 연속은 즐거움이 아니라 쓰디쓴 잔을 앞에 놓은 평화일 수밖에 없으리라.

우리는 묵은 것을 딛고 새로운 것을 만들어 내는 자연과 같이, 우리들 자신 속에서도 묵은 것은 부단히 버려가며 아낌없이 앞으로 전진하는 창조의 힘이 필요하다. 사람의 생명 속에 들어있는 힘과 지혜와 자비는 언제나 새롭게 자기의 전개를 요구한다. 묵은 것에 집착하여 퇴장시키는 것을 원치 않는다. 있는 대로 힘껏 내어 쓰고 그 질서대로 아름답게 모두를 발휘할 때 우리는 생명의 충족감을 느끼고 다시 다음 날에 새로운 창조를 가져오게 한다.

만약 하루하루의 진보에 대해서 이를 받아들이기를 거부하는 마음자세, 묵은 것에 대한 집착은 바로 새것이 오는 것을 막는 것이 된다. 우리는 생명력을 통해서 흘러오는 부처님의 무한공덕을 받아야 한다. 묵은 것으로 중간을 막아서 이 우리에게 흘러오는 공덕을 막을 수 없다. 우리의 본성은 바다와도 같은 부처님의 공덕바다와 통해 있다. 그와 통하는 생명의 파이프를 막지 않고 또한 막히지 않게 하고 속에 때 끼지 않게 해둘 때, 거기에는 끊임없이 새로운 부처님의 공덕이 흘러 들어오고 새로운 생명력은 충만한 모양으로 우리 앞에 다가선다. 우리는 부처님의 참된 존재가 우리들 생명 속에 생생히 살아있고, 부처님의 참뜻이 우리들의 의지 속에 살아있는 것을 알아야겠다. 그리고 부처님의 공덕이 우리 일상생활에 나타나는 방법과 뜻을 실천하는 것을 배워, 진리와 우리의 생활을 정상적인 관계로 연결시킬 것을 잊어서는 안 된다.

부처님은 완전하시고 무한하시며 자비하시기 때문에, 우리가 필요한 것은 어느 때나 우리들 생명력의 샘줄을 통해서 새롭게 우리 앞에 나타난다. 들뜬 희망을 찾아 헤매지 말자. 자신의 생명력과 지혜와 자비의 힘을 아낌없이 바닥까지 내어 쓸 용기를 가져야 할 것이다.

진리와 직결한 마음

—

우리의 생활이 진리와 직결될 때 놀라운 성공이 기대된다. 그렇다면 어떻게 하는 것이 진리와 정상적인 연결관계를 갖는 것일까? 실로는 내가 곧 진리이므로, 연결관계를 갖는다고 하여 나와 진리를 대립관계에 두는 것은 마땅한 표현이 못 된다는 것을 양해해 주기 바란다.

바르게 말해서 우리는 육체인 듯하지만 육체가 아니다. 물질조건에서 이루어진 나인 듯하지만 물질조건이나 그 관계적 소산도 아니다. 나라고 하는 생명은 이것이 부처님의 본성이며 불성이다. 이 점은 무슨 일을 하든지 잊어서는 안 된다. 길을 걸어가되 내가 걸어가는 것이 아니다. 육체인 내가 아니다. 여기에는 불성 즉 여래의 본성이, 부처님의 대공덕이 가는 것이다. 일을 하고 있어도 이것은 육체범부가 하는 것이 아니다. 불자가 일을 하고 있는 것이다. 이와 같이 생각을 갖는 것으로 진리와 일체가 되는 것이며 진리와 올바른 연결관계를 갖는 것이라고 말하는 것이다.

자기를 육체로 보지 않고 자기가 하는 일을 불자가 하고 있는 일로 생각할 때, 자신이나 일에 대한 자세가 사뭇 달라진다. 맑은 마음과 바른 자세 위에 부처님의 위력과 큰 지혜가 흘러 들어오고, 큰 자비가 함께 그 일에 나타나는 것이다. 육체적 조건에 따라서 일이 좌우된다고 하거나 환경조건에 따라서 일이 되어진다고 한다면, 일도 되지 아니하고 피로도 빨리 온다. 주체적인 자기가 설사 있다 하더라도 물질적인 참나가 아닌 거짓을 자기라고 알고 있기 때문이다. 내가 움직이되 부처님의 본성이 움직이며 육체가 아닌 불성이 움직인다고 생각할 때, 피로가 오지 않으며 맑은 마음 위에 큰 지혜와 힘이 끊임없이 흘러나오게 되는 것이다.

다음에 진리질서와 조화로운 생활이라 하는 것은 어떤 것일까? 대개 우리 생활에서 가지가지 문제나 고통스러운 일이나 마찰이 생기는 것은 우리의 마음가짐이 진리의 성스러운 질서와 조화되지 않는 생활을 하고 있기 때문이다. 우리의 마음가짐이 진리의 성스러운 질서에 조화롭지 않는 한 거기에는 끊임없이 새로운 문제가 꼬리를 물고 나오게 마련이다. 문제를 해결하면 또 하나의 문제가 나오고, 병 하나를 고쳤다고 생각하면 또 하나의 병이 나타나 마치 흐르는 물길을 거슬러 올라가는 것과 같다. 힘써 가다가도 곧 밀려와 마침내는 바위나 폭류 속에 파묻혀서 배와 사람이 다치고 마는 것이다. 우리는 진리의 성스러운 질서를 바르게 알고 마음을 그 질서에 맞게 움직여야 한다. 마치 흐르는 물에 배를 띄운 것처럼 그 물줄기를 따라 바르게 배를 조정해야 하겠다.

진리의 목소리를 듣자

—

우리들이 소망한다고 하는 것은 물질적인 것이기 쉽다. 그렇지만 물질을 먼저 구해서는 안 된다. 물질은 마음의 그림자인 것이다. 그렇다면 마음을 먼저 구하여야 할까? 아니다. 마음이란 것도 물질의 그림자인 것이다. 우리들은 육체와 감각과 물질과의 관계를 통해서 그 그림자가 자기 마음속에 깃들어 있는 것을 마음이라고 한다. 마음이라 하지만 그 마음은 바로 물질의 그림자라는 이유가 여기 있다. 『원각경』에 말씀하시기를 "사람들은 사대색신(四大色身)을 육체로 삼고 육진(六塵)에 인연된 그림자를 마음으로 삼는다." 하였다. 그렇기 때문에 참된 도리를 구한다는 것이 이러한 그림자여서는 안 된다. 그림자 이전에 실물을 구해야 할 것이다.

그리고 우리들이 흔히 마음이라 하지만, 이 마음에도 몇 가지 단계가 있다. 육체적 요구를 나타내는 단계가 있는가 하면 보다 깊은 습성의 표현인 마음도 있다. 또는 보다 깊은 영적인 상태를 나타내는 마음도 있는 것이다. 이러한 마음은 그 모두가 실로는 꿈이며 환과 같은 것이지만 범부에게는 그것이 있는 것처럼 작용한다. 그중에서도 육체적이며 묵은 습성이며 내지 그릇된 영적 파동을 표현하는 마음에 따라간다면, 그것은 바로 커다란 불행을 따라가는 것이 된다. 불행이 나타난다.

마군을 따라가면 집안 망하고 사람 망한다고 하지만, 이야말로 마음속에 가지가지 형태로 깃든 마군인 것이다. 우리는 마땅히 마음속의 마를 몰아내고 마에게 주처를 제공하지 말자. 그러자면 참으로 밝은 본성의 빛이 드러나도록 그릇된 마음을 소탕하여야 한다. 그릇된 마음을 소탕한다 하지만, 그릇된 마음은 실로는 참으로 있는 것이 아니기 때문에 그것을 인정만 하지 않으면 곧 소탕하는 것이 된다. 마에게 귀를 기울이지 말고 참된 마음의 소리에 귀를 기울이자. 대개 물질적 욕구를 앞에 놓고 마를 추구하다 보면 거기에는 일의 순서가 뒤바뀐 것이 된다. 왜냐하면 물질적 요구라 하는 것이 실로는 그림자를 좇는 것이기 때문이다. 설사 그것을 이루었다 하더라도, 그것은 실상 허망한 것을 이루었다고 보는 데 불과하다.

　　우리는 모름지기 모든 마음 모든 물질적인 것을 툭 털어버리고 텅 빈 맑고 밝은 마음이 되어, 진리인 법성과 일체가 되어야 한다. 법성과 하나가 될 때 부처님과 하나가 되고 중생과 하나가 되어, 이럴 때 부처님도 없고 중생도 없고 법성도 없는 참으로 밝은 큰마음이 된다. 이러할 때 참으로 살아있는 자기표현이 무엇이며 무엇을 하여야 할 것인가 결론이 나오며, 동시에 그에 필요한 모든 공급과 조건은 갖추어지게 마련이다. 먼저 진리를 앞세울 때, 진리가 가지는 무한공덕과 무한위력이 현실적으로 나타나는 것이다.

자타가 하나인 세계

—

기실 진리 질서에의 조화라 하는 것은 무엇보다 이웃과의 사랑과 조화가 중요하다. 남을 해친다고 하는 것은 곧 자기를 해치는 것이다. 예를 들어 이웃에게 화를 냈다 한다면 그것은 곧 자신을 해치는 것이 된다. 스스로 마음이 좋을 리 없다. 언짢은 기분은 바로 자기 혈액 속 독소를 말하는 것이다. 그러한 결과는 육체적인 병과 노쇠의 원인도 된다. 그뿐만이 아니다. 화를 낸다고 하는 것은 육체뿐 아니라 정신에 많은 상처를 입힌다. 이것은 참으로 중요하다. 그렇다고 화가 나는 것을 마음속에 참으면 되는 것일까? 그것은 아니다. 참으로 화가 날 때 화를 다스려야 하며 마음속에 진정 이

웃을 사랑하고 이해하는 자세가 되어야 한다.

　　가장 괴로워하는 것은 미움받는 그 사람보다 미워하는 자기 자신이다. 나쁜 짓을 하는 사람이니 미워해도 좋다고 할지 모르나, 미워한다고 정의가 바로 서는 것도 아니다. 상대방의 잘못한 부분만 보고 불만과 미움을 터트린다면, 결국 자기도 다치고 남도 상처를 입는다. 내가 다치고 남이 상처를 입을 때 어떻게 해서 정의가 회복된다는 것일까? 원망이나 미움이나 성냄이나 질투, 악구, 그밖에 상대방의 사적생활의 폭로 등은 결국 상대방을 해치는 생각이기 때문에, 그러한 마음이 일어났을 때는 먼저 자기 자신을 다치게 한다. 누군가가 나쁜 짓을 했다고 해서, 그것 때문에 자신이 다치고 괴로워하고 병들 필요가 있을까? 오히려 우리는 다른 사람이 나쁜 짓을 한 데 대해서 그것을 지워버릴 만한 자비가 필요하다. 육조스님께서 말씀하시기를 "남의 허물을 말하지 마라. 남의 허물을 보면 곧 자기 허물은 그보다 크다." 하였던 것은 깊이 간직할 말이다.

참 인격을 존경해주자

—

앞서도 말했지만 현 세계에서 무엇이든 이루어지라는 것은 생각의 힘이다. 그렇기 때문에 혹 나쁘다고 생각되는 일을 하는 사람에 대해서 "저 사람은 나쁘다. 나쁜 놈이다." 하고 생각한다면 결국 그 사람은 더욱 나빠질 수밖에 없다. 어린아이에게 "공부를 못한다. 머리가 나쁘다. 게으르다." 이렇게 생각하고 그런 말을 거듭한다면, 결국 그러한 말과 상념의 힘은 그 아이를 더욱 공부에 뒤지게 할 것이다. 생각하면 생각한 대로 되어진다는 마음의 법칙을 우리는 알아야 한다. 어떤 사람은 정의감에 의해 그를 바로 잡아주려고 화도 내고 욕도 한다고 할지 모르나, 실로는 그런다고 그 사람이 잘되는 것은 아니다. 그 사람에게 정의감을 촉구한다고 해서 바로 되지 않는다.

오히려 그러한 생각과 말 때문에 잘되는 것을 방해할 수도 있다. 그보다도 그 사람은 '원래 착한 사람이며 원래 어진 이며 원래 정의감이 충만한 사람이다' 보고, 그의 완전한 인간상을 존경해줄 때 보다 빨리 바로 될 수 있는 것이다. 거듭 말해서 사람을 바르게 한다는 것은 귀 아프도록 설교하는 데 있지 않다. 어디까지나 그 사람의 참된 인격을 존중해 주는 데 있는 것이다. 그 사람을 위해 약점을 고치도록 자주 말하는 것이 사랑인 듯하지만 사랑이 아니다. 참으로 사람의 인격을 몰라주는 것이기 때문에 자비라 할 수 없다. 오히려 겉보기에는 불안정하고 못마땅하게 보이더라도, 그 사람에게 있는 참된 인격과 선을 발견해서 존중하고 대접해줘야 한다.

그리고 한 가지 다시 명념할 것은 우리 주변에 벌어지는 모든 현상은 자신에게서 비롯된 마음의 그림자임을 아는 것이다. 주위 환경을 좋게 하려면, 먼저 자기 마음을 바로 하는 길밖에 최선의 길은 없다. 마음에 성내고 교만한 마음이 있을 때, 자기를 거슬리고 마음을 괴롭게 하는 사태가 나타난다. 내 마음에 평탄과 자비가 차 있을 때 그런 경계는 나타나지 않는다. 그러므로 주변을 좋게 하려면 먼저 내 마음을 고쳐야 한다.

- 1975년 6월

행복은 이렇게 이루자

허망과 비허망

—

『금강경』 사구게는 불자들이 대개 알고 있다. 그 중의 하나는 "무릇 있는 바 상(相)은 다 허망한 것이니, 만약 모든 상을 상 아닌 줄 보면 곧 여래를 볼 것이니라." 하는 것이다. 모든 상이 허망하니 모든 상을 허망한 것으로 보면, 거기서 부처님의 진리를 알게 된다는 가르침이다. 이에 대하여 범본(梵本)에는 좀더 자세한 말씀이 있다. "무릇 있는 바 상이 다 허망하니, 허망한 현상과 허망하지 않은 진실을 양면에서 보아야 하느니라." 이런 뜻으로 기록되어 있다.

우리는 행복을 원한다. 우리 마음에 평화와 사랑과 우애와 번영의 그 모두를 이루고 싶은 것이다. 그런데 이러한 소망을 이루려면, 여기 『금강경』의 부처님 말씀이 절대적인 소의처이다. 목표를 잘못 보고 달려봐야 성공이 될 수 없고, 상황을 잘못 판단하고 소망을 세워 봐도 공허한 것이 되어 참으로 나에게 만족을 가져다주지 못한다. 현상에서 허망된 것과 허망되지 않은 것으로 양면을 보아야 한다 하신 부처님 말씀에서, 우리는 거짓된 허망을 버리고 참된 진리의 모습을 바로 보아야 할 것이다. 그리고 이 진리에 따라 생각하고 행동하여 우리의 마음에 소복히 행복을 담아야 할 것이다.

거짓모양과 참모양의 구별

—

부처님 말씀의 "거짓과 그렇지 않은 부분의 양면으로 보아야 한다."는 말씀에서 우리는 배워야 한다. 우리를 둘러싸고 있는 현상은 거짓이라는 것이다. 그리고 우리가 알고 있는 현상 아닌 곳에 오히려 참된 것이 있다. 우리가 알지 못하는 곳에 참으로 참된 곳이 있으며, 그곳에 진리를 이루는 행복이 있다고 하여도 큰 잘못은 아니다. 대개 사람들이 육안으로 보아 느껴지는 것이 현상이다. 이 현상은 나타난 모양으로서, 나타난 대로 참으로 있는 것이 아니기 때문에 허망하다고 하였다. 물에 장대를 넣었을 때 물속의 장대가 굽어보인다. 이것은 현상이다. 실로는 굽어있지 않은 바른 것인데도 그렇게 보이는 것이다.

보이는 것은 현상이고 참으로 있는 것은 보이지 않는다. 그러나 보이지 않는 것에 참으로 있는 것이 있다. 우리는 여기에 착안해야 한다. 대개 자기 마음의 상태에 따라서 착한 것도 악으로 보이고, 건강도 병으로 보이며, 행복도 불행으로 보이며, 나에게 깊은 가르침을 주는 고마움도 거친 간섭과 압력으로 느낀다. 마음을 바로해서 현상에 물들지 않은 눈으로 내다볼 때, 여기서 허망은 제해지고 참된 진리의 모습은 나타난다 하겠다.

육체는 마음의 그림자다

—

『화엄경』에 유명한 말씀이 있다. "사람의 마음이란 마치 그림 잘 그리는 사람과 같아서, 가지가지 물질적·육체적 또는 정신적인 소재로 그림을 그린다. 이 세상에 있는 것 중 어느 하나도 마음이 만들지 않은 것이 없다." 하신 것이다. 우리가 가지고 있는 마음이 바로 일체를 만들었다 하는 일체유심조(一切唯心造)의 가르침이 바로 이것이다.

　마음이 들떠 어수선하면, 그 마음의 그림자인 현상이 평화롭고 행복할 수 없다. 시끄러운 마음의 상태는 곧 몸으로 나타난다. 우리 몸의 생리작용부터 이상하게 나타나는 것이다. 부끄러워하면 얼굴이 붉고, 성을 내면 근육과 피부가 수축해서 단단해지고, 걱정하면 심장이 아프고 얼굴빛이 파랗고 또한 호흡이 거칠어진다. 슬퍼하면 눈물이 나고, 신 것을 생각하면 침이 나온다. 이 모두는 마음에 있는 상태가 육체의 생리작용에 영향을 주어 그 그림자로 나타난 것이다.

　부처님 말씀에 "마음이 일체를 만든다." 하신 것은 적게는 나의 몸에 나타나는 현상에서부터 이 몸, 이 세계, 이 우주, 이 허공까지도 마음의 나툼인 것을 가르쳐 주고 있다. 우리 인간은 이토록 큰마음을 가졌으며 자유자재로 쓰는 권능을 지녔다. 참으로 희한하고 위대한 존재가 아닐 수 없다. 그러기에 경에는 '우리 모두가 불자'라고 했다. 부처님의 위덕을 고스란히 가지고 태어난 부처님의 자녀라고 표현해도 좋을 것이다. 그러므로 우리는 자신의 권능을 잘 알아서 마음의 평화, 마음의 청정을 지키도록 힘써야 한다.

대개 인간에 대해 고립한 조그만 존재나 지구에 태어난 작디작은 육체, 또는 파스칼의 말처럼 생각하는 갈대쯤으로 받아들인다. 하지만 그것은 인간이 무엇인가를 모르는 극히 불행스러운 생각이다. 인간을 육체라고 보면 인생에는 적막한 감정밖에 남을 것이 없다. 육체적인 것은 모두가 허망한 것이다. 물질적인 것은 모두가 허망한 것이다. 모두가 변하고 허물어지는 것이기 때문이다. 있는 듯하지만 실로는 없는 것이기 때문이다.

우리의 눈에 보이고 생각으로 잡힐 수 있는 것은 모두 진리의 참모습이 아니라 현상이다. 이 현상은 영원할 수 없다. 완전할 수 없다. 아름다울 수 없다. 우리의 마음에 행복을 채워줄 수 없는 것이다. 이러한 육체, 물질현상을 진리의 모습으로 보아서는 안 된다. 우리의 마음은 물질을 초월하고 허공을 초월하고 우주를 초월한다. 우주와 시간과 공간이 벌어지기 이전의 마음인 까닭에 이러한 현상에 집착해서 생각을 일으켜서는 안 된다. 여기에서 본말이 전도된 미망중생이 되는 것이다.

우리는 먼저 이 몸에서 병을 보지 말자. 몸에 병이 나타났을 때 그것을 병으로 보면, 그 병은 뿌리를 박고 다시 확대되는 법이다. 이 세상 모두가 허망한 것이다. 병도 허망한 것이다. 허망한 것들 모두는 시들고 깨어지므로 병 또한 그와 같이 되는 것이다. 생각을 바르게 쓰자. 마음을 바르게 쓰자. 내 마음이 크고 평화로우며 건강한 것과 같이, 내 몸 내 환경을 건강하고 평화롭게 만들자. 그러기 위해서는 자신이 절대적으로 크고 평화로운 진리의 마음, 즉 부처님의 진리공덕을 가지고 태어난 불자라는 사실을 거듭 확인하여야 하겠다. 건강은 이와 같이 큰마음을 믿는, 불자라는 사실의 올바른 이해에서 오는 것이다.

우리는 어려움을 당하면 부처님께 기도한다. 그렇지만 이 기도는 부처님께 간청하거나 매달리는 것이 아니다. 기도는 바로 진리 그대로의 모습을 믿고 진리대로 적극적이며 착한 말을 하는 것이다. 일상생활 가운데서 참된 말을 쓰고 참된 생각을 하는 것이 기도인 것을 거듭 명심하자.

마음에 그리는 것이 현실에 나타난다. 그러므로 우리는 마땅히 소극적이며 패배적인 일체 용어를 주변에서 몰아내야 한다. 성취와 건강과 평화를 마음에 그리고 그에 따른 말과 생각을 적극적으로 전개해야 한다. 우리는 모름지기 아름다운 말을 쓰자. 본래로 평화롭고 성취하는 우리의 결의를 다짐하자.

- 1975년 7월

기쁜 말과 밝은 표정

"웃는 집안에 복이 들어온다."라는 말은 다들 아는 말이다. 그런데 기뻐하면 기쁜 일이 생기는 것을 믿는 사람이 적은 것 같다. 우리는 항상 밝은 표정을 하고 기뻐하며 살아가야 할 것이다. 밝은 표정이나 기쁜 말은 창조의 힘을 가지고 있다. 표정이나 말에는 정신적 내용이 담겨 분위기를 만들고, 그와 같은 분위기에 상응하는 일들을 끌어당기고 만들어가는 법이다. 이것은 분명한 하나의 법칙이다. '뿌린 씨앗은 싹이 튼다'는 법칙처럼 분명히 원인에 따른 결과가 있는 것이다.

밝은 말, 기쁜 표정은 반드시 밝고 기쁜 일들을 감응하고 현상으로 끌어낸다. 말은 암시의 성격을 가지고 있어 마침내는 결과를 가져오는 원인이 된다. 비관적인 말, 실패하는 말, 고통스러운 말, 불안한 말, 근심스런 말들은 모두가 나쁜 말이다. 자기 주위에 어두운 운명을 끌어당기기 때문이다. 아까운 일이다. 우리들은 항상 밝은 말, 좋은 말, 정신을 북돋아 주는 말, 행복을 암시해주는 말, 또는 적극적이며 건설적인 말을 써서 우리의 환경을 밝고 기쁘게 하여야 할 것이 아닌가.

하루 24시간 중 행복하고 기쁜 일을 더 많이 생각하였는가, 불행스런 일을 더 많이 생각하였는가? 밝은 일을 더 많이 생각하였는가, 어두운 일을 더 많이 생각하였는가? 우리의 생각 가운데 어떤 생각이 더 많이 차지하고 있는가를 살펴야 할 것이다. 마음 속을 차지하고 있는 생각이 하나의 힘이 되어, 그것과 유사한 것을 자신에게 끌어당겨 구체화하고 있다는 것을 잊어서는 안 된다.

혹 어떤 사람은 말하기를 "밝은 생각으로 있고 싶어도 불안한 현실 때문에 그럴 수 없다." 할지 모른다. 여기에 반야의 지혜와 믿음이 필요한 것이다. 현상은 허망한 것이고 실로 있는 것이 아니다. 오히려 반야에서 볼 때 실로 있는 것은 감사하여야 할 충만한 축복이다. 불행한 현상으로부터 불행한 생각을 일으키지 말고, 오히려 행운과 축복을 생각하고 감사하는 자세로 바꾸는 것이 중요하다. 나타난 현상에 대하여 '나에게 축복이 있습니다. 감사합니다.'라는 생각으로 대하고, 현상은 어찌되었든 반야가 비춰주는 실상의 행복과 축복에 감사하도록 힘써야 한다. 이러할 때 감사하는 생각, 기뻐하는 생각, 밝은 생각이 원형이 되어 우리 주변에 그와 같은 사실들을 구체적으로 끌어당겨 실현하게 된다. 경 말씀에는 "마음의 청정함을 따라 국토가 청정해진다." 하였거니와, 우리는 이 가르침을 현실생활 위에 항상 살려내야 할 것이다.

— 1977년 4월

이곳이 진리의 현장이다

만인은 일찍이 진리의 체험자다

—

'진리'라는 말이 지금 사람들에게는 좀 멀게 느껴지는 것 같다. 다들 생활에 쫓기기 때문이리라. 진리라고 하면 우선 어떤 철학의 이론이거나 어려운 물리학의 법칙 같은 느낌이 앞선다. 그렇다고 진리라는 것이 우리와는 아주 동떨어진 타방세계의 일만은 아니듯, 그래도 우리는 주변에서 곧잘 '진리'라는 말을 듣게 된다. '이것이 진리다' 또는 '그것이 진리일까?', '참으로 진리라면 마땅히 ~하여야 할 것이 아닌가?'라는 식이다.

생각해 보면 대개는 우리의 성장 과정에서 적어도 한때는 '무엇이 진리인가?' 하고 더듬고 헤맨 시절을 가졌을 것이다. 그리고 진리대로 살고 싶었을 것이다. 그런데 그것이 묘하게도 손에 잡히지는 않는다. 사람들은 살아가면서 지식이야 있든 없든 그 나름대

68

로 철학을 갖고 있다. '인생은 분수대로 사는 것이다', '그냥 닥치는 대로 사는 것이다', '적당히 해 가는 것이다' 등 제각기 기묘한 인생 철학을 갖고 있다. 그런데 그 가운데에는 그들 나름대로 하나의 공통점을 발견할 수 있다. '진리라면 마땅히 ∼라야 할 것이다' 하는 것이 바로 그것이다.

'진리라면 마땅히 그대로 되어야 한다', '진리라면 마땅히 성취, 성공이 있어야 한다', '그것이 참으로 진리라면 평화와 안녕이 있어야 한다', '진리라면 발전과 행복이 분명히 있어야 한다'는 등 제각기 진리관을 가지고 있는 것을 보게 된다. 기이한 노릇이다. 진리를 찾아 헤매다가 주저앉는 사람에게서 묘하게도 일정한 진리관을 듣게 되는 것이다.

대개 '술 생각이 난다', '담배가 피우고 싶다', '골프를 치고 싶다' 하는 사람은 기왕에 이미 술을 마셔본 사람이거나 담배를 피웠던 사람들이다. 골프를 쳐보지 못한 사람이 어찌 골프 생각을 할 것인가. 진리에 있어서도 마찬가지다. 진리를 구하는 사람은 일찍이 진리를 알았거나 아니면 진리를 가졌던 사람들이다. 진리를 모르는 사람이 어떻게 '진리는 마땅히 이러이러한 것이다', '이것은 자명지리(自明之理)다'라는 생각을 낼 수 있을 것인가.

생명의 푸른 싹이 가장 발랄하게 피어오르는 젊은 시절, 지성의 눈이 트이는 그 시절에는 누구나 한번은 진리를 구하고자 목마르게 찾아 헤맨 경험을 가지고 있을 것이다. 그렇듯 생명의 진실이 바로 진리이다. 생명의 근본이 진리이기 때문에, 생명이 당연히 자기 면목의 확인을 요구한다. 그것은 진리의 질서를 자기화하려고 요구하는 것이다. 자기 생명이 진리이기 때문에 비록 착각을 일으켜 자기 진실을 확인하지는 못하더라도, 진리는 '이러 이러한 것'이라는 사실을 자명지리로 아는 것도 당연하지 않을까!

진리는 우리에게 평화와 번영을 가져오며, 안락과 내실(內實) 생명이 진리와 통한다. 이는 우리의 실지 본분이 진리라는 사실에 착안하지 않을 수 없는 것이다. 맹인이 밝음을 보지 못한다 하여 밝음이 어디 다른 곳으로 간 것은 아니다. 태양이 지구에 가렸다 하여 없는 것이 아니다. 별이 구름에 가려 보이지 않는다고 별이 없는 것은 아니다.

색맹인이 채색을 구별하지 못한다 하여 색채가 없는 것이 아니다. 그가 알든 말든 여전히 단청 빛깔은 화려하고 뭇별은 반짝이고 태양은 찬란하고 광명은 온천지에 가득히 뿌려지는 것이다. 진리도 마찬가지다. 진리를 알고 말고에 상관없이, 진리는 영원무한하고 원만구족하며 절대자재하다. 지공무사(至公無私)하고 만덕(萬德)을 스스로 갖추었다. 온갖 지혜와 자비와 위덕과 능력이 바다같이 넉넉하다.

그것은 미(迷)하고 깨치고에 상관없다. 많이 닦고 안 닦고에 상관없다. 죄를 지었거나 사(謝)한 것과 상관없다. 성인이고 범부에 상관없다. 유식 무식에 상관없다. 성인(成人)이고 유년(幼年)이고에 상관없는 것이다.

모두는 이미 완성되었다

—

흔히들 말한다. "깨친 사람에게는 진리이거니와, 깨치지 못한 사람 즉 미한 사람에게는 진리가 아니라 장애이다."라고 한다. 참으로 그런 것일까?

도대체 미(迷)라는 것이 무엇일까? 그것은 착각이다. 잘못 보는 것이다. 새끼줄을 뱀으로 보거나 금덩어리를 돌로 보거나 유리관을 철관으로 보거나 지구는 부동한데 해와 달이 떴다가 진다고 보는 등 인식에 착각을 일으키는 것을 말한다. 이와 같이 착각을 일으켰을 때 착각은 착각하는 그 사람에 있어 오인될 뿐이다. 여전히 금은 금, 유리관은 유리관이다. 새끼줄은 풀섶에 흩어져 있고, 지구는 쉬지 않고 돌고 돈다. 진리에 있어서도 마찬가지다. 미오(迷悟)에 상관없이 진리는 진리 그대로 영원불변하다. 깨쳤다 하여 더하지도 않고 미했다 하여 덜하지 않으며, 성인에 있어 더하지 않고 범부에 있어 덜하지 않는 것이다.

독자여, 여기의 이 본불변(本不變, 본래는 변하지 않는 것)의 비유는 본연진리에 변함이 없다는 비유인 것을 기억해 두고 오해 없기를 바란다.

법화회상의 일이다. 법화회상에서 바로 『법화경』을 설하셨다. 『법화경』에는 남자, 여자, 이승(二乘: 보살도를 닦지 않는 수행인) 모두가 성불할 것을 선언하였다. 그때까지 일반 생각으로는 이승은 아라한이나 벽지불이 극치이고 여인은 성불하지 못한다고 알려왔는데, 부처님께서는 이를 완전히 부정하신 것이다.

가섭 존자, 아난 존자, 사리불 존자, 수보리 존자, 목련 존자를 위시하여 모든 부처님 제자가 성불할 것을 수기(授記: 예고)하였던 것이다. 더욱이 놀라운 것은 지금 이미 모든 중생이 부처님과 조금도 다름이 없다는 말씀이다.

「방편품」에 말씀하시기를 "사리불아 마땅히 알라. 내가 본래 서원을 세우기를 '일체 중생으로 하여금 나와 똑같게 하여 다르지 않게 하리라' 하였는데, 나는 이제 저 옛날에 세웠던 원을 이미 만족스럽게 실현하였다." 하셨다. 우리는 "이제 만족하였다(今己滿足)." 하신 점에 특별히 주목하는 바이다. 이것은 이제부터 몇 겁을 드나들며 닦아서 그 다음에 성불하는 것이 아니라, '지금 이미' 여래라는 말씀이다.

놀라운 사실이다. 믿기 어려운 말씀이다. 그러기에 부처님께서도 말씀하시기를 "이 법은 믿기 어렵고… 만약 믿고 가진다면 참으로 희유…"라고 하신다. 또 법화회상 벽두에서 법문을 설하시기 전에 5천 인이나 되는 대중이 자리를 박차고 나간 것이다. 그만큼 법문은 만나기 어렵고 믿기 어렵고 알기 어렵다.

헌데 이 도리를 믿든 안 믿든 깨쳤든 못 깨쳤든, 사실은 사실대로 엄연히 우리 앞에 현전(現前)되어 있다. 이를 알고 모르고에 상관없이 쓰는 자에게는 진리대로 공덕이 이루어지고 소망은 성취된다. 그것은 수소가스가 가연성 물질이라는 사실을 알든 말든, 수소가스에 불을 붙이면 빛과 열을 얻는 것과 같다.

이곳이 진리의 현장이다

—

모든 것이 완전하고 영원히 자재한 것, 지혜와 덕성이 원만한 것, 창조·조화·생명·행복이 가득한 것, 이것이 진리의 속성이다. 이것들은 진리에서부터 흘러나온 것이다. 완전한 진리는 여래 부처님이다. 그러므로 모든 참되고 영광스러운 공덕은 부처님에게서 온다. 일체의 공덕치고 부처님 밖에서 오는 것은 하나도 없다. 우리가 이 진리를 알고 모르고에 상관없이 원래 이 진리대로 있다. 대진리대로 영원히 자재한 것이다. 아무도 이 진리 밖에 있는 자 없다.

유마회상(維摩會上)에서 있던 일이다. 보적(寶積) 장자가 부처님께 "모든 보살(구도자)은 어떤 행을 닦아서 성불하여 불국토를 성취합니까?"를 물으니 부처님은 직심(直心), 인욕(忍辱), 사무량심(四無量心), 사섭법(四攝法) 등 열여섯 법문을 말씀하시고 끝으로 "마음이 청정함에 따라 곧 일체 공덕이 청정하니, 만일 보살이 정토를 얻고자 하면 마땅히 그 마음을 정(淨)하게 할지니라." 하셨다.

그때 회중에 있던 사리불 존자가 생각하기를 "만일 그렇다면 이 땅은 사바국토, 석가모니 부처님의 국토다. 그런데 부처님은 보살 당시에 마음이 어떻게 부정하였기에 불토가 이같이도 부정한가." 하였다. 부처님은 이를 아셨다. 그리고 사리불에게 말씀하셨다.

"맹인이 말하기를 '해가 어쩌면 이같이도 어두울꼬!' 한다면 이것이 누구의 허물이겠느냐?" 사리불이 대답하였다.

"그것은 맹인이 스스로 보지 못할 뿐 해의 허물은 아닙니다."

"사리불아, 중생이 허물이 있는 고로 여래(부처님)의 국토를 보

지 못하느니라. 나의 국토는 청정하건만 네가 보지 못한다." 하신
다. 이때에 대범천왕이 사리불에게 말하였다.

　"사리불이여 그런 생각하지 마시오. 어찌하여 이 불토가 엄정
하지 못한다 하오. 내가 보기에는 이 사바국토가 자재천궁과 같소
이다. 당신의 마음이 평등하지 않으므로 이 국토를 부정하다고 보
는 것이요, 부처님의 지혜에 의지하면 능히 이 불토의 청정함을 볼
것이외다."

　이때에 부처님께서 발로 땅을 딛으시니, 즉시에 온 천지에 상
서로운 광명이 가득하고 대지는 칠보로 장엄하여 그 아름답기는
무엇으로도 형언할 수가 없다. 마치 보장엄불(寶莊嚴佛)의 무량공
덕사(無量功德土)와 같다. 그리고 일체 대중이 또한 부처님과 똑같
은 연화좌에 앉아 있는 것이다. 이때 대중 모두가 놀랐다. 부처님
께서는 사리불에게 말씀하셨다.

　"이 불토의 청정하고 장엄함을 보라!" 사리불은 감탄을 마지
않았다. "세존이시어 일찍이 보지 못한 바이오며 듣지도 못한 바입
니다. 이제야 알겠습니다. 부처님의 엄정국토를 알겠습니다."

　"사리불아, 나의 불국토는 항상 이와 같이 청정하니라. 만약
마음이 청정한 사람이면 언제나 이 땅의 공덕장엄을 보리라."

　부처님은 이와 같이 서원을 세우시고 이와 같이 서원을 완성
하셨고, 이와 같이 국토는 청정 장엄하였고, 이와 같이 일체 중생
을 성숙시키셨다. 이것은 염원이 아니요, 이상이 아니요, 미래에
이루어질 약속이 아니다. 지금 목전에 펼쳐진 현실이요, 시방에 현
전할 현존이다.

믿음이 미치는〔信得及〕 자는 성(聖)이요, 믿음이 미치지 못한〔信不及〕 자는 범부라는 말이 있다. 말하자면 이 진리 현실을 믿는 자는 진리를 사는 영광을 누릴 것이요, 믿지 못하는 자는 답답한 고생주머니를 찬 범부라는 말이다.

부처님께서는 불을 집어들고 우리의 눈앞에 들어 대시면서 "이것을 보라!" 하신다. 이 밝은 불을 보고 불을 안 사람은 상(上), 불을 보지는 못했어도 불의 밝음, 따스함, 시원스레 걸림 없음을 믿고 행하는 자는 중(中), 이러지도 저러지도 못하고 "깨쳐봐야 알지, 나는 중생이야" 하는 자는 이른바 믿음이 미치지 못하는 자, 즉 아견(我見)의 산에 머리를 푹 파묻고 아무 것도 안 보인다고 허둥대는 자다.

법화회상에서 부처님의 수기를 받은 사리불의 기쁨을 생각해 보자. "이제 이미 일체 중생에게 여래공덕은 만족하였다." 하시고 수기를 주셨을 때의 기쁨은 이 사리불만의 기쁨은 아닌 것이다. 바로 일체 중생의 기쁨이요, 믿음을 발한 모든 중생의 환희다. 생명 있는 자 그 모두의 기쁨인 것을 우리는 알아야 하겠다. 저때에 사리불 존자는 복받쳐 오르는 기쁨을 억제하면서 다음과 같이 말하고 있다.

"제가 옛적에 부처님을 따라 법을 배우는 동안 많은 보살들이 수기 받는 것을 보았사오나, 저는 참례하지 못하여 매양 부처님 지견(知見)을 잊은 것을 심히 한탄해 왔습니다. 그러나 이제 부처님으로부터 일찍이 들은 바 없는 미증유(未曾有) 법문을 듣고 마음 속 모든 의심은 끊어졌사오며 신심(身心)이 소연(素然)하여 즐겁고 안

온하옵기 이를 데 없습니다. 세존이시여 이제야 알았습니다. 저희가 바로 진불자인 것을!"

　　진불자. 우리가 진불자, 진리왕국의 왕자이다. 그래서 진불자는 감사와 환희 그리고 무엇으로도 지울 수 없는 화안(和顏)으로 계행을 삼는다. 진리의 바다에 깊이 들어 다함없는 창조와 보은행을 전개하여 환희와 행복을 누려야 할 의무가 있다.

- 1974년 11월

소망 성취하는 마음자세

참되고 보람 있게 살아보겠다는 생각이 있는 사람이라면, 아무래도 자기 자신이 무엇인가를 알지 않고는 될 수 없다. 그래서 불자는 자기 자신이 불자라는 믿음을 생활의 기본으로 삼는다. 자신에게 부처님의 크나큰 은혜와 위신력이 온전하게 깃들어 있음을 믿는 것이다.

우리가 설사 부처님의 이 은혜를 몰라보고 한눈판다 하더라도 역시 우리에게 부어진 절대적 은혜에는 변함이 없다. 그렇다고 이 절대적 은혜는 물체가 아니므로 육안으로 보려고 해서 알아지지 않는다. 믿음의 생활을 통하여 스스로 체험하거나 깨달음에 의하여 파악하지 않으면 안 되는 것이다.

또 아무리 자기에게 있는 것이라 하더라고 알지 못하면 쓰지 못한다. 마치 재산등기부에 아무리 많은 부동산이 자기 것으로 보존등기되어 있더라도, 그 사실을 알 때까지는 역시 그 재산을 활용하지 못하는 것이다. 부처님 공덕도 그와 같다. 아무리 자신에게 원래로 갖추어 있는 것이지만 그것을 알지 못하고 믿지 못하는 한, 마음대로 받아 쓰지 못하는 것이다.

우리들은 기도를 한다. 여러 가지 소망을 담은 기원을 부처님 앞에 내놓는다. 그렇지만 마음이 동요하고서는 은혜를 받기 어려운 것이다. 마음이 동요한다는 것은 부처님의 은혜로운 위신력을 받을 수 있는 그릇이 될 수 없다는 것이다. 부처님의 은혜로운 질서에 마음을 맞추어야 부처님의 은혜를 온전히 받아 쓴다. 우리가 부처님의 은혜를 바르게 받아 쓰자면 적어도 두 가지는 깊이 명념해두어야 하겠다.

그 첫째는 부처님의 은혜를 받을 수 있는 높은 마음, 즉 모든 이웃을 존경하고 그를 사랑하는 보리심을 발하여야 한다. 이제까지 자기중심으로 생각하고 판단했던 마음을 부처님의 넓고 자비하신 은혜에 돌리고. 그와 같은 넓고 자비한 마음이 되어 부처님을 믿고 동요하지 않아야 한다.

또 한 가지는 지속성이 있어야 한다. 부처님 은혜를 받을 수 있는 높은 경지로 마음을 유지하고 믿음을 기울이되 중단해서는 안 된다. 부처님 은혜의 물결은 우리 마음의 경계를 따라 나타나며 성숙되어진다. 그러므로 끊임없이 지속하고 발원하며 동요하지 않아야, 부처님의 큰 은혜가 우리의 감관적 현상으로 구체화되어 나타난다.

– 1977년 8월

영원한 축복을 간직하는 길

마음이 가지는 놀라운 힘

—

경 말씀에 "삼계(三界)는 오직 일심(一心)이라 마음밖에 아무 것도 없느니라(三界唯一心 心外無別法)." 하셨다. 삼계라 함은 중생이 사는 세계 모두를 가리킨 말이다. 욕계, 색계, 무색계라고 한다. 이 삼계가 오직 마음일 뿐인 것이다. 삼계가 마음이요, 삼계는 마음 따라 움직인다는 뜻이다. 그래서 삼계의 중심은 마음이요, 삼계의 정체도 마음이다. 마음에서 삼계는 벌어진다. 마음의 조화로 삼계의 흥망성쇠도 이루어진다는 뜻이기도 하다.

우리는 생각이 가지는 힘, 마음이 가지는 위력을 바로 알도록 하자. 마음이야말로 실로 창조의 동력이다. 마음에서 생각하고 그린 것은 반드시 현실화되어, 모양 있는 것으로 나타나는 법이다. 실로는 모두가 마음뿐이기 때문이다.

마음이 창조적 힘의 원천이다. 마음에서 생각하는 것이 이루어진다. 마음은 힘을 가진다. 이것은 영원한 진리다. 부처님께서 보증하시고, 행하는 자가 증거하며, 나타나는 현실의 실상이 또한 그러하다.

신념(信念)이 창조의 원형이다

—

우리의 현실 세계에 나타나는 것은 하나의 현상(現象)이다. 현상에 앞서 존재하는 원인자를 원상(元像)이라 한다면, 이 원상은 우리의 마음에서 생각한 것이다. 그러므로 우리가 어떤 현실적 소망을 이루려고 하면 먼저 마음에 그려야 한다. 마음에 생각이 뚜렷하고 확고해야 한다. 이것이 신념이다. 신념이야말로 창조의 원형이다.

예를 들어, 일신의 건강을 생각해 보자. 마음이 음산하고 우울한 생각으로 차 있으면 어두운 그림자는 내부 의식 층을 덮는다. 그렇게 되면 생기를 잃게 되고 표정은 어두워진다. 몸은 부조화하여 정신적 의욕, 판단은 감퇴되고 행동은 활기를 잃는다. 몸에는 병이 나고 사업은 엎어지고 가정에는 어둠이 찾아든다. 불행할 수밖에 없는 것이다. 음산, 우울 등 어두운 생각이 현실로 구체화한 탓이다.

반대로 그의 마음이 희망과 평화와 활기에 차 있다고 하자. 그에게는 첫째 건강, 다음에는 번영 행복이 찾아온다. 이것은 가공적 추상이 아니다. 마음이 우주의 중심이고 생각이 창조의 원형인 까닭에, 생각하는 것은 나타나도록 되어 있는 것이다. 사람의 깊은 마음이 부처님 마음에 통해 있기 때문에, 사람의 마음은 무엇이든 이룰 수 있는 힘을 가지고 있다. 신념이 담긴 생각, 이것이 실현력을 가지는 것이다.

끼리끼리 엉기는 법칙

—

대개 새는 새끼리 개는 개끼리 소는 소끼리 무리를 이룬다. 사람도 역시 마찬가지다. 어린이는 어린이끼리 노인은 노인끼리 불량배는 불량배끼리 노름꾼은 노름꾼끼리 함께 어울린다. 이와 같이 같은 류(類)끼리 어울리는 것은 안으로 통하는 것이 있기 때문이다. 무의식 중에서 동류를 부르고 있는 것이다. 마음속에 동류를 끌어당기는 힘이 있기 때문이다. 대개 생각이라는 것은 일종의 파장과 같다. 생명에서 오는 염(念)의 파장이라고 할까. 염의 파장이 같은 것들을 끌어당긴다. 그리고 서로 어울린다.

생명에는 신비스러운 힘이 뭉쳐 있다. 같은 토양에 뿌리박고 흡수한 양분에서 제각기의 특성을 피워 나간다. 흰 매화는 흰 꽃을 홍도는 빨간 꽃을 피우고 있다. 꽃 자체의 생명력이 그렇게 만든다. 이 점은 인간에 있어서도 마찬가지다. 한 가족이 같은 상에서 먹는 음식이 제각기 다른 상태의 육체를 만들고 있지 않은가.

이와 같이 우리의 생명력은 주어진 여건에서 산다기보다 여건을 소재로 하여 자기 생명의 의욕하는 바를 구현한다. 생명이 의욕하는 바는 생각으로 표현되고, 신념으로 강력한 실현력을 갖추게 된다. 그리하여 여건을 이뤄가고 환경을 변혁하며 같은 류를 끌어당긴다. 자기 확대, 자기 실현을 거듭하는 것이다.

하늘이 무너져도 솟아나는 길

―

항상 착하고 아름다운 생각과 감정을 마음에 품고 있으면 우리의 육체는 아름답고 건강하게 될 것이다. 반면 항상 다른 사람을 해치는 생각을 품은 사람에게는 어쩔 수 없이 쇠퇴의 그림자가 찾아들고 인생의 단풍은 그 몸에 걸치게 된다.

일신의 건강만이 아니다. 사업 또는 모든 환경이 매한가지다. 화합, 번영, 발전을 생각하는 사람의 사업은 암울한 미래를 예상하는 사람과는 그 사업이 근본적으로 다르다. 전자는 활기에 넘치고, 후자는 침체를 면할 수 없게 된다. 여기서 우리는 평소의 마음가짐이 어떠해야 할 것인가를 알 수 있다. 모름지기 긍정과 밝음, 적극과 자애로 그 마음을 가득 채워야 하겠다.

「보현행원품」에 보현보살이 부처님의 한량 없는 공덕을 찬탄하시고 나서, 이와 같은 부처님의 무량 공덕을 성취하고자 하면 마땅히 열 가지 행원(行願)을 닦아야 한다고 말씀하신다. 다시 말하면 행원을 닦으면 부처님에게서 공덕이 흘러나온다는 말이다. 행원을 닦아서 얻어지는 무량 공덕은 부처님의 무량 공덕 세계에서 온다는 말이다. 그러므로 부처님의 공덕을 닦아서 얻어지는 무량한 행복은 이 세간의 어떠한 변화에도 동요가 없는 확고한 행복이다. 그 어떤 세간적 풍파도 부처님 공덕을 누리는 사람의 행복을 흔들 수 없다. 그것은 근원적인 무한 세계에 뿌리박고 무한 공덕의 기초 위에 이룩된 행복이기 때문이다. 그러므로 우리는 행원, 즉 부처님 공덕을 닦아서 개인생활도 윤택케 하고 사회도 발전시키는 길에서 행복을 이룩해야 한다.

　　속담에 "하늘이 무너져도 솟아날 구멍이 있다"는 말이 있다. 이 말을 어떤 고난에도 절망은 없다는 위안의 말로만 들어서는 안 된다. 실지 어느 때고 활로는 있는 것인데 우리가 모르고 있다. 그러므로 진실하게 찾고 구할 때 길은 만난다. 문은 열린다. 대개 사람들이 세상 일에 막혀 온갖 수단을 다해도 해결되지 않으면 그때야 곧잘 부처님께 기댄다. 부처님에게는 길이 있다고 어렴풋이나마 믿기 때문이다. 참으로 길이 없는 것이라면 부처님도 별 도리 없다. 길은 있는 것이기 때문에 부처님은 그 길을 일러 주시는 것이다. 그러면 하늘이 무너져도 솟아날 길이란 어떤 것인가.

　　「보현행원품」의 보현보살의 말씀을 아는 사람이라면 그것은 곧 '십종행원'이라고 생각할 것이다. 그리고 '신념이 창조의 원형'이라는 말을 들어온 사람은 그것은 '밝고 착한 신념이다'라고 생각할 것이다. 그렇다. 착한 상념(想念), 적극적 신념, 보현의 행이 세간적 폭풍으로는 어쩔 수 없는 햇빛이며, 금성철벽의 보루다.

- 1975년 1월

기도 성취의 원리

인생을 바꾸는 기도

—

인생을 살아가자면 뜻대로 이루어지는 것도 있고, 그렇지 못한 것도 있다. 뿐만 아니라 뜻하지 않은 재난도 닥쳐온다. 그러니 인생을 산다는 것이 희망과 기쁨의 삶이라기보다 불안한 삶이라고 하는 것이 범부세계의 솔직한 실정인지도 모른다. 이러한 어려움과 불안 속에서 편안과 희망을 가꾸어 가고 성취의 길로 나아가는 공도는 없을까? 만약 그런 것이 있다면 우리의 인생은 사뭇 달라질 것이다. 말하자면 고난이 닥쳐와도 그것을 이기고 희망을 세워 하나하나 성취해 가는 기쁨이 있기 때문이다. 불교에 있어 기도는 확실히 인생을 바꾸는 기술이다. 범부인생에 따르게 마련인 불안과 고난을 이겨내는 것이다.

　유한과 장애와 불안한 인생을 밝고 희망찬 성취로 바꾸게 되는 것은 그 원리가 어디에 있는 것일까? 그것은 일체성취의 대진리가 부어지고 우리에게서 그것이 피어나기 때문이다.

일체성취의 대진리란 무엇일까? 그것은 부처님이시며 법성이며, 진여며, 불성이다. 부처님의 진리광명인 것이다.

부처님의 진리광명이란 어떤 것일까? 그것은 어떠어떠하다고 한정 지을 수 없는 무한의 것이며, 얼마만 하다고 규정할 수 없는 무진장의 위덕이다. 자비와 지혜와 창조의 위신력이 무한정으로 넘쳐나고 있는 것이다. 이것을 부처님 공덕이라고도 한다. 이 공덕은 누구에게나 어느 곳에서나 항상 무진장인 채로 우리의 생명 뒤에 뒷받침되고 있다.

다시 말하면 부처님은 언제나 끝없는 지혜와 자비와 원만한 조화의 신력으로 차별없이 우리를 감싸고 있는 것이다. 이와 같은 부처님 공덕이 우리 범부성 위에 드러날 때 평화와 성취와 안락이 있다. 기도는 바로 부처님의 무량공덕을 자신에게 구현하는 태도이다.

부처님의 일체성취의 진리 '마하반야바라밀'이 우리 생명을 뒷받침하고 있건만, 우리에게 불안과 고난이 있는 이유는 다름이 아니다. 우리 자신이 부처님의 공덕 바다를 믿지 않고 망념을 일으켜, 불광명이 자신에게 나타나는 것을 가로막기 때문이다.

그러므로 부처님 공덕을 자신에게 구현하는 기도를 성취하자면, 첫째로 부처님의 무한공덕과 무한자비와 그것이 자신에게 뒷받침되고 있다는 사실을 굳게 믿어야 한다.

둘째로는 기원하는 바가 순수하고 부처님 진리에 부합되어야 하며, 그런 기도 일념이 명확하게 현전하여야 한다. 그 이유는 일체만유는 마음으로 이루는 것(일체유심조)이기 때문이다. 마음에서 이루어지지 않은 것이 우리의 현실 차원에 이룩될 수는 없다. 마음에서 부처님의 공덕을 깊이 믿고 긍정하며, 구하는 바가 부처님 공덕세계의 진리와 부합되어야 한다.

그리고 그러한 믿음과 원이 자신 속에서 원만히 성취되는 것을 확신하고, 그것이 마음속에서 분명히 확정되어야 하는 것이다. 거듭 말해서 마음에서 이루어진 것이 이루어지고, 분명하게 긍정한 것이 구체적으로 현전한다는 것이 기도 성취의 논리이다.

기도에서 주의할 점

—

위에 말한 바와 같이 부처님의 자비공덕의 현전이 기도이므로 기도를 성취하자면 몇 가지 유의할 점이 있다.

첫째는 원하는 바가 진실하여야 한다. 병든 자라면 건강을 원할 것이다. 그러나 치료 받기 위하여 돈을 구하거나 어떤 사람을 만나길 원하는 따위는 진실한 원이 될 수 없다. 원하는 바는 일체 중생을 대진리로 성숙시키고자 하는 부처님의 큰 자비와 청정질서에 맞는 것이어야 한다.

둘째는 다른 사람과 경쟁 대립의식을 갖거나 미워하는 마음을 가져서는 안 된다. 부처님의 진리 세계에서는 대립도 미움도 없는 것이기 때문이다.

셋째는 다른 사람에게 이익이 되고, 세상에 도움을 주어야 하며, 자신의 향상과 발전을 가져오는 것이어야 한다. 진리는 개인의 향상과 조화로운 사회 발전을 추구하고 있기 때문이다. 그러므로 남의 자유를 속박하거나 손해를 주는 일, 타인의 희생을 가져오는 기도는 있을 수 없다

넷째는 끊임없이 기도를 계속해야 한다. 자주 중단하고 마음이 바뀌는 기도는 성취되기 어렵다. 일과를 정하여 조석으로 염불 독경한다든가, 그밖에 일상시에도 끊임없이 기도심이 계속되어야 한다.

다섯째는 원을 발하였을 때 이미 진리세계에서 그것이 받아들여지고 기도성취의 싹이 완성된 것을 알아야 한다. 다시 말하면 원을 발했을 때, 부처님께서 다 받아주시고 은혜를 주시고 있음을 분명히 믿고 감사하는 마음이어야 한다.

여섯째는 3일이나 혹은 3·7일 등 기간을 정한 기도에서, 기도를 끝내고 금세 발복하기를 기대해서는 안 된다. 기도는 시작과 동시에 성취된 것이며, 그것이 우리 현상 위에 구체적으로 나타나자면 시간과 과정이 따른다는 사실을 믿어야 한다. 그러므로 기도 즉시 현실적 성취가 있기도 하고, 기도 도중이나 얼마간 시간이 경과한 후에 뚜렷한 성취현상이 있기도 하다. 또 기도에 의한 은혜로운 감응은 이것이 처음부터 큰 성취로 나타나기도 하지만, 때로는 일상생활의 작은 일로부터 서서히 성취의 실마리가 풀려가기도 하는 것을 알고 있어야 한다.

기도성취를 방해하는 요인

—

위에 열거한 몇 가지 주의사항을 지키지 않을 때 기도는 성취되기 어렵다. 아무리 눈앞에 닥쳐온 광명이라도 눈을 뜨려 하지 않거나 어두운 골방에 처박혀 있는 사람에게는 밝음이 될 수 없는 것이다.

그밖에 몇 가지 방해요인을 생각해 보면, 첫째는 부처님의 자비하신 공덕세계를 믿지 않고 고난과 혼란에만 집착하면 안 된다. 기도하는 사람의 마음은 항상 부처님의 은혜로운 세계를 확신하고 믿는 마음이어야 한다.

둘째는 자기의 기도가 상식으로 보아 되기 어렵다든가, 비합리적인 기도라든가, 세간 방법으로 할 수 없으니 기도라도 해 보겠다든가 하는 마음이면 기도는 성취되기 어렵다.

셋째는 자신이 부처님의 자비하신 가호를 입고 있는 불자라는 생각을 가져야 한다. 모든 중생을 안락하게 하고 불법을 깨닫게 하며, 온 법계에 부처님 광명이 충만케 하는 원을 가진 불자라는 확신이 있어야 한다. 그와 반대로 자신은 죄인이라든가 박복한 자라든가 사주팔자가 기구한 자라든가, 신수가 불길하여 재난이 올지 모른다는 공포의식이 있어서는 안 된다. 허물이 있으면 참회하고 참회하면 청정해지는 것이다. 청정한 마음에서 큰 원을 발하고 끊임없이 기도하여야 한다.

－1979년 5월

진실한 자기에 눈뜨자

'진실한 자기'을 믿는 자는 무슨 일이든 대성할 수 있다. 진실한 자기란 육체를 말하는 것이 아니고 육체를 초월한 '진리인 자기', '법성인 자기', '불성인 자기'를 말하는 것이다. 육체를 초월한 진리적 자아(自我) 법성자아(法性自我)를 통하여, 우리는 진리와 하나가 되고 진리위신력을 쓰며 부처님과 함께한 위력을 발휘할 수 있다.

육체에 의존하는 자는 때로는 자신만만하다가도 역경을 만나면 단번에 무너진다. 법성자아를 믿어 부처님과 함께한 자신을 믿는 자는 역경을 당하여도 결코 꺾이지 않는다. 법성자아를 자각함으로써 우리는 유한적 물질존재에서 벗어나 무한의 진리적 존재로 바뀌는 것이다.

이 육체적 존재에서 진리적 존재, 즉 법성인 자신을 깨닫는 데서 진실한 의미의 불자는 탄생한다. 불자로서 위없는 큰마음을 내게 되는 것이다. 위없는 큰마음이란 곧 무상보리심을 말한다.

희망을 성취하자면 무엇보다 시간과 공간을 비롯한 일체를 초월하고 일체에 두루한 대진리인 부처님을 믿고, 이 진리는 일체에 두루하고 자신의 참된 자기라는 사실을 믿어야 한다. 다시 말하면 부처님 대진리가 내 생명에 깃들어 나와 일체가 되고 있다는 사실을 믿어야 하는 것이다. 여기서 비로소 참으로 자기를 믿는 동시에 부처님을 믿는 굳은 믿음이 이루어진다. 부처님은 특별한 국토나 먼 곳에 있다는 생각을 해서는 안 된다. 그런 생각이 있을 때 자신을 부처님에게서 떼어내어 고독한 존재로 만들고, 무능과 불행한 생각이 깃들게 된다. 참으로 자신을 믿는 자는 자신이 부처님과 함께 있다는 철저한 일체감을 갖는다.

우리의 생명은 육체생명이 아니다. 물질의 공급으로 지탱되는 생명이 아니다. 우리의 생명은 부처님에게서 왔다. 살아있다고 하는 것은 부처님이 지금 내 안에 살아있다는 말이다. 만약 우리가 물질이라면 어떻게 '생각하는 능력'을 갖는다는 말인가. 물질에는 사고 능력이 없는 것이다.

우리가 완전을 생각하고 진리를 구하는 것은 우리의 생명 뿌리가 진리이고 완전자이기 때문이다. 그렇기 때문에 완전을 생각하고 진리를 구하는 것이다. 완전한 진리, 이것은 부처님의 경계다. 우리 생명 밑바닥에 부처님의 진리가 약동하고 있는 것이다. 그러므로 이것을 알고 이것을 믿는 불자는 언제나 부처님과 함께 하는 자요, 완전과 원만을 성취하는 자가 된다.

-1987년 1월

진리는 지금 완전하다

부처님께서는 우리에게 부처님의 지혜와 덕성이 완전히 갖추어 있다고 말씀하셨다. 그것은 부처님께서 보신 바 사실대로의 말씀이다. 그러나 우리들은 스스로도 범부로 알고 다른 사람을 범부로 대한다. 그래서 범부행이 나온다. 그러므로 범부에서 벗어나자면 자신에게 깃든 진실한 자기에 눈떠야 한다. 이것이 해탈이다. 나에게 깃든 진리에 눈떴을 때 진리를 회복하는 것이다. 육체를 자신으로 아는 것이 아니고, 현상경계를 진실이라고 보지 않는다. 육체적 존재와 그 속성이 무(無)임을 알고 진실한 자기가 법성(法性)임을 자각하는 것이다.

자기에 깃든 진리의 무한성을 나타내어 현상계에 원만한 공덕을 나타내고자 하면, 오랜 동안 익혀온 범부심을 비워야 한다. 온갖 의심이나 공포심, 미워하는 마음이나 원망하는 마음을 말끔히 버려야 한다. 그리고서 한결같이 자신의 진실생명인 진리의 목소리, 부처님의 가르침을 따르고자 하여 마음을 맑혀야 한다.

일심이 진리의 길이요, 부처님 은혜의 길이다. 모든 것을 비워 일심이 되고, 일심을 통하여 부처님 공덕이 풍성하게 나타나는 것을 믿어야 한다. 그리고 일심을 통하여 부처님의 무한공덕이 자기에게 원만하게 공급되고 있는 것을 깊이 믿고 감사하여야 한다. 참으로 부처님의 위신력만이 우리를 성취시키는 것이다. 나의 성공도 행복도 지혜도 능력도 모두가 실로는 부처님에게서 주어진 것이다. 온갖 공덕은 그 근원이 부처님이다.

우리들은 모름지기 범상적인 상식을 뛰어넘어야 한다. 범부의 상식으로는 우리는 육체이고 한계 속의 존재라는 것을 벗어나지 못한다. 그러나 실로는 육체를 넘어선 자이며 한계가 없는 법성이 본성이다. 우리는 무한자며 완전 원만자다. 이것은 진리이신 부처님의 분명한 선언이다. 그러므로 이 사실을 바르게 운영하여야 한다. 상식적 틀에서 벗어나 한계를 넘어선 무한자·원만자·능력자인 것을 믿고 그것을 행동으로 이어가야 하는 것이다.

우리는 지금 완전한 진리이고 지혜이고 덕성이고 행복인 것을 믿자. 이미 진리의 무한 공덕을 부처님에게서 완전하게 받은 것이다. 이것을 깊이 긍정하고 자기 자신에 대하여 역설하고 행동하여야 한다. 장차 완전하고 원만해질 수 있다는 희망으로 생각해서는 안 된다. 눈앞에 현상의 구름이 가렸더라도 원만한 공덕의 달은 지금 빛나고 있다. 현상이 어떠하더라도 이미 완전원만한 자신인 것을 믿자. 지혜롭고 유능한 것은 결코 미래의 희망이 아니다. 지금 우리는 진리공덕이 원만하다. 지금이라는 시간을 떠나 다른 때는 없다. 현상에서 벗어나자. 현상은 과거 생각의 산물이다. 진실을 보아야 한다. 이미 완전하고 원만하고 유능한 진실한 자기를 보자. 현상에 불완전이 나타났다고 하여 비관하지 말자. 현상은 지나가는 그림자다. 이윽고 사라진다.

– 1987년 2월

밝은 마음 밝은 창조

불자의 삶은 부처님의 끝없는 은혜의 삶이다. 빛나는 지혜와 지극하신 자비와 막힘없는 위력이 우리 생명에 너울거린다. 이와 같은 크신 은혜를 알고 믿고 살아가는 불자의 삶은 언제나 희망과 용기가 넘쳐난다. 어떠한 어려움이 닥쳐도 두려워하지 않고 결코 꺾이지 않는다. 어려운 현상은 허망하고 사라져 가는 일시적 모습인 것을 알며, 다시 그 뒤에는 밝은 은혜의 물결이 밀려오고 있는 것을 알기 때문이다. 이것은 분명 불자의 권능이요, 무엇과도 바꿀 수 없는 영광이고 자랑이다.

그러므로 불자는 어려운 일을 당해도 불평하지 않고 오히려 밝게 웃고 감사한다. 불평을 생각할 시간에 희망을 생각하고 발전을 구상한다. 밝은 희망이 그 마음에 그려질 때 밝은 창조는 새로이 움트기 시작한다. 그러므로 결코 어두운 생각, 불쾌한 현상에 사로잡히지 않는다. 그런 것을 마음에 두고 생각이 머물렀을 때 그때부터 어둠이 찾아오기 때문이다.

우리 모두 언제나 마음에서 희망과 번영을 생각하자. 보다 향상하고 발전하며 번영하는 것은 불자에게 주어진 권능이며 특권이다. 언제나 모든 마음 비우고 반야바라밀을 염하자. 분노, 미움, 슬픔, 그밖에 온갖 망념된 마음 모두 비우고 내 생명에 빛나는 부처님의 대자대비 은덕을 생각하자.

학업을 닦는 자는 학업의 원만한 성취를 생각하고, 불화한 사이에서는 화목한 서로를 생각하고, 병든 자는 넘치는 건강을 생각하고, 사업을 경영하는 자는 왕성한 발전을 생각하자. 부처님의 진리광명은 우리의 생명 밑바닥에서부터 우리 생활 전체의 완전한 성숙 원만한 발전을 가꾼다. 이 사실을 믿자. 그래서 나의 진실생명이며 부처님의 은혜로운 법인 반야바라밀을 염하자. 우리의 기원은 우리의 힘으로 이루어진다기보다 부처님 신력으로 이루어지는 것이다.

우리 모두 굳게 믿자. 반야바라밀 법문이 일체를 성취시킴을 굳게 믿자. 우리의 바른 믿음은 진리의 위신력에 의하여 반드시 이루어진다. 우리가 희망한 대로 즉시에 이루어지지 않았다 하여 중단하거나 실망하지 말자. 진실을 믿고 진실의 바탕에 뿌려진 신념의 싹은 반드시 성장하여 꽃피고 결실을 맺는다. 중도에 파헤치고 포기할 때 일은 그르친다. 진실의 대지에 뿌려진 신념의 종자를 훌륭하게 가꾸는 길은 끊임없는 정진이다. 독경하고 염불하여 번영의 종자를 끊임없이 가꾸어 가야 한다.

가정의 평화와 자신의 건강을 위해서도 바라밀의 진실 공덕을 언제나 바로 쓰도록 노력해야 한다. 비관적 상상력이 우리 현상에 후퇴와 비관을 가져온다는 것을 명심하자. 마음이 침울해지거든 부처님 광명을 생각하고 반야바라밀을 염하자. 어려운 일이 밀려와 마음이 무겁거든 반야바라밀을 염하고, 부처님 광명이 사태를 호전시키고 있는 것을 생각하자. 반야를 닦는 우리는 반드시 성공한다.

- 1987년 3월

생각에 무엇이 있는가

마음은 일체를 만들어 내는 근원이다. 생각하는 것이나 말하는 것은 모두 마음을 쓰는 것이다. 그래서 생각하고 말하는 것을 우리 앞에 구체적 형상으로 나타나게 한다.

생각과 말이 이와 같이 중요한 것이므로 스스로 생각하는 것이나 말하는 것에 깊은 주의를 기울여야 한다. 적어도 나쁜 생각, 어두운 생각, 쇠퇴한다는 생각, 두려운 생각 등 소극적이며 불행한 것을 마음에 담거나 말하는 것을 피해야 한다. 밝은 희망을 생각하고 미래의 성공을 마음에 그리도록 노력하자. 현재의 상태가 아무리 어렵더라도 그것은 지나가는 과정이고 새로운 미래는 새롭게 진행되고 있는 것이다.

현재는 비약적인 미래를 전개할 발판인 것을 알자. 그래서 현재 시점에서 일어나는 일에 대하여 불평을 그치고 불행을 생각하지 말자. 도리어 새로운 희망을 생각하고 감사하자. 불평할 시간이 있거든 그 시간에 희망을 생각하고 미래의 발전을 생각하는 것이 좋다. 마음에 그린 것은 이윽고 현실로 나타나는 것이다.

항상 마음에 번영과 발전을 그리자. 번영하고 발전하는 것은 부처님의 공덕을 이어 받은 불자의 특권이라고 생각하자. 항상 부처님을 생각하고 마하반야바라밀을 염하여 하루하루 번영과 발전이 구체적으로 다가오는 것을 생각하자. 그리고 진지한 마음으로 감사하자. 번영하고 발전하는 것을 감사하고 번영과 발전을 이루게 하시는 진리이신 부처님께 감사하자.

깊이 믿자. 부처님을 생각하고 반야바라밀을 염하며 기도할 때 반드시 이루어진다는 것을 깊이 믿자. 믿는 대로 반드시 이루어진다. 만약 소망한 대로 일이 진행되지 않더라도 '기도가 이루어지지 않았다. 기도는 틀렸다.'고 생각하지 말자. 그렇게 생각하고 기도를 중단하면 이제까지 쌓아올린 소망성취의 싹을 짓밟는 것이 된다. 땅에 뿌려진 종자가 싹트기를 기다리지 않고 파버리는 것과 같다. 깊이 믿고 기도하며 기다리자. 땅에 뿌려진 종자는 물과 햇빛을 만나면 이윽고 싹이 트고 성장하듯이, 기도도 게으르지 않고 계속하면 마침내 이루어진다. 스스로 한계를 그어 놓고 조바심을 내어 중단하지 말자.

우리의 상상력을 항상 건설적, 발전적 방향으로 사용하자. 언제나 강한 신념으로 '매사는 잘되어 간다. 지금은 비록 마음의 세계에서 이루어지고 있지만 반드시 구체적 형상으로 나타난다.'고 스스로 생각하자. 이것은 결코 자기기만이 아니다. 생각했을 때 마음에 이루어지고 마음에 있는 것은 기어코 현상화 되기 때문이다.

－1987년 4월

2장

여성 가정 행복의 장

여성과 그 천분(天分)

남성과 여성의 제 위치

—

원래 남성은 남성대로 여성은 여성대로 제각기의 특성을 지니고 이 지상의 성스러운 사명을 다하기 마련이다. 아름다운 덕행이란 것도 남녀에 따라 그 내용을 달리한다. 모두가 똑같은 것도 아니며 대립적 존재도 아니다. 남녀가 평등하다는 것은 그 본성에 깃든 불성(佛性)을 지칭하는 것이며, 그 표현의 차원에서는 제각기의 특색을 가지고 표현한다. 그러므로 대립 관념으로 대하면 근본 바탕을 등지는 불행을 낳게 되고, 동일시하는 평등을 주장하면 각기의 개성과 특성을 짓밟는 결과가 된다.

생각해 보자. 남녀가 대립 관계에서 행복할 것인가? 아니면 근자의 어떤 풍조처럼 남성이 여성을 흉내내고 여성이 여성다움을 버리는 것은 어떠한가? 설사 그 주장이 얼핏 듣기에 당당한 듯하지만 모두가 공상론에 불과하다.

　　예를 들어 보자. 여성이 아름다워지기를 바란다든가 화장하고 옷매무새를 곱게 꾸민다는 것은 남자의 장난감이나 장식물이 되고자 하는 것이 아니다. '아름다움'이란 본래 인간 본성의 한 속성이어서 그대로 가치가 있는 것이다. 이 점은 남성에 있어서도 마찬가지다. 스스로 아름다워지고자 하는 욕구의 표현이지, 결코 여성의 환심을 사거나 희롱감이 되기를 희망하는 것이 아니다. '아름다움'이란 본래 인간성 깊은 곳에 내재하는 생명의 한 표현인 것을 알아야 한다. 그리고 그 표현 방식도 남자와 여자에 따라 각각 다르기 마련이다.

　　그러므로 남녀는 근본적으로 같은 이해와 신뢰로 근본적 신성을 존중하고, 서로가 지니는 특성을 소중히 하며 각기의 특성을 십분 조화 있게 피워내야 한다. 거듭 말해서 남녀 관계에서 대립이나 무모한 동일시는 인간 행복의 파멸을 부른다는 것을 기억할 일이다.

여성의 천분

—

인간은 원래 그 본성이 절대의 신성체인 불성이며, 표현의 차이로 남녀의 특성을 지닌다. 그리고 그 특성은 서로 망각하거나 범할 수 없는 소중한 것이다. 그러면 여성의 천분은 무엇이란 말인가!

　　그것은 '사랑[慈愛]'이라 하겠다. 여성은 인간이 지니는 모든 덕성과 능력을 모두 갖추고 있지만, 그중에도 '자애'가 여성의 특성이 된다. 이 자애는 고집이 없다. 바다와도 같이 어떤 완강함도 유연히 받아들이며 섭수한다. 자애는 대립이 없다. 어떤 장벽도 장벽이 되지 못한다. 자애는 장벽을 싸고 넘기 때문이다.

자애는 외로움도 쓸쓸함도 없다. 한 몸의 체온이 일체를 데우기 때문이다. 자애는 막힘없이 통하고, 대지와 같이 그 모두를 성장시킨다. 허공처럼 많은 공덕을 그 속에 담고 있어, 그에 맞설 적이 없어지고 바다처럼 넉넉하고 의젓하다. 언제나 관세음보살의 따뜻한 햇볕이 그 속에 빛난다. 자애는 부처님의 자비 공덕이 나타남이며 관세음보살의 시현인 것이다.

그러므로 여성은 그 마음이 따뜻하고 유화하고 너그럽고 모두를 성취시키는 위대한 힘과 커다란 포용력을 갖는 것이다. 여성은 이 천분을 자각해야 한다. 이 천분을 잊는다면 여성이로되 여성이 아니다. 그가 있는 곳에 거칠고 삭막한 불모의 황폐가 뒤따른다.

경에는 모성으로서의 여성을 태양과 대지에 비유했으며, 가정에 있어 아내는 어머니와 같이, 남매와 같이, 친구와 같아야 함을 말씀하셨다. 여성은 모름지기 이 천분의 덕성을 함양하여 이 땅의 행복을 가꿔 나가야 할 것이다.

  -1976년 4월

새 가정을 갖는다는 것

결혼의 정의

—

가정은 결혼에서 시작된다. 그렇다면 결혼은 무엇 때문에 해야 될까? 서로가 아쉬워서가 아니다. 서로가 그리워서가 아니다. 경제 생활상의 편의에서이거나, 지위나 재산을 얻기 위해서거나, 성 본능을 만족시키기 위해서는 더욱 아니다.

결혼은 보다 영원한 기초 위에 서 있는 것이다. 어쩌면 두 사람의 영혼이 본래는 하나였던 것이 각각 나뉘어 있다가 결혼을 통해 다시 한몸이 되는 것인지도 모른다. 생활의 설계나 생활의 실천을 통해 서로가 영원한 하나임을 자각하고 약속하고 확인하는 것이다. 결혼은 어떠한 목적을 위해서가 아니다. 원래 하나인 사람이 결혼을 통해 원래의 모습으로 복귀해, 함께 생각하고, 생활하고, 활동하는 것이라 해야 옳다.

여성들이 제 나름대로의 개성과 재능을 살려 사회의 구석구석에서 많은 기여를 하고 있는 것이 오늘의 실정이다. 변호사도 되고 법관도 되고 의사도 되고 또는 공적·사적·사회적 시설이나 산업 조직 속에 뛰어들어 맡은 일을 너끈히 해내고 있는 것이 오늘의 여성이다.

그렇다면 여성이 서야 할 곳이 이러한 시회적인 사업과 활동에 있는 것일까? 물론 그러한 일들이 소중하기는 하다. 그러나 깊이 살펴보면 훌륭한 가정을 만든다는 일은 그 어떤 일 못지않게 소중한 것이다. 이것은 여성들 자신만이 알 일이 아니다. 남성들도 마땅히 그 소중함을 알아야 한다.

가정이라는 예술

—

청소년 문제는 오늘날 골칫거리 중의 골칫거리다. 범세계적인 현상이다. 그런데 불량 청소년이 생기는 근본 원인은 불량한 가정에서 비롯된다. 불량한 가정에서 자라나는 싹들은 그 영혼이 안주할 곳을 잃고 방황한다. 가치의 공허니, 세대의 공백이니 하는 철학적인 변명은 사뭇 뒷일인 것이다.

불량한 남편이란 말이 용납되지 않을지 모르지만, 불량한 남편도 필경 그 원인을 파고 보면 불량한 가정에 있는 것이다. 그의 아내가 정성을 다하지 않는 불량한 가정은 불량한 남편과 불량한 청소년이 생기는 온상이다. 그러므로 훌륭한 가정을 만드는 일은 무엇보다 중요하며 거룩한 의의를 가진다.

그런데도 만약 이러한 성스러운 일을 소홀하게 해 나간다면 그것은 참으로 위험한 일이 아닐 수 없다. 가정의 관리를 심리적으로나 기술적으로 또는 예술적으로 보다 높은 차원에서 개척해 나가야 할 것이다.

생각해 보면 가정의 일이라는 것은 분명히 하나의 예술이 됨직하다. 재능 있는 화가가 화판 위에 그림을 그리듯이, 가정이라는 화판 위에 보다 큰 살아있는 생활을 주제로 한 그림을 그리는 것이다. 주부가 가정에서 행하는 의·식·주·육아 등 여러 일들이 실로는 가정이라는 한 예술극이다. 주부는 프로듀서이며 무대감독이기도 하고 빛을 배당하는 조명 전문가라고도 할 수 있다. 무대예술이 실패했을 때는 관객을 실망시키거나 채산성이 안 맞을 뿐이지만, 가정이라는 예술이 실패하면 사회에 큰 문제가 생긴다. 현대를 붙들어 가는 지주가 불안할 뿐만 아니라 다음 세대에까지도 나쁜 영향을 끼치며, 그 해독은 좀체 치유되기 어렵다.

여성의 특성을 죽여야 하나

—

여성이 안정할 곳이 가정이라고 전제한다면, 여성이 지니고 있는 재능은 매몰시켜야만 하는 것일까?
대개 인간이 이 세상에 몸을 받아 태어난 목적은 자기에게 깃들어 있는 능력을 충분히 표현하고, 안으로 이루어져 있는 신령한 성품을 도야하는 데 있다. 그러므로 여성이라 하여 오직 가사에만 매어 있으라는 법은 없다. 어떤 경우에는 남성보다 한층 우수한 재능을 지니고 있어, 그 재능의 발휘를 통해 사회에 기여함이 사뭇 유용한 경우가 많다. 여성으로서 가정 생활 이외에 자기 천분을 발견한다는 것은 어디까지나 그가 지니는 특성의 문제이다. 가정 생활과 양립할 수 없는 경우에는 오히려 한 생애 동안 가정 생활을 포기하고 자기 재능에 헌신하는 것도 의미가 있다 하겠다.

대개의 경우 본인의 마음가짐 여하에 따라서는 타고난 재능을 가정과 양립시킬 수 있다. 인생이 자기에게 내재된 신령한 성품을 도야하고 타고난 재능을 십분 발휘하는 데 의의가 있다면, 결혼은 반드시 거쳐야 할 인생의 길은 아니다. 그러나 결혼을 통해 인생은 보다 향상될 수 있다. 결혼 생활이 일종의 수행으로서 영적인 향상 수단이 될 수도 있기 때문이다. 그러므로 자기 향상의 도야를 한다고 반드시 결혼을 회피해야 한다는 결론은 나오지 않는다. 다만 여성이 가정을 잘 관리해야 한다는 것은 여성이라는 현실적인 특성에서 볼 때, 일반적으로 여성의 특성을 잘 발휘할 수 있기 때문이다.

이 점은 남성의 경우를 살펴보면 명백하다. 남성은 겉보기에 어쩌면 구름처럼 흘러다니는 속성이 있다고 보일지 몰라도, 실제 그 마음속 영혼의 목소리는 가정에 안주처를 구하고 있다. 남성의 참된 소망이란 어진 처와 훌륭한 자녀와 함께 단란하게 사는 데 있다. 어떤 바람둥이 남성이라도 정신적 심층부에는 완전히 조화된 행복한 가정의 실현이 도사리고 있는 것이다. 연애 지상이라 하여 감각 세계를 헤매고 다니는 남자들의 그 속을 파고들면, 영적인 완성과 안정을 구하려는 처절한 몸부림을 보게 된다. 이런 점에서 가정은 모든 인간이 안주할 마음의 고향이며 생명의 요람이다.

신앙만이 고독을 치유한다

—

중생은 참된 자기 것을 잃고 헤매는 방황 상태를 면하기 어렵다. 가정이라는 안주처마저 잃었을 때는 그 적막과 고독감은 비할 수 없이 크다. 인간은 고독하면 타락하기 마련이다. 생활의 안정을 얻지 못한다. 여성은 부드럽고 우아한 성격을 잃게 되고, 남성은 그 몸을 올바르게 가누지 못한다. 허전함을 메우려고 가서는 안 될 방향을 향해 내닫고 만다.

종일 직장에서 업무에 시달린 사람이 아무도 기다리지 않는 쓸쓸한 집으로 돌아갈 수밖에 없을 때, 그의 생각이 무엇을 찾고 있겠는가. 마음의 공허와 고독은 사람으로 하여금 십중팔구 악을 향해 내닫게 한다. 키에르케고르의 말처럼 고독은 분명 사람을 죽음에 이르게 하는 병이라 하겠다.

고독의 정체는 마음이 안정된 제자리를 잃고 있는 상태이다. 그렇기 때문에 허전하고 불안하고 적막한 심정이 엄습해 오곤 한다. 고독을 달래느라고 불건전한 오락에 빠져들거나 악의 유혹에 젖어드는 것은 방황하는 영혼이 순간적으로 자기 도피를 시도하는 것이다. 고독의 치유는 일단 가정에의 안정이고, 보다 근본적인 안정은 불보살과 함께 있는 커다란 자기 참 생명과의 만남에 있다.

자기 생명 깊은 곳에서 부풀어오는 생명의 목소리가 들려올 때, 굳은 신앙의 뜨거운 감동이 생각과 행동에 넘쳐난다.

- 1976년 5월

부부는 서로의 소유물인가

부부도의 신성

—

얼마 전 부산에서 서울로 가는 고속버스를 탔다. 출발할 시간이 다 될 즈음 한 쌍의 젊은 남녀가 차에 올랐다. 한눈에도 신혼부부임이 드러났다. 어수선했던 잠시의 시간이 지나자 차 안은 조용해졌다. 어느덧 차 안에서는 젊은 한 쌍에게 시선이 모아졌고 또 잠시 화제가 되었다. 젊은이들은 수줍은 듯 서로 말이 없었고 눈으로 이야기하는 듯했다.

옆 좌석의 인생 선배라고 할 만한 사람들의 말이 들렸다. "메뚜기도 오뉴월이 한때여." 이 말에는 얼마 안 되는 젊은 시절이니 곱게 즐기라는 축복의 의미가 담겨 있다. 그 뒤의 40대를 사뭇 넘어 보이는 부인도 한마디 한다. "색시도 이제 고생주머니 찼네." 인생을 다 맛보고 난 노선배의 결혼 술회로 들린다. 결혼이란 젊은 한때의 신기루이며, 그 속에 들어가 보면 쓰디쓴 고생주머니가 채워진다는 말인 것 같다.

인생은 덧없는 것, 젊음도 잠시다. 봄 아지랑이처럼 있는 듯하지만 잡으려 할 때는 벌써 없다. 인생의 즐거움이라는 술잔을 입에서 떼기도 전에 쓴맛으로 바뀐다. 이것이 어쩌면 진리인지도 모른다. 그렇다면 인생은 왜 살고 결혼은 꼭 해야만 하는가? 거기에는 덮어놓고 지나갈 수 없는 깊은 문제가 우리 앞에 해답을 요구하며 가로놓여 있다.

한데 오늘날 몇 사람이나 인생과 결혼 문제에 명확한 믿음을 가지고 대할까? 나는 종종 결혼 주례를 맡게 되는데, 그때마다 이들 젊은이들이 얼마나 인생과 부부의 도를 알고 있으며, 교육을 받았는가에 관심이 가곤 한다. 확실히 결혼은 개인과 사회에 깊은 파문을 던지는 대사건임에 틀림없다. 그런데 그것이 얼마만큼이나 교육을 받은 사람에게서 행해지는가? 무턱대고 결합하는 경우는 아니겠지만….

남편들의 생리는 사뭇 문제거리이다. 직장에서 나와 걸음이 향하는 곳이 이른바 대포집이라는 사실이다. 하루 종일 일에 시달려서 피곤한 기분을 전환하려면 우선 가정으로 돌아가야 할 것이 아닌가? 울적한 기분과 심리적 결박에서 해방되고 싶으면 간혹 부부가 둘이서 바람을 쏘이러 가거나 외식을 해도 좋을 것이다. 그런데 대포집에 가는 심리를 알아본즉, 그것이 정반대이다. 대포집에 가는 이유가 '해방되고 싶어서' 또는 '하루 일하고 피곤하니까 기분전환을 해야 한다, 집에 들어가 구속받는 것이 싫다'는 것이다.

이것은 어찌 된 일일까?

남편에게 있어 영혼을 기쁘게 해줄 연인은 아내가 아니고 누 굴까? 아내는 진정 남편의 마음을 위로하고 쓸쓸하고 거친 마음을 감싸 덮어주는 사랑의 주인이 아닌가. 그런데 남편들이 기분전환 과 해방감을 얻고자, 도리어 가정을 멀리하고 빈대떡집을 찾아드 는 것은 분명 문제가 아닐 수 없다. 결혼 전 서로 기쁘게 해주려 하 던 심정이 결혼 후 어느 때부터 이렇게 달라지는 것일까? 문제는 결혼 이후 심리 변화에 있는 것이다.

서로가 부처님 은혜다

—

대개 남편들이 가정에서 벗어나 해방감을 얻고자 하는 것은 신혼 초의 연인 같은 신선한 분위기가 사라진 데 있는 것이 아닐까? 오 늘의 주부는 일도 많다. 가사에, 아기 거두기에 쉴 틈이 없다. 고달 픈 하루를 지낸 아내의 마음이 향할 곳은 말할 것도 없이 밖에 나 가 있는 남편일 것이다.

그런데 아내가 자칫하면 무표정하거나 부어오른 얼굴로 권위 를 행세하게 될 때 문제가 있다. 남편에게는 아내의 부어오른 얼굴 에서 풍기는 분위기만큼 견디기 어려운 것도 없을 것이다. 남편은 이 숨막히는 환경에서 벗어나려고 다른 곳에 한눈을 판다. 남편에 게 가정은 피곤하고 골치 아픈 곳이라는 생각이 조금이라도 있다 면, 그 우울하고 무거운 기분을 무엇으로든 돌려놓지 않는 한 사고는 커지기 마련이다. 아내가 여성으로서의 발랄한 매력을 잃고 정당한 이유를 들어 남편에게 따지고 들거나, 하루 일에 시달리다 늦게 돌아온 남편에게 마치 수사관처럼 후벼 파대면 남편의 마음이 어떻게 반응할 것인가! 오히려 하루의 긴장에서 벗어나 편안히 쉴 수 있는 환경으로 유도하는 사랑과 지혜가 얼마나 집안을 밝게 해 줄 것인지 생각할 일이다.

부부 문제의 근본 원인을 파고 들어가 보면, 서로를 '자기 것'이라고 생각하는 마음이 있다. 서로 존중할 인간이라는 사실에 둔한한 것이다. 서로가 조리(條理)를 세운다면 그런 부부관계는 삭막할 따름이다. 그렇다고 집착적인 사랑이라는 관계에서는 서로가 엉켜서, 맑고 조화로운 따뜻한 가정은 나오지 않는다. 상대방을 내 것이라고 생각하는 데서 집착적인 사랑이 얽히게 된다. 거기서 자기중심적인 생각이 나오게 되며, 자신의 희망이나 기대를 상대방에게 억압적으로 내밀게 된다. 여기서는 서로가 구속감을 받게 되어, 부부생활이 답답하고 우울해질 수밖에 없다.

서로 상대방을 부처님이 주신 은혜라고 생각하며 받아들여야 존경하게 되고 사랑하게 된다. 거기에는 '남편 조종법'이니 '아내 길들이기'니 하는 위험한 사고방식이 붙을 여지가 없다. 자기중심적인 집착을 버리는 데서 가정은 영원히 깊은 휴식을 주고 새 활력을 샘솟게 하는 원천이 될 것이다.

－1976년 7월

남편의 심정에 흐르는 것

여성답다는 것

—

우리나라 정신의학계의 태두이신 이동식 박사는 월간 「불광」에 "현대인의 정신 건강은 가족 한 사람 한 사람이 정당한 대우를 받고 억압받지 않으며 충분히 마음을 펴는 것이다."라고 적은 바 있다. 또한 필자도 "가정불화의 원인은 서로가 자기 것이라고 생각하는 데서 자기중심적인 사랑이나 희망과 기대를 갖게 된다. 그러한 집착적인 사랑이 상대방에게 향해질 때 구속과 부담으로 느껴진다."고 말한 바 있다. 상대를 내 것이라고 생각하는 이기적 집착을 떠나, 서로가 부처님이 주신 은혜라는 신앙으로 존경하고 사랑해야 한다는 것이다.

그런데 사람은 원래 그 본성이 불성인지라, 본성을 금생에 어떻게 발휘할 것이냐에 대한 구체적 방법을 분담받았다. 다시 말하면 본성은 똑같은 불성이지만, 본성을 발휘하는 데는 남녀가 각각 다른 특징을 배당받은 셈이다. 어쩌면 인생 작업을 위해서 맡은 배역과 같다. 그렇기 때문에 남녀가 맡은 배역에 따라 자기 본성인 불성을 원만하게 발휘하고 도야해야 하는 법이다.

여기에서 남자답고 여자다워야 한다는 남녀의 특징적 차별의 근거가 나온다. 그래서 서로를 부처님에게서 받은 은혜라 생각하고 존경하며, 사랑하는 데 있어서도 여성은 여성답게 남성을 대해야 하며 남성은 남성답게 여성을 대해야 한다. 이러한 차이를 무시하고 무조건 제자리를 찾는다는 것은 마치 어떤 작업을 분담해서 배당받은 사람들이 자기 위치와 배역을 무시하고 제각기 놀아나는 것과 같은 것이다.

필자는 가정생활의 원만을 잃고 고민하는 사람들, 새로이 아내를 맞아 인생의 새 출발을 삼고자 하는 사람들, 가정이 파탄으로 기울어져 격한 파도를 안은 것 같은 심정의 사람들을 만나보았다. 곰곰이 저들의 말을 생각해 보면 여러 가지 마음속에 흐르고 있는 물줄기를 발견한다.

그중에서도 남성으로서 두드러진 것은 아내에 대한 기대다. 마치 아이가 어른에게 응석부리듯이 무조건적인 이해와 협력을 바란다. 자기의 처신은 둘째다. 그에 앞서 아내의 너그러움과 따뜻함을 무조건 요구한다. 그것은 좀 더 깊이 살펴 들어가면 아내에게 일종의 모성애를 구하고 있는 것이다. 거기에는 제각기 이유가 있다. 하지만 많은 남성들의 밑바닥에 흐르고 있는 모성애의 향수는 거의 절대적인 것이다. 이유는 어떻든 이것은 무시할 수 없다.

남성들이 결혼해서 얻고자 하는 정신적인 욕구의 한 측면에는 분명히 이 모성애의 충족이 있다. 그래서 아무리 억세고 난폭한 남자들이라도 이 모성애의 향수가 아내에게 충족됐을 때, 아내 앞에 수염 난 아기가 되는 것이다. 수염이 나고 얼굴에 주름살이 든 노경에 들더라도 마찬가지이다. 남성이란 단순해서 엄마가 아기를 보듬어주듯이 아내가 따뜻하고 부드럽게 맞아주며, 자신의 뜻을 조건없이 받아주기를 바란다. 이러한 깊은 인간 향수가 충족되었을 때 남편의 태도가 바뀌고 주장이 누그러진다. 이런 점에서 모성애는 아내로서 갖추어야 할 애정 중에 그 첫째로 꼽힌다.

　　생각해 보면 사람이란 밥만 먹고 크는 것이 아니다. 근본적으로 애정이 생명을 키우는 것이다. 인간이 가지는 이 애정의 향수는 태어났을 때부터 비롯한 것이 아니라, 오히려 그 이전부터라고 보아야 한다. 어머니 배 안에 있을 때 생명을 감싸고 키워준 여건, 이것이 우리가 애정에 대한 향수로 느끼는 것이다. 따뜻하고, 부드럽고 너그러우며, 부족함 없이 윤택하게 살펴주는 요건은 진정 모든 남성의 마음속 깊이 흐르고 있는 영원한 향수일 것이다. 이 향수가 채워지지 않을 때 거칠게 군다. 이 향수가 만족하게 채워졌을 때 어머니에게 아기가 되듯이 남자는 아내에게 누그러지는 법이다. 이 도리를 알고 보면 남편예우법(남편조종법?)이라는 것도 별것이 아니다.

여성의 특징

—

이제 어떠한 것이 여성다운 것인지, 여성의 특징을 짚어보고자 한다. 한마디로 여성의 특징은 근본적으로 아기를 갖고 키운다는 점에 있다. 그러므로 여성에게서 만약 난소를 절제하면 수염이 난다든가, 몸에 변화가 생겨 여성적 특징이 없어지고 중성적 육체가 된다. 남자도 마찬가지이다. 남성적 목소리를 잃는다든가 수염이 나지 않는 등 변화가 온다.

여성의 특징이 이처럼 아기를 갖고 생명을 키우는 데 있다면, 여성이 여성다워야 한다는 성격상의 특징도 쉽사리 추론할 수 있다. 그것은 앞서 모든 남성이 모성애를 통해서 구하던 '따뜻하고, 부드럽고, 너그러우며, 윤택한 애정'이라 할 것이다. 이 점은 여성이 신체적인 특징을 갖는 것과 마찬가지로, 여성의 심성 속에 간직하고 있는 정신적 특징이라 하겠다.

그러므로 만약 이러한 여성이 그 정신적 특징을 잃어버린다면 여성이라 하기에는 부족하다. 동시에 가정을 이루고 생명을 키우고, 행복을 거두어들일 아내로서는 실격이라 할 것이다.

여기서 보면 여성이 갖추고 있는 특성과 남성이 바라마지 않는 욕구가 일치함을 알 수 있다. 이 일치점이 바로 모성애이다. 생명을 키우는 모든 어머니가 가지는 공통분모는 따뜻하고 부드럽고 너그럽고 윤택한 마음이다.

실로 모든 남성은 아내에게서 모성애의 충족을 기대한다. 그런데도 오늘의 아내들이 어떠한 명분과 이론과 구실을 들어서 이러한 여성의 특성을 저버린다면 어떻게 될 것인가? 거기에는 인생의 황량이 전개된다. 인생의 사막이 벌어지는 것이다. 남성과 여성의 가슴속에 똑같이 슬픔이 찾아들고, 행복을 담아야 할 가정도 적막강산이 되는 것이다.

여성성을 배반하고, 가정을 파괴하고, 인생을 황야로 몰고 가는 것은 무엇일까? 그것은 아내의 마음속 차가움이다. 거칠고 옹색하고 삭막한 심성이다. 이런 것들이 우리에게서 영원한 모성을 빼앗아간다. 모든 남편들을 술집으로 몰고 가서 통곡하게 하며, 모든 아내의 가슴속에 쓰라림과 뜨거운 눈물을 갖다 준다.

부처님께서는 말씀하셨다. 모범적인 아내의 요건에 대해 "어머니와 같은 아내니, 남편을 아끼고 생각하기를 어머니가 자식 생각하듯 하는 것이다. 때에 맞추어 먹을 것을 차리고, 남편이 밖에 나갈 때에는 남들에게 흉잡히지 않도록 마음을 쓰며, 재산을 지성껏 보호한다."라고 했다. 부처님께서는 아내가 지킬 자리를 이와 같이 말씀하셨으니, 진정 모든 남성과 여성의 참 위치를 꿰뚫어 보신 것이다.

여성의 이와 같은 덕성이 모든 남성을 슬기롭고 용기있게 만들며, 필경 인간의 승리를 가져오게 하는 것이라 하겠다. 여성이여, 그대 진정 위대한 자로다.

– 1976년 8월

결혼에 권태기는 꼭 있는가

행복해지려는 의지

—

신앙에 대해 상담을 하더라도 인생살이 문제가 연달아 나오기 일
쑤다. 그래서 거리에 나온 스님들은 인생 상담역이 될 수밖에 없는
것 같다. 결혼한 사람이면 으레 가정 문제가 나온다. 결혼 체험이
없는 필자로서 가정 문제에 관한 인생 고뇌를 듣고 있노라면, 이곳
이야말로 부처님의 빛이 비쳐야 할 곳이라는 생각을 새롭게 하곤
한다.

　　도를 닦아서 쓰이는 곳은 인생살이 현실이지만, 믿음을 가져
서 수행하는 효과가 제일 먼저 나타나는 곳은 바로 가정일 것이다.
마음이 모두의 근원이고 참모습일진대, 우리의 생활을 다스리고
가정을 일구어 가는 것도 마음을 붙들어 주는 믿음에서 시작되는
것은 너무나 당연하다.

결혼 후 몇 해가 지나고 나면 대개들 겪는 한 계절이 있다. 이른바 권태기다. 가정 문제를 부처님 말씀에 따라 해석하고 판단을 내리다 보면, 대개 '노력해보겠습니다'라는 말이 나온다. 부처님 가르침 따라서 내 마음을 잡아가도록 노력하겠다는 뜻이다. 인생 고민의 해결은 결국 노력하겠다는 의지와 어떻게 노력하느냐 하는 방법이 좌우한다. 아무리 방법이 훌륭하더라도 본인이 진지하게 노력하겠다는 성실성이 없으면 그것은 쓸모없는 약방문이다. 믿음을 가지고 자기 마음에 햇볕을 맞아들여, 가정에 행복을 담겠다는 결단적 의지가 절실한 것이다.

　문제 가정의 실마리를 들어 보면, 결혼 당시 서로 믿고 사랑해 왔으니까 지금도 또한 변함이 없음을 곧잘 말한다. 그런데도 서로의 마음이 결혼 당시와는 현저한 변화가 오고 있는 사실에 대해서는 사뭇 등한시한다. 서로 무엇이든 받들겠다는 결혼 초의 열기가 사라져가고, 어딘가 밝지 않은 안개 같은 것이 자욱이 낀 것을 반성하지 못하는 것이다. 가정은 인생의 핵심이다. 믿음을 가지고 수행하는 마음으로 신성한 가정을 이루어가도록 노력해야 한다. 이 노력을 게으른 생각이나 귀찮은 생각이 들어 등한히 한다면 그때부터 결혼은 신선미를 잃어가게 된다.

　'결혼했는데 어쩔라구?' 하는 안이한 생각으로 남편의 뜻을 살핀다든가, 아내의 마음을 알아주는 노력이 시들해질 때 문제가 있다. 남편에 대해 세밀한 관심을 갖지 않거나 발랄한 애정 표현이 없는 아내로부터 그 집안에 침체된 분위기가 일기 시작한다. 이러한 마음 상태는 대수롭지 않은 일로 충돌을 가져오게 되고, 급기야는 가정이 사뭇 무겁고 답답한 분위기로 기울어져 간다. 헤어지자는 것도 아니고 그렇다고 새로운 노력을 하는 것도 아니다. 그날그날을 지나다 보면 어느덧 틈이 생기고 이어질 수 없는 구렁이 생기게 된다.

가정에서 관심이 식어가고 마음에 부담감이나 공허가 생길 때, 사람을 엉뚱한 곳으로 한눈팔게 한다. 서로를 기쁘게 해주려고 온갖 생각을 하던 그 시절의 심정을 돌이켜 봐야 한다. 안이하고 둔한한 자세로는 부부에게 찾아드는 계절의 위기를 이겨나가기 어렵다. 끊임없는 노력이 절실하다.

믿음을 통한 가정의 경영이 얼마나 소중한가를 우리는 배워야 한다. 이런 때 흔히들 말다툼이 잦고 서로의 사이에는 '도리'라는 말이 자주 나오게 된다. 화를 내거나 반항하는 것이 예사가 되기 시작하는 것이니, 이때쯤 되면 나를 어찌하랴 하는 보루 심리가 아내의 심정에 형성되고 있는 것이다. 이러고서는 비록 별거까지는 하지 않더라도 가정은 평탄하지 않게 된다. 여기서 가정의 행복은 빛을 잃고, 자녀에게도 극히 나쁜 영향을 끼치게 된다.

신혼 초의 자세가 된다는 것
—

과도기의 위기를 어떻게 벗어날까? 여기 하나의 실례를 들어 보자. 이것은 미국의 경우이다. 가정의 침체한 분위기에서 남편은 마침내 이혼을 제안했다. 아내는 대답을 회피하고 어떤 상담자를 찾아갔다. 아내는 상담 지도를 받은 후 가정의 위기를 이겨 나가기로 결심하고 남편에게 회답을 했다. "좋습니다. 당신 뜻에 따르겠습니다. 그러나 1년간만 말미를 주십시오. 그때에도 당신이 이혼하는 게 좋다고 한다면 역시 당신 뜻에 따르겠습니다."

아내는 그때 무엇을 결심했을까? 신혼 초의 자신을 생각했던 것이다. 그리고 자신에게 구애해 왔던 여학생 시절을 생각했다. 그때와 같은 젊고 발랄한 자신을 생각하도록 힘썼다. 그때와 같이 말과 행동도 밝고 활발하게 했고 옷매무새나 생활도 모두 연애 시절로 바꾸어 갔다. 테니스도 다시 시작하고 다른 운동에도 즐겨 관심을 가졌다. 자신의 생각과 생활 전체에서 연애 시절이나 신혼 초의 생활을 재현하려 했던 것이다.

그러자니 얼마나 큰 노력이 필요했을까? 독자는 짐작이 갈 것이다. 먼저 생각을 바꾸고 표정을 바꾸고 말을 바꾸어 갔다. 묵은 아내가 아니라 새 가정의 새 아내 같은 것을 세밀히 생각하면서 가정의 생활과 일과를 짰던 것이다. 이럭저럭 1년이 지났다. 어느 날 아내는 남편에게 제안했다.

"당신이 이혼 요청을 한 지 1년이 되는 것 같습니다. 이제 약속한 대로 이혼을 해도 좋습니다." "여보 그게 무슨 소리요. 이혼이라니? 나는 당신 없이는 살 수 없소."

이래서 그 집안은 '건전'하게 재생했던 것이다. 여기서 필자가 건전을 강조하는 데는 의미가 있다. 권태기라는 우울의 계절이 비록 파경까지는 몰고 가지 않더라도, 올바로 치유되지 못한 채 가정에 많은 불건강을 두고두고 몰고 가는 때가 흔히 있기 때문이다.

필자는 여러 법회에서 항상 마하반야바라밀을 말한다. 특히 불광법회에서는 수행의 첫째 요목으로 마하반야바라밀을 내세우고 있다. 가정에 있어 영원한 신선을, 영원한 활기를, 영원한 평화와 행복을 위해 마하반야바라밀을 생각할 것을 권한다. 참으로 마음에 '바라밀'의 활기와 광명이 활발한진대, 어찌 권태기라는 어두운 그림자가 우리 가정에 찾아들 수 있을 것인가.

– 1976년 9월

가정을 지키는 아내의 지혜

아내의 신앙 생활

—

인생에 있어 근본이 되는 것은 신앙이라 하는 데 아무도 주저하지 않으리라. 올바른 신앙이 우리의 마음을 굳세게 만들고, 우리의 생활을 밝고 따뜻하고 지혜롭게 하며, 모두와 함께 우애와 풍성을 즐기게 한다. 어떤 사람은 신앙을 '약한 자의 것'이라고 말하나 어째서 신앙이 가장 지혜롭고 가장 인간적인 태도인 것을 알지 못할까? 아마도 그렇게 말하는 사람은 신앙의 체험이 없고, 의타적 맹목의 종교밖에 모르는 것이리라. 그리고 약간의 건강과 아집으로 자기라는 세계를 붙들고 있는지도 모른다. 역시 모르는 사람에게는 어쩔 수 없다. 참으로 공명하게 삶을 키워가는 길을 스스로 외면하는 것이니, 이런 것을 두고 딱하다 할까?

믿음은 바른 이해가 함께 있어야 한다. 바른 이해가 없는 믿음은 무력하고 지혜가 없고, 따라서 창조가 없다. 생명을 올바로 관리하고 쓰는 기술을 종교는 가르친다. 믿음과 꾸준한 정진으로 그 깊은 경지를 알아 들어간다. 지나가는 말 몇 마디나 종교를 비평하는 글 몇 구절 읽은 사람이라면 종교에 좀 더 겸허해야 할 것이다.

가정 관리의 담당책이 있다면 그것은 아무래도 아내이다. 아내에게 착실한 신앙이 없고 신앙에 대한 이해가 없고 신앙심이 미지근하다면, 그 집안은 허술하게 인 지붕 밑 살림이 되고 만다. 가정에 있어 기본적 분위기 형성은 아내로부터 시작되며, 아내의 밝고 따뜻하고 너그럽고 싱싱한 기운은 신앙으로부터 공급되기 때문이다. 가정의 관리자여야 할 아내에게 생명의 따뜻함이, 애정의 넉넉함이, 밝은 지혜가 빠져 있다면 그곳에는 이미 문제 가정의 터전이 잡혀가는 것이다.

가정에 있어 아내의 바른 믿음, 바른 이해, 바른 신앙 생활은 집안의 등불이나 화롯불처럼 중요하다는 것을 거듭 말하고 싶다. 뜨거운 신앙심이 감도는 가정이어야, 남편은 능력이 향상되고 용기와 성공이 함께 있다. 아이들은 구김없이 활달하게 커 가고 원만한 인품과 숨은 재능이 빛을 발한다.

부처님의 가르침은 인간 해방의 진리다. 인간을 고난과 속박에서 해방시키고 재난과 불행에서 해방시킨다. 또한 유형·무형의 한정 상황에서 해방시킨다. 인간과 그 사회에서 어둠을 몰아내고 불의를 소탕하며 허위와 허망을 몰아낸다. 그리고 진실과 지혜와 우정과 크나큰 덕성과 창조를 우리 앞에 열어준다. 부처님의 법에서 인간이 개혁되고 가정과 사회에 밝음과 뜨거운 우정이 넘치게 된다. 가정을 지키는 아내는 반드시 부처님의 가르침에서 일정한 수행 과업을 가져야 한다. 매주 한 번은 법회에 나아가 법문을 듣는다든가 매일 일정한 신앙 과정을 수행하며, 신앙의 기초 생활이 착실히 다져져야 하는 것이다.

어떤 사람들은 뜻이 있어도 시간이 없다고 한다. 진정 중요한 것이 무엇인지 생각해보고 우선순위에 두어야 한다. 가정을 밝히고 가족을 지켜갈 신앙 생활을 여가에 하자는 생각은 버려야 한다. 가정의 기초를 신앙에 두겠다는 믿음이 없는 아내는 가정을 지켜 나가기 힘들 것이다. 가정이나 밖에서 오는 정신적 · 물질적 · 개인적 또는 사회적 고난을 이겨낼 슬기도 없고 힘도 없기 때문이다. 혹 그런 일을 당하면 곧 허둥대고 방황하며 좌절하여 실패하기 쉽다.

아내들이여, 사랑하는 가족들을 위해서라도 믿음의 생활에 용기를 내자. 아내는 진정 집안의 밝음이고 행복의 배분자임을 잊지 말자.

아내는 강하고 장하다

—

많은 남편과 아내 되는 분들을 만나면서 느끼는 것은 여성이 강하다는 점이다. 남성은 겉보기에 위세가 대단해 보여도 기실은 약하고 부드러운 편이고, 여성은 오히려 굳세서 능히 남편을 성숙시키고 가정을 지키는 힘의 기초가 되는 것을 흔히 볼 수 있다. 아내에게 진실하고 높은 소망이 있고 식을 줄 모르는 애정이 계속되는 한, 가정이 온갖 어려움을 딛고 환하게 피어가는 것이다.

　　대개 남편들의 속마음은 착해서 아내가 기뻐하고 아내가 만족해하는 표정에서 말할 수 없는 즐거움을 갖고 있다. 반복되는 아내의 애정이 담긴 그 말을 남편은 결코 저버릴 수 없다. 그렇기 때문에 아내의 너그럽고 덕스럽고 지혜로운 조언은 남편에게 있어 더없는 큰 힘이며 큰 기쁨이다. "부드러운 것이 능히 굳센 것을 제어한다."는 말은 아내의 덕성과 남편과의 관계에서도 통하는 말이다. 아내의 마음가짐이 능히 그 남편의 성격을 영향 짓고 가정의 분위기를 결정지으며 자녀들의 성격에 공통의 빛깔을 준다.

　　만약 남편이 하는 일을 아내가 핀잔주거나 과소평가하면 어떠할까? 남편은 자기가 믿는 기초가 허물어져 힘과 의욕을 잃을 것이다. 반대로 아내로부터 칭찬과 열렬한 동조를 얻을 때 남편에게는 백절불굴의 용기가 솟아난다. 그의 능력은 향상되고 하루하루가 성공의 나날로 바뀌어가는 것이다. 결코 나쁜 말로 남편을 평해서는 안 될 것이다. 아내들이여, 칭찬하는 데 인색하지 말자. 비판과 냉정한 말은 남편의 용기를 좀먹는 것을 알아두자.

가정과 평화를 지키는 아내

—

가정이란 것이 정신적 결합체인 만큼 그 사이에 불화의 실마리도 퍽이나 많다. 부부로 이루어진 가정의 핵심이 원래 별개의 성장과 교양을 통해 각각의 인격을 형성한 남녀의 만남이기 때문이다. 그 사이에 동질적인 것보다는 오히려 이질적인 것이 더 많을 수밖에 없다. 이렇게 볼 때 부부가 원만하게 화합된다는 것은 어쩌면 기적인지도 모른다. 맞지 않는 것이 어쩌면 당연하리라.

설사 깊은 이해와 신뢰로 이루어진 부부라 하더라도, 여러 사태를 겪는 동안 제각기의 자연스러운 개성이 두드러지게 마련이다. 부부 사이의 다툼에 들어가 보면 대개 하찮은 것이 실마리가 된다. 그러나 그것이 비록 태풍같이 폭발적인 것으로 바뀌었다 하더라도, 역시 태풍처럼 일시적인 것이다. 부부싸움은 흔히 칼로 물 베기라고 한다. 정말 그렇다. 부부싸움은 거짓싸움 같은 성격이기 때문에 외부 사람은 좀체 개입하지 않는 것이 현명하다.

그런데 이런 일시성을 띤 다툼이 묘하게 장기화되는 경우가 있다. 서로 대면하지 않고 서로 골낸 시늉을 한다. 이것이 문제다. 골이 나서 풀리지 않아서 속이 부풀어 있으면, 역시 얼굴도 호박처럼 부풀어진다. 이런 시기가 장기화되면 될수록, 또는 자주 있으면 있을수록 차츰 문제의 싹이 돋는 것이다. 씨에서 싹이 나고 성장하여 성목하는 것처럼, 하찮은 것 가지고 종자가 되어 가지가지 의혹과 분쟁을 낳는 수가 있다.

누가 먼저 말하는가가 줄다리기다. 이렇게 해서 혹 아내 쪽이 승리해서 남편에게 항복을 받았다고 치자. 결코 그것이 좋은 것은 아니다. 내가 아는 어떤 부부는 아내가 워낙 꿋꿋해서 번번이 남편의 항복을 받고야 해결이 난 것으로 들었다. 그것이 반복되는 동안 남편의 병은 진행되었고 마침내 남편은 세상을 떠났다. 남편을 이기고 남편한테 항복받는 것을 장한 것으로 아는 사람들이 알아둘 일이다. 남편 길들이기는 결혼 초 6개월 이내에 달렸다는 불량한 슬로건을 입에 대는 사람들이 있다고 한다. 말하지 않는 전법으로 남편을 조복 받으려는 전략은 가정과 행복을 뿌리부터 흔드는 위험이 있는 것을 알아야 할 것이다.

먼저 머리 숙이고 말하고 웃는 얼굴을 하는 이유는 여러 가지 있을 것이다. 사리로 보아 자기 잘못을 뉘우칠 때도 있고, 질식할 듯한 가정 분위기를 타개하기 위해서일 때도 있을 것이고, 또는 타산으로 보아서 우선 후퇴하는 수도 있을 것이다. 어쨌든 냉전을 해소시키는 것이 아내든 남편이든 일단은 먼저 머리 숙인 편이 금도(襟度)가 넓은 것을 부인할 수 없다. 먼저 사과하는 편이 그 인격이 높은 것이고, 그에게 너그럽고 넓은 덕이 틀을 잡아갈 것이다.

그런데 만약 아내가 편협하고 외고집이어서 남편에 대해서 새로운 이해와 사랑을 갖지 못하면 어떻게 될까. 이론이나 조리를 내세워 남편의 행위를 하나하나 비평하고 평가한다면, 부부의 마음 기상(氣象)이나 가정 기상은 심히 불안전하게 된다. 아내에게서 무한한 신뢰와 이해를 받는 보람을 빼앗긴 남편은 어딘가에 그 억압된 심정을 풀고 메우지 못한 공허를 채울 길을 더듬기 쉽다. 그뿐만이 아니다. 진정 남편의 깊은 마음속에 깃들어 있는 아름다운 덕, 유능한 능력들이 고개를 들고 나서지 못한다. 빛을 보지 못하는 데서 생기는 갈등과 손실은 이루 말할 수 없는 것이다.

가정에 있어 부부의 위치는 위치가 없는 가운데 분명히 있는 것이다. 모두를 받아들이는 너그러움, 모든 거친 것을 감싸주는 부드러움, 모두를 이해해주는 따뜻함 등이 가정을 화목하게 지켜나

갈 아내의 길이다. 가정은 이 위에서 행복과 햇살과 꿈과 신기루를
가득 싣게 된다.

　　－1978년 1월

부부 견해 차이를 어떻게 조화할까

출근 길의 아내 표정

—

이혼에 처한 부부가 아내의 현명한 판단으로 위기를 극복한 예를 보았다. 그리고 고집 센 아내를 둔 남편의 심정도 얼마간 생각해 보았다. 이런 경우들을 통해 부부 사이에 일단 다툼이 났을 땐 아무래도 아내 편에서 마음을 돌려 풀어 주는 것이 순서라 하겠다. 너그럽게 푸는 마음이 되었을 때, 그 마음의 상태는 사뭇 높아져 있는 것이다. 너그럽고 넓은 마음이 되었을 때, 주장을 내세우고 고집했던 상태를 벗어나 새로운 눈이 열린다.

남편이 출근할 때 마음 상태가 엉클어졌거나 불평과 격앙된 심정이었다면, 직장에서 일이나 사람을 대하면서 평화롭고 순탄한 관계를 유지하기는 어렵다. 그것이 사고의 형태로 나타날 수 있음을 잊어서는 안 된다. 부부 사이의 대립이 있을 때는 아내가 먼저 웃고 상냥하게 마음을 돌려야 한다. 아내는 남편의 출근에 앞서 반드시 밝고 다정한 표정으로 보내야 한다. 이것이 집안의 행복을 위한 절대적 조건이라 하겠다.

가정에 있어서 남편을 가장으로 대하는 것은 우리의 오랜 전통이다. 그러나 이것이 가부장제에 뿌리를 둔 봉건적 잔재라고 생각하는 사람도 혹 있을 것이다. 평등한 인권을 내세우고 가정에 있어서 아내의 권리를 내세우는가 하면, 그에 앞서 여성의 권리를 주장하는 사람도 있을 것이다. 사실 오늘날의 우리나라 여권 운동자의 말에서 나는 그것을 확실히 들었다.

그러나 가정은 권리를 내세우는 곳이 아니다. 세간적 조리도 이론도 가정을 평화롭게 만들거나 행복하게 해주지는 못한다. 자기 주장을 내세우며 고집하는 배경에 아무리 확고한 세간의 이론을 가졌다 하더라도, 그것으로 가정이 행복해지지는 않는다. 오히려 가정의 원만한 행복은 자기 주장을 비우고 마음을 비우고 무아의 자세가 될 때, 비로소 밝음과 훈기가 있게 된다. 자기 주장을 비우고 아집을 비우는 수행이 신앙이요, 거기에 진리의 따뜻한 공덕이 담겨진다.

"남편의 말이 옳을 때 말이지 그른데도 따라가란 말인가. 그러면 집안 망한다." 하는 사람도 어쩌면 있을 것이다. 대개 가정의 불행은 대립에서 온다. 옳고 그른 것은 사뭇 뒤의 일이며 이해득실도 큰 문제가 못 된다. 하찮은 문제로 자신의 주장을 고집하고 양보할 줄 모를 때 무수한 대립이 또 나타난다. 가정을 파탄으로 끌고 가는 원흉은 바로 대립이고 고집인 것을 알아야 한다. 자기 주장을 굽히고 자기 마음을 비워 보살심을 행할 생각을 가질 때 온 집안은 하나가 되는 것이다. 이것이 원래 가정의 모습이요, 생명을 같이 하는 부부의 마음이다. 불심(佛心)을 행하겠다는 마음 자세가 그 집안에 부처님 공덕을 끌어당긴다는 것을 잊지 않아야 할 것이다.

이런 말을 할 때 어떤 사람은 이렇게 말한다. "스님 말씀은 옳지만 저는 수행 부족으로 그렇게 안 됩니다." 이 말은 자기 고집, 자기 주장을 단단히 붙들고서 놓지 않겠다는 구실이다. 제 생각에서 고집을 놓으라는 것을 왜 못한다는 것일까. 그렇게 되면 벽과 같은 대립만을 더욱 더해 갈 것이고 마침내 돌아오는 것은 불행한 파국밖에 없는 것이다.

가정의 이념 앞에 겸허하자

—

자기 주장을 버리고 마음을 비운다는 것은 어떤 의미를 갖는가. 그것은 우선 남편을 자기 주장 앞에 굴복시키고자 하는 것이 아니고 남편의 자유를 존중하는 것이다. 남편에 대한 결박을 풀어버리는 것이다. 대개 남편과 어긋난 주장은 남편의 생각을 억압하고, 그의 행동의 자유를 억제하며, 그의 활달한 활동을 정신적으로 결박한다는 것을 생각할 필요가 있다. 이러한 주장을 버리고 아내가 참된 무아 경계가 되어 '당신의 참뜻이 이루어지기를!' 하는 순수한 기원이 되었을 때, 이제까지 대립적인 부부의 양상이 달라진다. 대립이 없기 때문에 일체(一體)가 되는 것이다. 일체가 되는 데서 남편의 뜻이 아내의 뜻이 되고, 아내의 뜻이 남편의 뜻으로 통하는 것이다.

사실 부부가 같이 완고하게 고집하고 대립하다가도, 아내가 마음을 돌려 마음을 비웠을 때 남편의 완고한 주장이나 나쁜 생활 습벽이 단번에 고쳐진 것을 나는 알고 있다. 대립했을 때는 말이 통하지 않다가도, 주장을 버리고 빈 마음이 되어 남편의 뜻을 섬길 때 도리어 남편은 아내의 뜻대로 돌아가는 것이다. 대립을 버렸을 때, 아내의 뜻은 남편의 활동을 통해 크게 피어난다. 오늘날 교육 받은 똑똑하다는 아내들 가운데서 자기 주장을 굽힐 줄 모르고 옳다고 한다든가, 사리만을 내세워 가정을 남편 심판장으로 만들려는 분도 없지 않다. 우리는 가정이 어디까지나 무대립과 사랑에서 피어나가는 꽃이라는 것을 알아야 한다.

어떤 분은 말하리라. "스님의 말씀은 너무나 케케묵은 봉건적 부부관"이라고 노발대발할 것이다. 그러나 분명히 알아둘 것은 봉건사상이 무너지든 개인주의 사조가 팽창하는 세상이 몇 만 번 엎어지든 간에, 변하지 않는 것이 있다는 사실이다. 그것은 가정의 중심이 되는 가정의 이념이다. 가정은 부부 단둘만의 집안이라도 거기에는 중심이 있는 것이고, 가정의 중심적 이념은 가장을 통해 이어지고 나타나게 마련이다. 한 가정이 중심 이념 앞에 하나가 되어 순수무잡한 가족을 이룰 때, 가정의 행복이 우러나오게 마련이다.

그리고 종교에서 오는 자기 신념이나 의지를 실현하는 곳이 가정이라고 생각해서는 안 된다. 신앙이라는 이름이나 종교라는 권위로 집안에서의 자기 주장은 금물이다. 가정의 중심인 가장의 이념을 중심해서 무아가 되어야 한다. 옛말에 되는 집안은 어른이 소금가마를 물에 넣으라고 하더라도 그대로 하는 시능을 한다고 하지 않았던가? '나는 불자니까'라는 명분으로 남편의 종교적 무지를 탓하거나 측은히 본다거나 제도해 주겠다 하는 자세도 안 된다. 그것은 불자라고 할 수 없는 것이다. 원래 가정에 있어 가장을 중심으로 아집을 버리고 마음을 비웠을 때, 거기에 부처님 공덕이 나타나는 법이고 모든 일이 원만하게 돌아가는 것이다.

오늘날의 사회에서 여자의 역할은 남자에 못지않은 부분이 많다. 여자의 역량이 남자만 못하다든가 인권의 차등이 있다든가 하는 문제는 가정 이념에 있어서 순수무아와는 전혀 차원을 달리하는 문제다. 사회의 변천 여하나 아내의 사회적 역할 여하에 불구하고 여자는 가정에 있어서 아내인 것이다. 생리적으로 그렇고 정신적으로 그렇다. 가정의 이념을 아내가 마음을 비우고 받아들일 때 행복과 번영이 깃든다. 이 사실은 만고에 변함없는 현실임을 아무도 무시할 수 없다.

- 1978년 2월

결혼이라는 '만남'의 의미

인생은 만남으로부터 시작된다

—

인간이란 서로 만남으로부터 시작된다 하겠다. 영적인 의미에서는 우선 부모를 만나고 세간에 태어나서 형제와 가족을 만난다. 그리고 이웃과 벗을 만나며 결혼하여 아내를 만나고 다시 자기 자손을 만난다.

　이러한 만남을 통해 많은 이들과 함께 어울려 사는 것이다. 자기가 일방적으로 은혜를 입고 자기 성장을 도모하는 관계도 있고, 혹은 사업을 함께 하며 고락을 함께 하는 사이 자기 개성에 새로운 발전을 가져 오기도 한다. 또한 대립과 미움과 투쟁의 관계가 되어 서로가 상처를 안게 되기도 하고, 정복과 승리와 패배를 나누어 갖기도 한다.

　이렇게 인생은 만나고 서로 주고 받으면서 각자의 마음 깊은 곳에 자기 형성을 축적한다. 그것이 좋은 것이든 바람직하지 못한 것이든 간에, 자기 심정 깊은 곳에 자기 형성을 계속하는 것이다. 이렇게 보면 우리를 둘러싼 모든 사람과 모든 여건과 사건들은 나를 키우고 성장시키고 단련시킬 조건이라는 것을 쉽게 알 수 있다.

필자는 종종 죽은 사람의 천도 법요에 참여하여 망인을 위한 개도(開導) 법요를 맡을 때가 있다. 그럴 때마다 생각나는 것은 '이 사람이 평생 동안에 많은 일을 했고 많은 성과도 있었다고 하나 지금 남은 것이 무엇인가' 하는 것이다. 생각해 보면 이 사람에게 결국 유형적 · 육체적 · 물질적인 것은 이렇게 다 허물어졌고, 지금 남은 것은 그의 영적 심성밖에 또 무엇이 있다는 말인가? 올 때 영적 심성으로 오고, 갈 때 영적 심성으로 간다. 올 때 가지고 있던 영적 심성의 영성 정도를 금생의 생애적 활동을 통해 더 맑히고 밝혔든지, 아니면 더 흐리고 어둡게 한 것밖에 또 무엇이 있었을까. 범부 인생을 영적 심성의 측면에서 보고 그의 인생을 결산해 보면, 거기에 그 인생이 적자 인생이었는지 흑자 인생이었는지 결론 나는 것을 보게 된다.

인생에 있어 영적 향상을 하는 요건이 여러 가지 있지만, 결정적 영향을 주는 것은 우선 종교와 결혼이라고 말하고 싶다. 종교는 인생의 근본을 비추어 밝히는 것이므로 많은 말이 필요 없겠지만, 결혼도 인생에 가장 절실하게 깊은 생명을 환경 짓는 여건임을 생각한다면 쉽사리 위의 말을 수긍할 수 있을 것이다.

인생의 '만남' 가운데는 부모가 있고 형제가 있고 친한 벗도 있지만, 부부야말로 가장 가까운 만남이며 영적 심성에 영향을 주는 결정적인 관계이다. 또한 인생의 참된 향상을 도모하는 데 있어 수많은 스승과 은인이 있지만 그중에서도 부부는 무엇에 못지않게 중요한 관계이다. 부부는 각자의 성격과 영성에 깊은 영향을 주기 때문이다. 이 점만 보아도 부부는 무엇보다 중요하고 존중되어야 하며 서로가 감사해야 할 관계임을 알 수 있다.

부부는 결혼을 통해서 서로의 영혼을 나누어 가질 만큼 깊은 공동성에 도달한다. 서로가 성실하게 노력함으로써 서로의 영성을 향상시키고 밝고 맑은 참 자기를 자각하는 데 커다란 힘이 되는 것이다.

부부 생활의 수행적 의의

—

사람은 결혼을 통해서 협동 공존의 참 의미를 알게 된다. 참된 사랑이라는 것을 알게 되는 것이다. 자칫하면 이기적 생각으로 자기 혼자만의 안일과 욕망 충족을 생각하기 쉬운 범부에게 있어, 결혼은 이기적 관념을 녹여 버리는 성스러운 의미를 갖는다. 그릇된 자기중심 의식을 허물어 버리고, 결혼 생활을 통해 서로의 원만한 공존성을 확인하고 훈련하는 것이다. 어쩌면 자기 희생을 요구하고 이질적인 성격 사이에 일어나는 갈등을 참고 견디라는 말이 될지 몰라도, 실은 거기에서 커다란 자아와 협동 공존의 의미와 사랑의 의미를 알게 된다. 결혼 생활을 통해 배우는 무아 정신은 영적 향상을 도모하는 커다란 수행적 의의가 있음을 알아야 하는 것이다.

필자는 주변에 많은 젊은 벗을 가지고 있다. 종종 결혼에 대한 의논도 받아 보고 결혼 주례도 맡게 된다. 그리고 재미나는 것은 결혼 때는 쥐죽은 듯 아무 말 없다가 고민거리나 트러블이 있으면 또 문제를 가져오는 것을 흔히 본다. 또 이미 결혼한 지 오래되어 장성한 자녀를 둔 부부도 곧잘 가정 문제를 들고 온다. 그때마다 필자는 결혼학(?)을 배우고 보살의 생활을 공부하게 되지만, 결론적으로 가정의 중요성에 대해 더욱 신념을 굳게 한다.

인생의 행·불행은 결혼에서 출발한다고 할 만큼 행·불행의 양극을 결혼이 쥐고 있다. 원만한 결혼 생활에서 지상 천국이 있고 불행한 결혼에서 현실 지옥이 벌어지는 것이다. 어려운 가정 문제를 의논 받을 때마다 결혼이란 어려운 것이라는 것을 새삼 느끼곤 한다. 결혼에 대해 '남녀 애정 연극', '문화적 상호 계약', '인간 행위 조정의 문제' 등으로 쉽게들 말하지만, 어쨌든 그 속에 들어가면 웃을 수도 없고 눈감고 넘어갈 수 없는 절실한 과제가 꽉 버티고 있는 것이다.

인생의 목표를 필경 자아 완성에 둔다면, 결혼 또한 자아 완성의 한 길 위에서의 '만남'이다. 가장 깊은 관계의 '서로'임을 생각한다면 결혼의 의미는 좀 달라질 수밖에 없을 것이다. '행복 목적'을 위한 결혼이라 하지만, 그 행복이란 쾌락 목적만일 수도 없으며 일방적 욕구 충족을 위함일 수도 없다. 참된 자아 완성 없이는 참된 행복이란 없는 것이다. 인생이란 먼 과거에서 긴 미래로 진행하는 과정에서 필경 참된 자아 완성의 도정(道程)임을 감안할 때 더욱 그러하다.

깊은 눈으로 살필 때 결혼이란 이러한 '만남'이므로 필자는 결혼의 신성을 새삼 말하지 않을 수 없다. 결혼의 신성, 가정의 신성을 우리는 서로 존중하고 서로 지켜가도록 노력해야 할 것이다.

- 1978년 4월

결혼은 꼭 해야 하는가

주례사의 심정

—

간곡한 청탁을 거절하지 못해 종종 주례를 서게 되는 경우가 있다. 누구나 주례자가 되면 같겠지만 '행복해 다오. 보람 있는 뜻을 이루어 다오. 부처님, 이들의 행복을 감사합니다.' 하는 기원이 번번이 나를 사로잡는다. 한 걸음 한 걸음 앞으로 옮겨 가는 신랑신부의 등 뒤를 향해 어느덧 습관처럼 합장하고 있는 나를 발견한다.

나는 결혼에 관한 많은 상담도 받아 보고 어려움도 함께 당해 본다. 결혼이라는 사실이 어쩌면 수월하게 맺어지는 경우가 있을지 몰라도 사실은 너무나 엄숙하고 너무나 어려운 사건임을 나는 알고 있다. 그 어려움을 이긴 오늘의 출발은 확실히 마음껏 축하함이 마땅하다. 그들의 출발을 마음껏 축하해 주어도 부족함이 없는 것이다.

결혼이란 역시 큰일인 것을 느낀다. 사연도 많고 맞지 않는 것도 많고 결단의 어려움도 많다. 이 자리를 갖게 된 저들 위에 어찌 부처님의 가호를 기원하지 않겠으며, 저들의 출발을 앞에 두고 어찌 부처님께 감사하지 아니하랴.

결혼은 꼭 해야 하나

—

혼기를 당한 사람들, 그것도 여성들이 종종 이런 질문을 해온다. 결혼은 꼭 해야 하느냐는 것이다. 아마도 결혼하자니 엄청난 일같이 느껴지고 두려움과 불안을 느끼기도 하리라. 어쩌면 결혼 문제로 고민하다가 지쳐서 그만 결혼 안 하는 것이 도피처럼 생각났는지도 모른다. 그런 분에게는 '왜 안 해야 하느냐?' 하고 반문해 보는 것이 또한 나의 습관이다.

어떤 사람들은 육체적 매력에 매달려서 결혼을 생각하는 사람도 있겠고, 또는 성격이나 자질에 끌려서 결혼까지 생각하는지도 모른다. 어쩌면 가까이 대하면서 지내니까 은연중 좋아졌다든가, 이제 나이가 꽉 찼으니까 어쨌든 넘어가고 봐야겠다고 인생 절차를 밟기로 했는지도 모른다. 하지만 결혼은 마음이 끌린다거나 한눈에 반해서라거나 현실적인 문제를 해결하기 위한 최상의 방법 따위로는 생각할 수 없는 커다란 의의가 있는 것이다.

인생은 엄숙한 생의 실현이고 인간 수업이며, 영원한 인간 완성을 향해 나아가는 과정에서 주어진 결정적 순간의 직결이다. 그

중에서 결혼은 가장 깊숙이 인간 형성을 수행하며 역사와 사회 속에서 자기를 구성하는 중대한 계기가 된다. 남자나 여자나 저들의 성격은 스스로의 노력에 따라서 끊임없이 바뀌어 간다. 그렇지만 결혼은 그러한 독신 생활에서 얻기 어려운 커다란 성격 수정 내지 자아 실현을 가져온다. 나는 일반적으로 결혼에 대해 이처럼 중대한 인생의 의미가 있는 점을 중시하여 원칙적 결혼론을 지지하는 것이다.

인간은 기나긴 시간 동안 무수한 생을 받는다. 그리고 그 생애 중에서 많은 사건들을 만들고 또한 만나기도 한다. 그런 사건들을 통해서 인간은 끊임없이 평화와 완전과 만족을 찾아 헤매는 것이다. 평화와 완전과 만족은 무엇에서 얻어지는 것일까? 그것은 참된 자기를 보는 것이며, 참된 자아를 이루는 것이며, 참된 자아가 지닌 아름다움과 덕성과 기쁨을 마음껏 누리는 데서 얻어진다. 인간이란 필경 지각적이든 무의식적이든 이러한 참된 자아의 수용을 향해 끊임없이 내어닫고 노력하고 상처 입고 울부짖으며 앞으로 나아가고 있는 것이 아닌가. 성자들 눈에 비친 바로는 인간은 무수한 과거생이 있다고 한다. 그리고 그 과거생 중에 남자나 여자나 변함없이 그 성을 유지하는 것이 아니고, 혹은 남자로 혹은 여자로 바뀌면서 연속적으로 생을 영위해 감을 말해 준다.

원래 인간 본성에 성의 차별은 없는 것이며, 인간 개아로 분별될 때 비로소 남녀의 성별이 나누어지는 것이다. 남녀가 성별이 있어서 무슨 의의가 있을까. 남성적 성격이 인간의 다가 아니며 여성적 성격이 참된 인간성의 전부가 아니다. 그러므로 인간은 결혼을 통해 성격상의 서로 깊은 상황 속에 놓이게 되고, 그 사이에 남녀가 서로의 성격을 수정해 가는 것을 볼 수 있다. 인간이 가지는 원만한 본성이 어느 쪽으로든 치우쳤을 때 불안과 불행은 오는 것이며, 조화를 향한 노력 속에서 발달이 있는 것이다. 그것은 성을 달리하는 상대와 결합해, 다시 말해 결혼을 통해 이루어지는 길이 열린다. 우선 이 한 가지 이유만으로도 적당한 상대를 만나 결혼해야 한다는 결론을 얻고자 한다.

대개 남성적 성격의 특징이라 하면 우선 적극성을 들 수 있다. 일반적으로 여성보다 적극적이다. 굳세고 지배형이다. 이에 비해 여성은 수동적이며 인종(忍從)과 유연의 덕성을 우선 그 특징으로 들고 싶다. 이러한 성격이 원만히 조화된 기초사회를 가정해 보면, 그것은 남녀가 결혼을 통해 이룩한 인간 덕성의 원만한 표현인 것이다. 그 속에서 새 생명은 성장하고 역사를 움직일 새로운 힘도 배양되고, 상처 입고 시들어진 마음들도 재생한다. 결혼이 개인적으로나 사회적으로나 이와 같은 막중한 의의가 있는 것을 생각하는 데서 결혼의 신성, 결혼의 엄숙을 말하지 않을 수 없다.

결혼에 직업을 양립시킬 것인가

—

여성들이 결혼을 망설이는 이유 가운데, 결혼하면 가정에 충실한 사람이 되는 것이고 그렇게 되면 전공도 자질도 죽는다고 하는 것이 있다. 결혼이 자기 전공과 양립하기 어려울 것이므로 망설여진다는 것이다. 인간이 본성에 있어 성의 차별이 없는 만큼 여성이라 하여 높은 자질과 뛰어난 개성이 없을 리 없다. 남성에 있어 그것이 인정되는 만큼 여성에 있어서도 또한 같은 것이다. 그러나 여성에게는 출산과 아기를 키운다는 사회의 가장 근본적 영역을 감당할 또 하나의 특성을 지니고 있다.

자기 개성과 전공을 주장하는 여성들에게, 여성으로서의 천부의 특권과 사명을 또한 등한히 하지 말라고 권하고 싶다. 즉 여성에게 주어진 제1차적 과업은 가정과 아기를 지키는 것이다. 특별한 자질을 가진 여성이 결혼을 포기하고라도 전공 분야를 개척하는 것도 좋지만, 제1차적으로 가정의 원만의 기초 위에서 키워 가라고 권하고 싶다. 인간 사회에 있어 여성이 가정을 지켜준다는 사실과 아기를 낳고 새 세대를 키운다는 사실이 얼마나 중대한 일인지를 생각하기를 거듭 말하고 싶다. 이 중대한 부분이 허물어질 때 오는 고통과 사회적 혼란과 인간의 병적 방황을 생각해야 할 것이다.

이러한 우선순위에 따라서 여성은 직업을 생각해야 한다. 오늘날과 같이 인간 개성 중시와 경제적 고도성장을 향한 인력 개발에의 소리가 높을 때라도 역시 이 점은 바뀔 수 없는 원칙이다. 여성이 직장을 갖는, 특히 결혼 후에도 계속 직업을 갖는 것은 오늘날 우리 사회가 요구하는 인력 충족의 상황에서 볼 때 불가피하다는 이유를 내세울 수도 있다. 그러나 이것만은 꼭 말해두고 싶다. 결혼 후 직업여성이 된다든가 직업을 위해 결혼을 기피한다는 것은 그 동기가 결코 이기적인 것이어서는 안 된다는 사실이다.

무엇을 이기적인 동기라고 하는 것일까? 그것은 여성으로서의 허영이나 명성이나 지위에 대한 욕망이다. 또한 사회에 대한 지배 의욕이나 화려한 의상, 호화스런 생활에 대한 동경 따위다. 이기적 동기가 깊은 바닥에 깔려서 그것이 전공을 살리느니 재능과 취미를 살리느니 하여, 결혼과 대립하려고 하거나 가정사에 등한해서는 결코 안 된다.

결혼은 자기 창조에의 결단이다

—

정서적인 불안과 공허감은 성숙해 가는 인간의 한 표정이다. 이것은 무엇을 의미하는 것일까? 인간이 육체적 개아의 출발에서 성장하고 다시 성숙을 지향해 나아가는 과정에서, 인간 개아가 지닌 육체 저 너머의 인간 감성이 빛을 던지기 시작한 징후라고 보아야 한다. 보다 큰 자기 즉 육체가 아닌 저 너머의 자아를 알고 있는 것이며, 이런 때에 육체적 개아는 고독과 적막과 공허를 의식하기 시작한다. 또 하나의 자기, 부족한 자기의 충족을 요구해 오는 것이다. 사랑이 결혼을 가져오고 결혼이 새로운 사랑을 낳는다는 논리는 이런 측면에서 이해할 수 있다.

남성에 있어 여성은 또 하나의 자기의 반분이며, 여성에 있어 남성은 자기의 남은 반분이다. 자기의 가장 원만한 반분을 찾아서 자기완성을 지향한다고 하는 것은 의식하든 의식하지 않든 당연한 것이다. 당연한 것이 당연한 때에 와서 당연히 고개를 들고 충동해 오는 것을 우리는 바로 보아야 한다. 오히려 바른 반을 찾아서 성숙된 자아를 향해 나아가는 것이 얼마나 당연한가.

결혼은 이처럼 자기의 최상의 반을 찾는 행위이며 찾은 행위이다. 이 엄숙하고 진실하며 고귀한 의미를 등한해서는 안 된다. 결혼해서 안정이 오고 새로운 창조가 오고 새로운 힘과 역사가 열려 가는 것이다. 결혼이라는 것은 새로운 자기 창조의 결단임을 알아야 한다. 결혼기를 앞에 놓고 망설이는 여성들에게 이 말을 드리고 싶다.

결혼의 가치

—

얼마 전에 신문에서 독신을 비관해 자살한 노총각 이야기를 보았고, 자손 없는 적막을 견디다 못해 남의 아이를 유괴한 사건도 보았다. 결혼이 인간 깊숙이 맹목적으로 움직이고 있는 안정에의 호소, 미래에의 희망을 충족시켜 준다는 것은 말할 것도 없다. 또한 서로의 거칠고 치우친 성격상의 결함이 결혼 생활을 통해 서서히 수정되어 간다는 것도 앞서 본 바이다. 결혼이 공고한 국가와 사회의 기초단위를 창조한다는 사실 이외에, 우리는 인간 내면을 움직이는 참된 자아와의 관계에 주목하여 결혼 가치를 논할 필요가 있다.

나는 결혼 주례의 자리에 서면, 이들이 서로 하나로서 새로운 가치와 행위가 시작되는 것을 느낀다. 그래서 주례사에서 꼭 하는 말이 있는데, 그것은 동일 생명의 관리 원칙이라는 어마어마한 철학이다. 내용인즉 다른 게 아니고 오직 '줄 줄만 아는 사이'라는 것을 강조한다. 부부는 대가를 바라지 않고 알아주길 바라지 않고 결과를 바라지 않고, 오직 최선을 다해 마음을 주고 정성을 주고 힘을 주는 사이라는 사실을 빼놓지 않는다. 이것은 결혼이 개아의 결합에서 무아의 봉사를 실천하며, 결혼한 가정의 인격에서 무아 봉사행이 당연히 따른다는 사실에서이다.

부부 사이를 다생연분, 또는 억지연분(?)이라고 하여 연분을 강조하는 것을 보는데 사실 그럴 만한 이유가 있다고 생각한다. 깊은 인간 심성을 추적해내는 눈에는 부부 상호간에 금생연분 이외에도 다생 동안의 연분이 있다는 것이다. 이 과거 인연에는 금생에 남녀가 함께 공동으로 이룩할 과업도 있고, 또는 서로가 준 심리적 · 사실적 상호 부채를 상환하기도 하고 결산하는 인연도 있다고 한다. 물론 결혼 연분을 가진 남녀가 한 쌍뿐이 아니고 수십 쌍이 된다는 것은 인생의 무수한 과거생을 생각할 때 당연한 일이고, 그 사이에 거래된 심리적 · 행위적 인간관계가 금생에 계속되는 것도 논리상 부인할 수 없다.

결혼은 이러한 과거 인연의 실현이라는 의미가 담겨 있는 것을 알아야 한다. 그래서 서로의 잘못을 상쇄하기도 하고, 서로의 외로움을 달래기도 하며, 서로의 목표를 이룩하기도 하는 것이다. 이와 같이 볼 때 결혼은 전적으로 인생을 향상시키고 영적 조화를 이루며 인간의 완성을 향하는 중요한 수행장이다. 결혼을 통해 기나긴 인생 향로를 안정시키며 그 결과로 가정과 사회와 그가 속한 겨레와 국토에 힘과 발전의 근원 단위가 되는 것이다.

-1978년 5월

배우자를 어떻게 선택할까

바로 알고 선택하자

—

부처님 가르침에 의하면 행·불행의 갈림길은 알고 모르는 데 달렸다고 해석된다. 행복의 극치라 할 성불이라는 것이 필경 일체지를 갖추어서 일체 한계와 속박에서 벗어난 해탈을 뜻하는 것이고, 고통의 바다를 헤맨다는 중생살이의 출발은 무명(無明)이라 하는 미혹이 그 시작이다. 밝게 알았느냐 어두컴컴해서 아무것도 모르느냐의 두 극단 사이에 천만 층의 차별이 있어서 천만 층의 중생살이가 벌어진다. 다시 그 속에 천만 가지 행·불행이 나타나는 것이다.

　　결혼을 새로운 생의 출발로 삼는 것이 인생의 상식이다. 그런 만큼 그 새로이 출발하는 인생이 행복하냐 불행하냐의 갈림도 결혼을 바로 알고 하느냐 모르고 하느냐, 또는 결혼 다음에 어떻게 결혼의 원리를 알아서 노력했느냐에 달려 있는 것이다. 그러므로 때가 되어 인간으로 한 번은 하는 것이고 인연이 있으니 결혼한다는 무자각적 · 피동적 결혼은 있을 수도 없는 것이지만 위험한 것이 아닐 수 없다. 결혼에 대한 무지와 나태가 거기 있기 때문에 결혼으로 시작하는 새로운 인생이 위험을 안게 되는 것이다.

결혼 상대방은 숙명적인 것일까

—

세간에 흔히 전해 오는 말로 결혼을 연분이라 한다. 그래서 수많은 청혼도 받아 보고 수없이 구혼도 해 보고 수없이 선을 본 후 결혼하고 나서, 으레 '결혼은 역시 연분이다'라고 하는 말을 흔히 듣는다. 성립될 듯 말 듯한 아슬아슬한 고비를 여러 차례 치르고 결혼을 체념하다시피 한 처지에서, 홀연히 지금의 연분이 나타나 수월하게 영예의 골인을 했다는 말을 듣기도 한다. 역시 결혼에는 이해할 수 없는 신비한 무엇이 있다는 것을 암시해 주는 것이다.

그런데 결혼에 있어 과연 그런 숙명적 · 결정적 인연이 절대적으로 작용하고 있는 것일까? 결론부터 말해서 그러한 기계론적 결정론은 없는 것이다. 누구나 자기의 자유 의사에 의해 결혼 상대를 선택하는 것이다. 다만 그 선택에는 몇 가지 전제 요건이 있는 것은 어쩔 수 없다. 왜냐하면 인생이란 금생 한 번만을 독립해서 출발하는 것이 아니고 먼 과거를 가지고 있으며, 그 과거생의 연속으로서 금생이 있기 때문이다. 과거생에 형성된 다음 두 가지 요인이 금생에까지 작용해 오는 것은 어찌할 수 없는 것이다.

첫째, 결혼하는 당사자의 성격 문제이다. 예를 들어 어떤 결혼 기피적 성격을 가진 여성의 경우(이 점은 남성도 마찬가지지만), 과거생 가운데 애정의 파국적 체험을 통해 심각한 슬픔을 체험한 사람은 그것이 의식의 심층부에 상처로 남아 있어 결혼기피적인 성격이 나타날 수 있다. 오늘을 형성하고 있는 성격은 금생에 형성되는 것이지만, 또한 과거생을 계속해 오는 것이므로 과거생은 일단 인정할 수밖에 없는 것이다. 그렇다고 과거생이 오늘의 나를 결정적으로 지배하는 것은 아니어서, 개혁과 선택의 결단은 항상 오늘 나에게 주어져 있다. 그러므로 우리는 바른 지혜와 바른 노력으로 새로운 자기를 창조해 갈 수 있는 것이다.

둘째, 결혼 상대와의 인연 관계이다. 이것도 과거생의 결과로써 오늘의 인연 있는 상대가 있는 것은 사실이지만, 그렇다고 선택의 여지가 없는 유일자는 아니다. 수많은 과거생에 인연을 가졌던 사람들이 한두 사람이 아니기 때문에, 금생의 결혼 상대도 오늘의 결단에 의해 선택할 수밖에 없는 것이다. 과거생 인연이 상호 부채 상환 관계이거나 보복적 관계, 극단적인 원결의 인연 등 하나둘이 아닌 것이다. 물론 공동 이상의 꽃을 피울 과거 인연의 상대도 수없이 많다.

이상으로 보아 결혼 상대의 숙명적 결정설은 성립될 수 없고, 어디까지나 바른 지혜의 판단에 의해 오늘 선택할 과제가 인생 앞에 주어져 있다 할 것이다. 그러므로 '그이 아니면 차라리 죽겠다' 하고, 절대절명의 막다른 골목으로 몰고 가는 것은 문제가 있다. '서로가 좋아서' 또는 '천생연분' 하며 무턱대고 합리화하기도 하지만, 결혼은 그렇게 뜨겁게 덤벼서는 안 되는 것이다. 설사 '이 사람만이 유일한 인연이다' 생각되더라도, 생각을 쉬며 냉정하게 판단해보고 또한 존경할 만한 어른과 상의할 필요가 있다. 과거생 인연을 말한다면, 그것은 알기도 어렵고 또한 한두 사람만이 아니다. 결혼 요건에 해당되는 부분과 그 밖의 것을 혼동하는 것을 흔히 보는데, 이 점을 냉정히 살펴보아야 한다.

배우자 선택의 표준

—

"결혼할 상대로 어떤 사람을 원하느냐?"는 질문을 젊은 남녀에게 들이대는 것을 종종 듣게 되지만, 거기에 대한 대답이 얼마나 깊은 생각에서 나오는 것인지 모르겠다. 여성에게 물으면 대개는 '건강하고 가정적인 남성'을 습관처럼 내세우고, 남자에게 물으면 '여자로서의 덕성'을 유행처럼 외워댄다. 그 사람들은 남자는 가정에 매인 송아지나 가정이라는 멍에를 메고 젖을 공급하는 젖소 정도로 생각하는 모양이고, 여자는 유순한 남자의 시종 정도로 생각하는 모양이다. 결혼에 있어서 부부에게 그런 측면이 아주 없는 것은 아니지만 결코 그것이 표준이 된다면 큰일이다.

그러면 '미모'인가? 사람의 용모란 그림자 같은 것이어서 시간의 흐름과 함께 바뀌는 것이요, 지성이나 감정의 변화에 따라 천태만상으로 바뀌는 것이다. 뿐만 아니라 인간의 육체는 죽음을 향한 진행이 아닌가? 마음의 표현으로서의 용모이기 때문에 관상으로 인물 평가가 될지는 몰라도, 마음은 끊임없이 새로울 수 있는 것이므로 나타난 용모만을 기준 삼을 수는 없는 것이다.

그러면 '재산'인가? 가정의 경제적 토대가 중요하므로 재산에 대해 많은 관심을 두는 것을 본다. 하지만 재산은 인간에게 첨가된 것이요, 활동에 의해서 얻어진 것이다. 아무리 돈이 좋기로서니 돈과 결혼할 수는 없는 것이다. 재산에 현혹되어 사람을 보지 않고 허겁지겁 서두른 결혼이 파탄을 가져오는 것을 우리는 너무나 많이 본다. 이것이야말로 결혼의 의미를 망각한 유령과의 결혼이라 할 수밖에 없다.

그러면 '숭고한 가문'인가? 옛날부터 집안을 보면 자손을 안다고 하고 결혼이 당사자 간의 결연이라기보다 가문과의 결연이라는 관념도 중시되어, 이 점은 사뭇 오늘날까지 많은 공명을 얻고 있다. 인격이라는 것이 유전적인 면도 있고 학문과 수련에 의해 형성되기도 하지만, 그보다도 성장기의 정신 환경이 그 어떤 교육보다도 중요한 것이다. 그러므로 숭고한 가정 환경은 당사자의 인격 평가와 함께 중시할 근거가 된다. 그렇다고 전통적인 가문이나 가정이 인간의 전부는 아니다. 한 인간이 성장하는 환경으로서 다만 인격 형성에 중요하다는 것뿐이다. 그러므로 조실부모하거나 가정이 없이 성장한 사람에게도 얼마든지 높은 인격과 덕성을 갖출 수 있는 것이다.

그러면 '취미나 성격'인가? 대개 한 인간에 있어 취미는 그의 성격을 잘 나타낸다. 그리고 그의 성격은 과거부터 현재까지 끊임없이 형성되어 가는 인간성의 직접적인 표현이다. 그러므로 취미와 성격은 인간 선택에 중요한 자료임은 부인할 수 없다.

그러면 '건강'은 어떠할까? 확실히 건강은 결혼 상대자 요건에 중요한 요소이다. 육체의 기본 단위가 건전해야 하는 것은 결혼이 관념이나 환상의 희롱이 아니기 때문에, 건강이라는 육체 조건은 절대 필요한 것이다. 아무리 깊은 이해나 성스러운 사랑이라 해도 육체를 제외한 결혼이란 예외에 속한다.

결혼의 상대자 선택 문제에는 으레 지위, 명예, 부모의 재력, 사회적 명망, 당사자의 생활력, 인간적인 이해성 등 여러 문제가 제기되는 것을 보지만, 이런 문제는 무턱대고 관심 가질 것은 못 된다. 당사자의 생활력이나 지식 정도는 중요하긴 하지만, 인간의 성실성으로써 새로운 향상과 보완을 할 수 있다. 그밖에 가문의 명성이나 부모의 권세 등은 저녁연기 같은 것이다. 흥망성쇠가 무상한 것인데, 그런 것을 결혼의 중요한 요소로 고려한다는 것은 골탕 먹기 알맞은 것이다.

상대자 선택의 요소

—

그러면 결혼에 있어 상대자 선택의 요소는 무엇이란 말인가? 대개 세 가지를 들고 싶다.

첫째, 인생 목표나 이상에 대한 공동성이다. 결혼이 남녀가 결합하여 공동의 목표를 향해 서로가 향상하는 인연인 만큼, 반드시 높은 인생의 목표와 이상에 대한 공동의 유대가 있어야 한다(이것이 없을 때 결혼 후 의외의 사태를 만난다). 어쨌든 인생이라는 가치에 대한 일치성과 공동의 향상이라는 높은 합일은 절실히 필요한 것이다. 그것이 뚜렷이 성문화할 수 있는 명확한 합일이든 깊은 신뢰 속의 암묵의 일치이든, 생의 목표에 대한 공동적 합일은 결혼의 제1차적 요소가 아닐 수 없다. 이런 점에서 필자는 결혼이 당사자에 의해 이해되고 승인되고 확인되어야 한다는 점을 긍정하는 것이다.

둘째, 육체적 조건이다. 건강해야 하는 것이다. 이 점에 대해서는 앞서 말한 바이다.

셋째, 당사자의 영적 견인력이라 할까. 서로의 깊은 사랑과 신뢰감이다. 이것은 구체적으로 풀어 말하기 어렵지만, 이러한 영적인 사랑과 신뢰감이 없는 결혼은 비참해질 수밖에 없게 된다. 단순한 육체적 견인력이나 취미의 동일성이나 어떤 정신적 매력이나 감상적 동정으로 결혼은 이룰 수 없다.

즉 결혼이 양성의 결합을 통한 높은 이상의 추구라는 근본 가치를 지니고 있으므로, 이상 세 가지 조건은 최후적이고 그 어떤 하나가 없어도 원만한 결혼이라 할 수는 없다. 높은 정신적·영적 일체성에서 비로소 결혼의 원만과 신성이 보장되는 것임을 말해 둔다.

-1978년 7월

무엇이 '고독'을 만드는가

고독의 얼굴들

—

사뭇 오래 전 일이지만, 아마 20년은 되는 성싶다. 젊은 청년들 모임에서 설문지를 돌리고 거두어 보니, 취미 난에 '고독'이라 적혔던 것이 기억난다. 아마도 이 사람의 취미로서의 고독은 주변 어떤 것에서도 벗어나 혼자 있고 싶은, 그 혼자에 대한 동경이라고 생각되었다. 너무나 번잡한 일상사회에 휘감겨 살다 보니, 홀로 생각하고 싶은 자기만의 공간이 아쉽게 생각되었을 것이다.

그러나 고독은 그리 낭만적인 것만은 아니다. 어쩌면 사람에게 있어 고독은 원초적인 것인지도 모른다. 육체적인 개아와 환경속에서 홀로 선택하고 결단하며 자기 길을 가야만 하는 운명은 어쩌면 타고나는 속성인지도 모른다. 그러나 고독의 의식은 좀 늦게싹트는 성싶다. 부모와 가족과 따뜻한 애정 속에서 함께 크는 동안의 자신은 줄곧 천지 속에 팽팽한 것이다. 그것이 좀 성장하게 되면 부모나 가족이나 환경으로부터의 충족으로 채워지지 않는 한 물건이 고개를 들기 시작한다. 그것은 정신적인 자아나 육체적 자아가 성장하면서부터 점점 뚜렷이 의식 전면에 나타나고, 지워지지 않는 가슴속에 그리움으로 또는 외로움으로 자리 잡게 된다.

대개 결혼을 통해 일차적인 고독과 그리움은 일단 고개를 숙인다. 더욱이 결혼 이후에 가정과 사회에 대한 책무로서 무거운 짐이라는 현실적 멍에를 지고 나면, 고독이라는 심정은 거의 유행의 계절이 지난 사치품같이 되어 버린다. 그렇다고 이 고독이라는 호소가 아주 사라지는 것은 아니다. 우선 입을 다물고 있는 것이다. 그것이 때를 따라, 상황을 따라 끊이지 않고 고개를 들고 온다.

특히 성숙된 인간에게 있어 결혼할 나이인데도 결혼을 하지 못했다거나 혹은 결혼 후 파탄을 경험할 때, 이 고독이라는 괴물은 가슴을 여위는 찬바람으로 작용하기도 하고 뼈에 스미는 아픔으로 작용하기도 한다. 이래서 고독은 인생에 있어 매만지고 즐길 수 있는 것이 아니다. 생의 의미를 흔들기도 하고 이성을 흔들 때도 있으며 아픔을 이기지 못해 자살을 부르게 하는 경우도 왕왕 있는 것이다.

성숙한 사람들에게 있어 일반적으로 고독이라는 물결은 간간이 계절풍처럼 불어오는 것 같다. 그것은 근원적으로 '인생 무상', '인간 공허'라는 텅빈 인생의 근원적 공동(空洞)이 비치기 때문이다. 이러한 고독의 물결은 필경 종교적 수행을 떠나서는 치유될 수 없는 것이고, 우리를 죽음에 이르게 할 뿐만 아니라 죽어서도 벗어나지 못하게 한다.

　필자가 종교인이라 그렇겠지만 이러한 텅빈 가슴을 안고 인생을 호소해 오는 젊은 사람들을 흔히 만난다. 그리고 젊은 여성들에게 있어 그와 관계된 문제를 당할 때도 한두 번이 아니다. 그래서 여기서는 결혼 인연이 적기에 이루어지지 못하고, 그에 따라 오는 고독한 생활과 운명에 관계된 부분에 대해 몇 자 적기로 한다.

환경은 마음의 표현이다

—

우리의 환경은 우리의 마음과 행동이 만든다. 애정 넘치는 따뜻한 환경도, 찬바람 설레는 적막한 환경도 자신이 만든다. 자신의 마음가짐과 행동에 따라서 육체라는 환경, 가정이라는 환경, 나아가 사회나 국가적 환경까지도 만들어지는 것이다.

　그러므로 우리에게 주어진 환경이 어떤 내력을 가진 것이든, 그 1차적 원인은 자기의 마음 씀씀이와 행동에 있다. 그래서 자기 마음을 고치고 행동을 고침으로써 환경을 바꾸는 것이다. 결코 자신에게 책임이 없어 보이는 운명적인 것이라도, 역시 원인의 설정자는 자기임을 지혜의 눈은 보아내는 것이다. 그러면 결혼을 하고 싶어도 적당한 상대자를 만나지 못하거나 결혼을 하고서도 고독한 바람 속에 홀로 서 있어야 할 원인은 그 무엇일까? 그보다도 따뜻한 애정과 희망이 담긴 환경을 꾸밀 방법은 어디에서 찾을 것인가?

　인생에서 고독과 적막을 가져오는 1차적인 요인은 애정 담긴 가정과의 유리에 있다. 그러므로 고독의 소멸도 앞서 말한 것처럼 결혼을 통해 대개는 소멸된다. 결국 원만한 결혼을 갖게 하는 것이 고독에서 벗어나는 방법이라 하겠는데, 원만한 결혼을 할 수 있는 요인들은 어떤 것이 있을까?

주는 것만큼 받는다

—

따뜻한 인간관계를 형성하는 요인은 상대에게 따뜻한 애정을 주는 것이다. 끊임없이 친절심이 넘쳐나고 성실하게 봉사하는 마음이 그 첫째다. 이에 반대되는 것은 냉정한 표정과 불친절한 말과 인정머리 없는 행동이다. 그리고 남의 입장이나 사정에 무관심하고 자기의 이기적 행동을 추구하는 성격으로는 결코 애정어린 자기 환경을 부를 수 없다. 이기적인 자기 추구를 극복하는 방법은 가슴을 열고 사람을 존중하며 모두에게 성실히 봉사하는 데 있다.

이러한 따뜻한 애정과 친절, 그리고 성실한 봉사와 인간 존중이 자기 환경을 밝고 따뜻하게 만드는 것이다. 표정이 밝고 자애롭고 그 거동이 발랄할 때, 몸 전체에서 밝고 따뜻하고 발랄한 광명을 온 주위에 발산하게 된다. 이러한 마음의 광명이 자신을 정화하고, 또한 모든 사람과 밝고 따뜻한 힘으로 함께 통하게 된다.

원래 주는 자만이 받는 것이다. 마음을 활짝 열고 따뜻한 자애를 담뿍 주며, 친절과 봉사로 모든 이를 존중할 때 자기 주위에 그런 환경을 불러들인다. 만약 분별하고 이기적 타산으로 벽을 쌓고 그 사이에 싸늘한 계산과 무관심으로 지낸다면, 자기 주변에는 찬 바람이 불고 황무지에 던져진 외로운 돌로 홀로 남을 것이 분명하다. 그 속에 어찌 인간적 정이 흐를 것이며, 어찌 꽃이 피고 새가 노래하는 아름다운 열매를 바라볼 수 있겠는가?

고독을 몰아내는 법

—

만약 고독하고 쓸쓸한 환경에 둘러싸였다고 느끼는 사람이 있다면, 거기에는 이유가 있는 것이다. 이미 말한 바이지만 현실적으로 그런 환경을 부르도록 마음을 쓰며, 과거생으로부터 익혀 온 마음 상태에 그러한 원인이 있는 것이다.

인간적 우정을 저버리거나 가족적 애정의 가치를 무시할 때 고독이 찾아든다. 이기적인 생활을 한다거나 가족의 운명에 대해 책임을 느끼지 않는 애정 결함이 그 중대한 원인이다. 그런 사람은 결혼하고자 해도 상대를 못 만나거나, 많은 사람을 대하면서도 일상 사무적 접촉 이상의 깊이 있는 인간적 교류가 되지 않는다. 또 스스로 교만하고 스스로 존대하며 이웃에 대해 등한하고 무관심하다. 자기 이익을 앞세우고 남의 존재를 업신여긴다. 이러한 마음가짐이 자기 환경에 찬바람을 부르고 생활 터전을 황무지로 만들고, 자기 마음에 고독과 적막을 불러들이는 것이다. 따뜻하고 남을 존중하며 밝고 발랄한 일상생활이 고독의 뿌리를 소탕하고 행운을 부르는 묘약임을 알아야 한다.

또 한 가지 결혼 불성립의 심리적 요인 중 하나로 기억할 것은 이성 반발의 심리이다. 홀로 자기만이 결백하고 자신을 지극히 존대한다. 남성이란 모두가 보잘것없다는 우월 심리와 반발 심리로써, 운명적으로 이성과의 장벽을 높여간다. 필자와 같은 수도인으로서의 노총각은 별문제로 하고, 노처녀들은 자신 속에 고독을 부르는 요인이 혹시나 없는가 점검해 봄이 어떨까?

　가족의 애정을 무시하거나 이기적 욕망만을 추구하는 행위의 결과로서, 고독한 환경이 꾸며지고 쓸쓸한 심정이 깃든다. 가족의 애정을 소중히 하고 이웃에게 가족적 애정을 항상 줄 수 있는 따뜻하고 친절한 심정이야말로, 우리에게 항상 꽃피는 동산을 제공해 주는 근본이라 볼 수 있다. 이기심을 버리고 따뜻이 남을 사랑하는 마음 자세는 고독과 적막을 몰아내고 행운과 평화를 불러오는 근원이다.

　　- 1978년 8월

남성을 사로잡는 힘

남편 위에 선 여성
—

이것은 30여 세 된 한 여성의 고백이다. 취미도 갖고 살림도 보태
자는 생각으로 배웠던 솜씨를 활용하여 양장점을 차렸다. 그런데
이 양장점이 그런대로 재미가 났다. 수입도 회사원인 남편의 몇 배
나 되었다. 그러는 동안에 가정의 재정도 아내 수입으로 꾸려갔고,
크고 작은 일을 온통 아내의 벌이로 넉넉하게 휘어나갔다. 남편의
수입은 아예 문제 삼지 않았다.

그러는 동안에 아내는 사뭇 자기우월감이 커갔고 아내 마음속
에는 어느덧 우쭐하는 생각이 일어났다. 쥐꼬리만 한 보수에 매달
려 365일을 매여 사는 남편이 바보스러워 보였다. 그런데 아내는
돈도 넉넉했고 살림도 윤택해졌는데 도무지 행복하지가 않았다.
무엇보다도 남편과의 다툼이 끊이지 않았던 것이다. 하찮은 것들

모두가 시빗거리가 되었다. 남편은 남편대로 반발이고 아내는 아내대로 일일이 아니꼽고 불만스럽기만 했다. 이러기를 한 1년쯤 지난 어느 날 아내는 가끔 찾는 가까운 절에 갔다. 설법도 듣고 아무도 없는 텅빈 법당에 혼자 앉아 있기도 했다. 아내는 돈에 구애 없이 살았지만 정신 생활은 지옥 같은 고통에 차 있었던 것이다.

부처님 앞에 무릎을 꿇고 앉아 있는 동안 아내의 두 볼에는 눈물이 그칠 사이 없이 흘렀다. 가슴에는 결혼의 행복을 잃어가고 있음을 깨달았다. 그리고 자기 고집을 세워 남편 위에서 따지고 호령하고 불평하고 있던 자기의 모습을 뚜렷이 보았다. 남편 위에 서있던 자기를 반성하고 결혼 초의 행복을 생각했다. 그리고 한참 만에 눈물을 씻고 집에 돌아온 그 날 저녁, 회사에서 돌아온 남편 앞에 이제까지 자기의 잘못을 솔직히 뉘우쳤다. 뜨거운 눈물이 한없이 흘렀다. 이제까지 남편을 아래로 내려다보았던 자기가 허물어지는 눈물이었다. 우월감과 불평불만 속에 외로움이 녹아내리는 눈물이었다. 그리고 그에게는 오직 '여성적인 것'만이 되살아나고 있었던 것이다. 남편은 아내를 붙들고 "당신 잘못이 아니요." 했는데 그 말이 천상의 음악인 양 행복한 소리로 들려왔다고 한다.

여성이 갖는 특징
—

이와 같은 예는 오늘날 우리 주변에 적지 않다. 그런가 하면 그와 반대로 가정의 경제적 부담을 전담하면서도 원만한 가정의 행복을 누리는 예는 더욱 많다. 여기서 문제 삼고자 하는 것은 여성의 행복이라는 측면에서 여성이 서야 할 자리를 보고자 하는 데 있다. 아내가 남편 위에 서서 주도적 권능을 행사하는 데서 행복이 있는 것인지, 아니면 그 반대로 아내가 너그러움과 무아의 사랑으로 자기 자리를 삼는 것이 행복한 것인지를 엿보고자 하는 데 있다.

오늘날 소위 시대적 각성을 했다는 여성이라든가 제법 코에 걸 만한 교육을 받았다는 여성들은 곧잘 여권 문제에 열을 올린다. 남녀의 평등이 철저히 지켜질 때 행복이 있다는 것이다. 그런데 과연 여성의 행복이 남성과의 관계에서 동떨어진 것일까? 평등을 말하고 기능의 장점을 말하거나 또는 앞의 예에서 본 바와 같이 가정에 있어서 아내가 자신의 우위를 확보했을 때 과연 행복했던가?

사회가 봉건시대이든 민주사회이든, 남녀의 생명 표현의 상징적 특징은 영원히 변치 않는다. 봉건시대에는 남편 우위에서 행복하고 민주사회에서는 아내 우위나 평등 동권에서 행복하다는 근거는 없는 것이다. 생명 표현의 특징은 남성·여성으로 달리하고 있는 한 결코 동일시할 수 없다.

여성은 생명 표현의 특징이 온순하고 수동적인 데 있는 것이다. 유순하다거나 수동적이라는 것은 여성이 남성보다 못하다는 우열의 문제가 아니다. 능동과 수동이라는 생명 표현의 상징적 차이는 그것이 참되게 이해되고 존중되는 데서 행복과 창조와 발전이 있다. 이 점을 무시한 동권 주장에서 인간은 불행할 수밖에 없다.

남성을 사로잡는 힘

—

대체로 여성이 지니는 유순한 너그러움과 수동적인 것이 위대한 힘을 발휘한다. 남성이 빠져드는 함정이 거기 있는 것이며 남성을 사로잡는 매력이 거기 있는 것이다. 남성은 여성에 대립하고 위압해 오는 적이 아니고, 여성은 수동적이라는 마력으로 오히려 남성을 자기화하는 것이다. 어떤 의미로는 남성을 조복받는다고까지 말할 수 있다.

여성이 지니는 수동적 위치, 너그러움과 부드러운 이해성, 이것이 남성을 사로잡는 힘이다. 여성이 지니는 덕성이며 인간 사회를 창조와 발전으로 행복하게 할 위대한 힘이다. 이것을 몰각하고 남녀 동권이라 하여 여성이 남성과 대립하거나 가정에 있어서의 주도권을 다투거나, 거칠고 편협하고 완고할 때 거기에 무엇이 있겠는가? 여성의 유화와 수동의 특성을 야만시대나 케케묵은 봉건시대의 유물로 돌려보낼 때, 여성이 지니는 고귀한 장점이 죽고 마는 것이다.

남자와 똑같이 말하고 생각하고 행동하여 남성화한다면 그때부터 여성의 매력은 없어진다. 여성이 지니는 위대한 힘도 없어지는 것을 잊어서는 안 된다. 생각해 보자. 젊은 여성의 아름다움이란 높은 콧대에 있는 것이 아니라 따뜻하고 이해심 깊고 너그러운 데 있다. 중년 이후의 여성에게서 흔히 볼 수 있듯, 유순과 수동의 위치를 잊어버렸을 때 여성의 매력이 사뭇 빛을 잃고 마는 것이 아닌가?

그것은 여성이 스스로 설 땅을 벗어나고 그 위치를 저버린 데서 오는 결과이다. 자신의 여성적인 아름다움이 없어질 뿐만 아니라 자신의 마음속에 찬바람과 쓰라림이 싹트게 된다. 생명의 신성과 인권의 존엄이 남녀의 차이가 있을 리 만무하다. 모두가 아름답고 슬기롭고 덕스러운 큰 능력을 부처님과 함께 하고 있다. 그렇지만 표현을 달리할 때 제각기의 기본 위치가 있는 것인데, 오늘날의 교양인 가운데 이 점을 등한히 하는 사람이 없지 않으니 문제다.

가짜 여자
—

여기 한 예를 보자. 그녀는 간호사, 방년 23세다. 그런데 여성다운 신체적 특징이 아주 빈약하다. 심지어 얼굴의 표정이나 말하는 어조나 걸음걸이는 사뭇 남성적이다. 여성적인 매력이란 아주 제로다. 어렸을 때 성장하면서 부모님께 무엇인가를 청하면 '너는 여자니까'라는 말로 자주 거부되었다. 그럴 때 그의 마음속에서는 '남자가 되자' 하는 강한 의욕과 집념이 들어앉기 시작했던 것이다. 그래서 남자처럼 말하고 남자 같은 취미를 기르고 남자처럼 행동하도록 힘썼다. 그 결과 마침내 여성적인 내분비가 감퇴해 여성적인 신체적 특징이 발달되지 않았다. 오히려 얼굴의 털이 거칠어지는 등 여자로서는 가짜 여자가 되어 버렸던 것이다. 그런데 이 간호사에게 걱정이 생겼다. 외롭고 쓸쓸해서 견딜 수 없게 되었다. 정말 몹쓸 병에 걸려 버린 것이다.

이래서는 안 되는 것이다. 여성은 남성을 흉내내어 행복할 수 없는 것이며 남성이 될 수 없는 것이다. 남성을 모방해 봐야 여성이 지니는 본래의 매력을 잃게 되고 필경 사는 보람을 잃어버린 적막한 인생이 되고 만다.

오늘날 우리 사회에는 여사장도 흔히 있고 아파트 투기나 부동산의 묘미를 얻은 복부인도 적지 않다. 이들 여성들이 남성 사회 속에 뛰어들고 재력을 쌓았더라도, 그녀들이 가정에서 아내의 위치를 벗어났거나 여성으로서의 특징적 덕성을 잃어 버렸다면 가슴 속에 불안한 찬바람과 어두운 쓰라림이 불어댈 것은 넉넉히 짐작이 간다. 마땅히 그릇된 남녀평등 풍조에 놀아나지 말 것이며, 무엇으로도 바꿀 수 없는 귀하고 아름답고 위대한 여성의 덕성을 기르고 닦아서 영원한 행복의 시여자(施與者)가 되어야 하지 않겠는가. 이 땅의 영광은 길이 그분들의 것이 될 것이다.

　- 1978년 9월

미모는 어떻게 만들어지는가

용모는 말 없는 언동이다

—

내가 여성의 용모에 대해서 관심을 가지고 글까지 쓴다 하면 나를 아끼는 사람들 사이에서 '스님이 바람났다' 하고 염려할 것으로 생각된다. 나는 그 소리를 귀에 의식하면서 이번에 결국 여성의 미모의 문제를 다루게 되니 나도 좀 짓궂은 면이 있는가 보다. 그러나 결코 불량하거나 불건전하지는 않을 터이니 안심해 주기 바란다.

여성의 용모가 남성을 좌우하고 주변 사람들의 운명을 좌우하고 역사를 좌우하는 중대 사건과 관련이 있는 것을 독자들은 짐작할 것이다. 한 여성의 미모 때문에 얼마나 많은 역사적 사건들이 일어났고, 그 속에서 얼마나 무고한 사람들이 죽음과 고통을 맛보았던가. 클레오파트라나 양귀비의 경우를 들지 않더라도, 우리나라의 역사에도 여성의 미모와 관계된 추악한 면이 수없이 있었던 것을 우리는 들어왔다. 그렇다고 누구도 미모가 죄라고는 하지 않는다.

용모는 확실히 중요하다. 용모는 말없이 숱한 의미의 말을 만인에게 풍기는 것이다. 용모를 통해 진실을 전해 듣고 정결을 배우며 지혜와 덕성을 배우고 마음의 평화를 얻는다. 그 반대로 불안과 근심 걱정을 얻고 회의와 슬픔을 맛볼 때도 있다. 탐심과 분심과 추악감을 불러일으킬 때도 있는 것이다. 평범한 용모, 저질 용모 등 가지가지의 분류가 생긴다. 그렇다고 용모가 항상 정해 있는 것도 아니다. 매일 바뀌고 시시각각으로 바뀌기도 한다.

용모가 말 없는 가운데서 주변에 많은 것을 뿌려 주고, 또한 많은 것을 거둬들이게 하며, 자기 주변에 운명적인 환경 여건까지도 만들어간다. 이러한 것을 생각할 때 용모의 문제는 인생에 있어서 작은 문제가 아니다. 용모의 바탕이 무엇이며 어떻게 해서 변해가는 것이며, 어떻게 해서 용모가 운명을 말하며, 어떻게 해서 아름다운 용모가 될 수 있는가? 이런 문제는 불가불 생각해 볼 만한 가치가 충분히 있는 것이다.

미모는 어떻게 만드는가

—

용모의 문제는 미용사가 할 일이라든가 성형 수술을 맡은 의사들의 일이라든가 또는 화장 기술의 문제라고 말할지 모른다. 그러나 그러한 미용이나 수술이 어느 정도 용모에 변화를 주는가는 한계가 있다. 여기서는 그러한 한계를 넘어선 근본적인 미모에 이르는 길을 생각해 보기로 한다.

　도대체 용모란 무엇일까? 용모란 과거와 현재의 그 사람이 행동하고 생각해 온 것을 포장한 인생꾸러미다. 그 인생꾸러미를 포장한 포장지는 투명해서 포장지 위에 그 내용물을 잘 나타낸다. 그러므로 겉포장을 보고 그 내용물을 짐작하는 방법이 있다. 이것이 관상법인가 한다. 그래서 얼굴을 보고 그 사람의 성격과 과거를 말하고 운명적 미래를 판단하는 사람도 있는 것이다. 그러나 여기 인생꾸러미의 포장지로 비유한 것에서 알 수 있는 것처럼, 포장지라는 걸 용모는 절대적으로 고정된 것이 아니다. 내용물이 바뀜에 따라 모양도 빛깔도 당연히 바뀌게 된다.

　이처럼 인간의 용모가 그 사람의 생각과 깊은 마음 상태를 나타내는 것을 알게 될 때, 생각과 마음과 믿음을 바꿈으로써 용모를 바꿀 수 있다는 결론도 나오는 것이다. 용모는 고정된 것이 아니다. 형상은 절대적일 수 없다. 관상과 손금 등 형상적인 관찰에서 온 판단을 그대로 맹종하는 것은 미신이다. 그러한 형상을 움직이는 것은 마음이라는 사실을 알아야 한다. 스스로가 자기 용모의 주인이 되고 자기 운명의 주인이 되고 자기와 자기 환경을 스스로 만들어가는 주인이 되어야 할 것이다.

　부처님께서 말씀하시기를 "여자가 얼굴 모양이 곱다고 해서 그것으로 교만해서는 안 된다. 형상이 단정한 것이 단정이 아니라 오직 그 마음과 행실이 단정할 때 사람들에게 사랑과 존경을 받는 것이니 이것이 참된 단정이다." 하신 뜻을 이해할 수 있는 것이다.

　어떤 중년 여인이 찾아와 말했다. "내가 여자라서 그렇겠지만 마음만 착하고 아름다우면 좋다는 것을 알면서도 용모가 남보다 빠지는 것은 아무래도 마음에 걸립니다. 무슨 방법이 없습니까?"

이처럼 대개들 미모에 대한 동경은 절대적이다. 미모를 위해서는 비싼 화장품 값도, 위험한 성형 수술도, 대담한 노출복도 거리낌없는 성싶어 보인다.

이렇게 미모에 대한 여성의 집착력은 확실히 여성 자신이 아름답게 될 뿐만 아니라 여성 주변의 모든 이웃과 우리의 사회에 행복을 가져올 커다란 자원이 된다는 생각이 든다. 왜냐하면 앞서 말한 바와 같이 미모란 타고나는 것뿐만 아니라 끊임없이 만들어가는 것이며, 그의 마음이 아름답고 슬기롭고 사랑으로 빛나고 있을 때 그의 용모 여하에 관계없이 아름다움을 온몸에서 발산하기 때문이다. 그러니 미모에 대한 집착력이 있다는 것은 능히 참된 미모를 성취할 수 있는 가능성을 말해 준다고 할 수 있다.

경에 말씀하시기를 "마음은 이것이 능란한 재주꾼이라, 이 세간 어떤 것도 마음이 만들지 않는 것은 없다." 하셨으니 마음이야말로 우리의 용모를 무엇으로도 만들어내는 요술쟁이인 것이다. 지혜로운 얼굴로, 덕스럽고 복스러운 얼굴로, 또는 간탐스럽고 독기 서린 요물로도 만들어 어두컴컴한 귀신 모양으로 만드는 것이다.

미모로 태어나는 논리
—

관상가들은 사람의 얼굴을 보고, 그 사람의 운명을 판단하고 마음을 점친다. 마음이 운명을 좌우하는 것일진대 마음을 짐작하면 사람의 운명도 짐작이 된다고 할 수 있다. 그러나 사람의 마음이란 변화하는 것이므로, 아무리 명판인 관상가라 하더라도 마음을 쓰고 마음을 닦는 사람의 운명을 점치지 못하는 것이다. 다만 현재의 용모에 대해 판단하는 것이라 할 수 있다.

사람의 일상적 생활이 반복되고 습관화되어 누적되면 하나의 성격으로 굳어지게 된다. 이 성격화된 습관이 인간 용모에 절대적 영향을 주는 것을 생각한다면, 우리 일상생활의 마음가짐은 단순한 미적 가치의 문제가 아니라 운명과 관계가 있는 것을 명념해야 할 것이다.

아무리 노력하고 고가의 미용료를 지불하고 미용술을 몸에 익혔더라도 타고난 용모는 당할 수 없다. 그러면 좀 환상적인 말로 들릴지 모르지만 아름다운 용모를 가지는 근본적 방법, 내생에도 그 다음 생에도 아름다운 용모로 태어날 수 있는 방법은 없을까.

원래 생명은 육체적 파괴로 종말이 아니고 생명 자체는 영원하다. 누적된 행위와 생각의 집적에 따라 계속 새로운 생을 받는 것이다. 그러므로 우리의 마음이 용모에 끊임없는 변화를 가해 가고 있음을 알 것이다. 그래서 오늘 아름다운 용모의 원인 되는 행을 닦아갈 때, 오늘 나의 용모가 바뀌게 된다. 이 몸을 마쳐서 새로운 몸을 받더라도, 역시 아름다운 마음이 미모의 종자가 되어 내생에 아름다운 용모를 갖고 태어나는 것이다.

순수한 사랑이 미모의 요건

—

지장보살은 보살의 수행을 완성한 대보살이다. 그의 상호는 지혜와 덕상이 완전 구족하고, 그의 위덕은 하늘땅을 덮고 남으며, 그의 자비 원력은 온 법계 온 국토 구석구석에 대자비 방편 시설을 펴고 있는 것이다. 이 지장보살이 최초 발심한 이야기가 미모와 관계있는 것이어서 아주 재미있다.

머나먼 과거에 한 장자의 아들이 부처님의 상호가 원만 구족하고 천복으로 장엄스레 빛나고 있음을 보고 홀딱 반해 버렸다. 그래서 부끄러움도 무릅쓰고 부처님께 여쭈어 보았다. "세존께서는 어떤 행을 닦았기에 지금과 같은 훌륭한 상호를 이루셨습니까?" 이에 대해 부처님은 "여래의 원만상을 이루고자 하거든 마땅히 오랜 동안 고통 받는 중생들을 건져주어야 한다."고 말씀하셨고, 이 말을 들은 장자의 아들은 미래세가 다하도록 고통받는 중생을 위해 몸 바칠 것을 맹세했다.

여기서 보면 근본적으로 완전 구족한 미모를 성취하는 방법은 자비심으로 어렵고 고통받는 사람을 건져주는 데 있음을 알 수 있다. 설사 금생의 용모에 무관심하더라도 누군가를 위해 오늘 순수한 보살심을 닦아간다는 것은 값있는 것이다. 미모와 화장에 관심 갖는 정도의 몇 분의 일만이라도 자비보살심을 가져야 마땅하지 않을까.

미모와 생활 규범

—

위에 말한 것은 미모를 이루게 되는 기본법이라 한다면, 이번에는 보다 신속하게 지금 당장 아름다운 용모를 이루는 뾰족한 방법을 말해 보겠다. 하나는 일상생활법이고 또 하나는 용모가 아름다워지는 기도법이다.

첫째, 평상시에 자기 마음을 돌이켜보고 거울 앞에 서서 자기 얼굴을 비추어 보라. 자기의 표정이 유쾌할 때 어떠하고 성났을 때 어떠하며 슬플 때 어떠한가. 성내고 분심을 품고 우울한 생각에 잠겨 있을 때의 자기 표정을 보라. 성내고 분심을 품고 슬퍼하고 우울할 때, 과연 그런 표정이 바람직한 아름다운 모양인가? 아니면 맑고 유쾌하고 희망과 활기에 넘치는 표정이 바람직한 얼굴인가? 자기가 마음먹고 행동하는 데 따라서 자기 용모가 그렇게 바뀌고, 생각이 성격화함에 따라 인상이 바뀌는 것을 알아야 한다.

희망과 감사와 용기가 가슴속에 가득한가 살펴야 한다. 결코 성내거나 실패를 생각하거나 불행 따위를 마음에 두어서는 안 된다. 하루의 운명이 그와 같이 생각하고 방향 지어진 잠재의식의 보이지 않는 유도에 의해 진행되기 때문이다.

용모에 관계없이 아름다움을 더하는 요인은 퍽 많지만, 그중에서도 두드러진 것은 정신적 아름다움이다. 정결하고 균형 있는 교양, 맑은 지성과 높은 덕성, 그리고 발랄한 생동감이 넘치는 정신적 미는 어떤 용모 위에도 절대적 아름다움을 더해 가는 것이다. 그러므로 미모에 관심이 있는 사람이라면 이와 같은 정신적 미에

각별한 관심을 가져야 한다.

부처님은 32상이라 하여 완전한 원만상이라 하는데, 이 극치의 미모는 어디에서 오는 것일까? 다름 아닌 청정한 불성을 그 마음에 완전히 이룩한 데서 오는 것이다. 그러므로 미모에 관심이 있는 사람이라면, 불가불 자기 깊은 마음속에 불성을 간직한 만족과 희망과 기쁨을 현실적으로 긍정하는 마음 자세가 절실히 필요하다. 적어도 불성이 지닌 아름다운 덕성의 일부분만이라도 깊은 마음속에 간직하도록 노력한다면 반드시 미모를 이룰 수 있다.

깊은 마음속에 간직하는 것은 기도밖에 없다. 기도는 깊은 마음을 통해 우주의식에 통하고 제불보살의 마음에 통하는 것이므로, 표면상 어떠한 장애도 걸림 없이 성취하는 것이다. 기도 시간은 아침저녁이 좋다. 적어도 자기 전 30분, 아침에 30분은 기도 정근 시간으로 정할 것이다.

기도할 때는 합장하고 불보살님을 생각한다. 그리고 불보살님께서 한량없는 지혜와 행복과 생명을 부어주고 계심을 생각하고, 마음의 눈으로 보면서 감사를 드려야 한다. 그리고 일심으로 염불한 끝에 "이와 같이 크옵신 부처님의 은혜를 받은 나다. 내가 바로 불자다. 나는 행복하고 만족하며 끝없는 희망이 솟아오른다. 나는 기쁘다." 하며 행복한 자기 생명을 보면서 말해 보라. 이러한 기도법은 아침저녁 같게 할 것이다. '나는 행복하고 기쁘다' 하는 말을 아침저녁으로 열 번 이상 외우는 것이 좋다. 종이에 써서 책상머리에 놓고 읽거나 벽에 붙여 놓고 외우는 것도 한 방법이다. 이와 같이 기도하는 사람은 특별히 두 가지에 유의할 것을 부탁하겠다. 하나는 항상 도와주려는 따뜻한 마음으로 있을 것이고, 한편 침체와 게으름을 몰아내고 끊임없이 향상을 지향할 일이다.

둘째, 그 마음에서 어둠과 독기를 몰아내고 결코 다시는 마음에 깃들지 못하게 해야 한다. 어떤 것이 어둡고 독 있는 마음일까? 불평불만이다. 절망, 우울이다. 불안, 초조다. 탐심과 진심이다. 의심과 나태심이다. 원한과 분노다. 이런 것들이 마음에 찾아들 때 미모를 향한 기도는 깨어지는 것이며 행운은 설 땅을 잃어버리는 것이다. 그러므로 항상 마음의 평화와 감사를 배우고, 결코 악한 타성에 물들거나 끄달려서는 안 된다.

인간은 원래 아름답고 착하고 행복하다. 불행과 고난과 죽음이 인생의 전부로 보일지는 몰라도, 그것은 하늘을 가리는 구름이며 안개다. 또는 어두운 밤이다. 흘러가면 그 무엇으로도 푸른 하늘의 청정과 태양의 영원한 찬란을 빼앗을 수 없다. 우리에게 닥친 운명적인 듯한 못생긴 용모라도 이것은 숙명이 아니다. 마음먹기에 따라서 바뀌는 것이고 바꿀 수 있는 것이다. 항상 밝고 너그럽고 청정한 자비를 잃지 않을 일이다. 그리하여 항상 태양과 같이 밝은 마음으로 미소를 잃지 않는 습관이 오늘 나의 용모에 아름다움을 새겨간다는 사실을 명심해야 할 것이다.

-1978년 10월

여성이 아름다워지는
네 가지 조건

스님이라는 인생 복덕방

—

거리에 나와 있는 스님들은 어차피 등록된 인생 복덕방인가 한다. 그중에서도 절을 맡고 있는 책임자가 되거나 포교를 주로 하는 스님이 되고 보면, 복덕방 사업도 이만저만 바쁜 것이 아니다.

　세상은 평화롭고 거리마다 집집마다 행복이 소복소복 담겨있는 듯이 보여도, 그런 것만은 아닌 성싶다. 병원처럼 병자만 찾아오는 것은 아니지만, 스님들에게 찾아오는 사람들은 병으로 고통받고 병원에서 손을 뗀 사람에서부터 그밖에 여러 문제를 가지고 온다. 그중에는 기쁜 일도 있고 슬픈 일도 있으며 절망적 상황을 가져 오는가 하면 희망적 이야기도 또한 많다. 고준한 철학을 문제 삼아야 할 때도 있고 어림계산으로는 어찌 할 수 없는 가정 문제나 애정 문제도 또한 많다. 대개들 부처님 앞에 나아가 호소하고 미흡한 점은 스님한테 호소해 오는 경우가 많다. 스님들은 역시 그런 모두를 조용히 들어줘야 하고, 함께 웃고 울고 함께 가슴 조여야 할 팔자로 되어 있는 것이다.

물론 그 가운데는 가족 못지않게 사정을 잘 아는 사람도 있고, 또는 일면식도 없는 사람이 이름도 말하지 않으면서 온갖 문제를 들고 와서 들이대기도 하고 호소도 해 온다. 그분들과 만나면서 어떤 도움을 줄 수 있는지는 차치하고, 우선 그들과 한편이 되어 이야기를 들어 주고 가슴을 나눈다는 사실만으로도 무의미한 것은 아닌 성싶다. 바쁜 시간에 예고 없이 들이닥쳐 이름 석 자도 말하지 않으면서 자리를 뜰 줄 모르는 양반들을 흔히 대하지만, '나 같은 자를 찾아주셨는데…' 하는 생각을 하면 원고 쓸 것이 밀려서 밤잠을 못잘 것을 알면서도 기쁘게 대화를 할 수밖에 없다.

신랑학·신부학을 배워야
—

"담 너머에 도적은 두고 살아도, 마음 안 맞는 사람과는 함께 못 산다."는 속담이 있다. 나는 이 속담에 새삼 심지가 있는 말인 것을 근일에 자주 느낀다. 나에게 마음 안 맞는 사람이 있다는 것이 아니라, 가정 문제에 관해 상담을 받고 나면 곧잘 그런 것을 느끼는 것이다. 부부니 고부간이니 하는 극히 가까운 사이일수록 극히 하찮은 문제가 중대한 작용을 하고 있다.

오늘날 우리나라의 소위 엘리트 코스를 일관하여 수석을 차지하고 사회에서 존경받고 모든 활동 분야에서 자신과 긍지를 가졌던 사람들이 아내의 마음 쓰임 하나만으로 당장 사회생활에서 무능자도 되고 패배자로 전락할 때도 있다.

최근 두 사람의 신사를 만났다. 한 분은 스스로 정상생활에서 탈선했고, 다른 한 분은 사업선상에서 전복했다. 이유를 파고 보면 극히 단순하고 작은 문제인데, 그것이 부부간의 문제이다 보니 정신을 뿌리부터 뒤흔들어 놓았던 것이다. 아내가 위대한 힘을 가졌는지, 두려운 존재인지, 아니면 관세음보살인지 하여튼 한 장부를 멍충이까지 만드는 것을 볼 때 부부 문제만큼 세상에 중요한 것도 없다는 생각이 든다. 부부라는 가장 가까운 관계에서는 상식적 대소가 없는 것이다. 부부 관계는 절실하게 연구하고 공부해 나가야 할 과제가 아닐 수 없다. 좀 우스운 이야기지만 신랑학 · 신부학의 학점을 높여야 됨을 느끼는 것이 나의 요즘의 생각이다.

여자다운 것이 여자의 보물

—

흔히 말썽이 되는 '남편이 아내를 버렸다'는 사정을 살펴보면, 그보다 앞서 아내가 남편을 버렸다는 것을 발견할 수가 있다. 결혼한 남자들의 호소를 들어보고 그 마음 깊은 속에 흐르고 있는 심정을 살펴보면, 남자들의 마음속에는 겉과는 엉뚱하게 다른 연약하고 어리광 같은 것이 있는 것을 흔히 본다. 사랑한다는 것이 상대방을 무시하지 않고 진정으로 존중하는 것이라는 점은 누구나가 말하면서도, 서로가 상대방의 깊은 마음의 호소를 무시하는 데서 문제는 싹이 튼다. 더욱이 젊은 부부뿐만 아니라 중년 이후의 부부에 있어서도 이 기본적인 관계, 즉 상대방을 존중하고 말하지 않는 마음속의 소망을 보살펴 준다는 것이 얼마나 중요한가를 흔히 본다.

아름답고 행복해야 할 부부 관계에 파탄을 부르는 요인을 살펴보면, 이 기본적인 '존중'에 이상이 있는 것을 발견하게 된다. 그중에는 아내가 아내로서 가져야 할 기본적인 덕성을 닦는 것을 등한시한 데서 오는 것이 거의 모두다. 이런 말 듣고 "스님은 또 남자 편든다." 하겠지만 그런 것은 결코 아니다. 여기서 말하는 아내가 닦아야 할 덕성이라는 것은 아내로서 닦는다기보다 여자로서 여자의 품위를 지키고 여자다운 특성을 가꾸는 덕성이다. 여자를 포기하면 몰라도, 아내이기 전에 여자라면 이 덕을 닦아야 한다. 그렇지 못할 때 가정이 멍이 들고 남자와 함께 자신도 골탕 먹는다. 여성이 가지는 본래적인 덕성이 결여되어 있기 때문이다.

남편의 거친 심정을 가라앉히고 마음에 입은 상처를 치유시키며 새로운 용기와 지혜를 주는 것은 아내의 중요한 권능의 하나이다. 남편이 아내에게 기대하는 것이 어떠한 것인가를 알고 아내가 그것을 충족시켰을 때, 가정에 평화와 번영과 행복이 오게 마련이다. 여자다운 것을 구하는 남자의 심정을 무시해서는 행복이 올 수 없다.

남성 조종의 기술

—

여자로서의 근본적 덕성이란 무엇일까? 네 가지를 들겠다. 첫째는 조건 없는 사랑이요, 둘째는 따뜻하게 감싸주는 이해심이다. 셋째는 유화(柔和)요, 넷째는 너그럽고 윤택함이다. 이것이 여자로서의 특성이며 근본 덕성이다. 남자가 여자에게 구하는 근본적인 것도 바로 이것이다. 청년이나 노인이나 어떤 권위로 분장한 남자일지라도 여자에 대한 기대는 이 네 가지다.

이러한 여성의 덕성은 남성 우위시대의 잔재적 도덕도 아니고 여성 노예화의 봉건 퇴물도 아니다. 여성의 육체적ㆍ정신적 특성이 원래 이런 것이기 때문에 모든 남성은 그 앞에 와서 항복한다. 결혼은 곧 여성의 모성화를 의미하지만, 모성애의 내용도 바로 이 네 가지라 할 수 있다. 여성은 평소에 이 덕성을 키움으로써 스스로의 존엄과 신성을 바꿔가야 하는 것이다.

남자들이 뻣뻣하고 고집 세고 사리에 맞지 않는 엉뚱한 외고집을 부린다고 아내들은 호소한다. 남자들의 마음은 말할 수 없는 요물단지로 생각하는 사람들도 있지만 알고 보면 단순하다. 남자 심정 그 밑바닥에는 모성애와 같은 무조건의 애정을 그리워하고 있는 것이다. 이것이 충족될 때 남자는 머리를 숙이고 모두를 아내에게 바치게 된다. 그렇게 하지 않는 한 아무리 사리를 따져서 설득시키려 해도 그들의 가슴속에 만족은 없다. 채워지지 않는 가슴의 공허를 무엇으로 잊고자 하든지 그 쓸쓸함에서 잠시나마 도피할 장소를 찾는다. 모든 아내들은 남자의 이런 심정을 알아두어야 할 것이다.

　여성의 특징은 바로 여성이라는 신체에 있다. 그렇다면 여성이라는 신체적 특징은 무엇일까? 여러 말할 것 없이 유순하고 유연하며 따뜻하고 다정한 데 있지 아니한가. 자세히 말하기가 거북해서 피하지만, 하여튼 여성적인 신체를 지닌 여성은 마땅히 정신적으로도 그러한 여성적인 특성을 지녀야 여성이라 할 수 있을 것이다. 모든 남성은 여성을 대할 때 이러한 신체적·정신적 특성을 무의식 중에 기대한다. 여성이 남성을 조종한다는 말이 허락된다면 여성이 가지는 이 특징을 통해서만 가능하다. 그 이외의 방법은 그 모두가 본인뿐만 아니라 세상을 불행하게 만드는 것이다. 이러한 활동이 말하자면 최상의 남성 조종의 기술이리라.

- 1978년 11월

가정 천국과 아내의 위치

가정 천국의 이상
—

가정 천국의 이상을 생각해 본다. 이 나라는 보살불국이 되어야 하겠고, 보살불국에서는 가정이 그 터전이다. 가정이 참으로 진리에서 이루어져가고 진리로써 굴러갈 때, 거기에 천국의 행복이 담겨가는 것을 생각한다. 귀엽고 슬기로운 아기들이 태어나고 씩씩하고 아름다운 생명의 나무가 커간다. 온갖 고난을 박차고 평화와 번영을 만들어갈 지혜와 용기가 샘솟고, 거친 세파에 시달린 영혼들이 그곳에서 안식을 얻으며 치유를 얻고 새 희망을 키워간다. 성공의 과실이 가정에 모여들고 승리의 영광이 가정에 덮여지며 인간의 행복이 주렁주렁 결실을 이루어가는 것이다.

거기에 자기가 있고 부처님과 조상이 있으며 나의 고장이 있고 조국이 있다. 뜨거운 피로 엉긴 가정에는 온갖 창조가 샘물처럼 솟아나며 따뜻한 햇살을 온 세계에 펼쳐내는 것이다. 부처님의 가르침은 가정 속에 피어남으로써 우리의 생명, 우리의 생활, 우리의 사회, 우리의 조국이 향기롭고 따뜻하고 활기차다. 가정이 이런 곳이기에 필자의 관심이 떠날 수 없는 것이다.

그뿐만이 아니다. 가정은 진정한 인생의 수행장이다. 아집도 아상도 그 모두를 벗어 던지는 천진한 마당이다. 권위도 허위도 가장도 조작도 모두가 녹아버리는 순수의 마당이다. 모두를 바치고 섬기고 위하되 그것을 생각에 두지 않는 무위(無爲)의 마당이다. 바치고 섬기고 온갖 것을 내어 놓으며 모든 소득과 생애를 바치는 무아의 마당이다. 내가 없고 숫자가 없고 득실이 없고 한몸이란 생각도 없고 오직 뜨거운 감동으로만 엉겨 있는 사랑의 마당이다. 가정은 생명의 터전이며 힘의 근원이며 필경의 귀속처다. 떠날 수 없는 생명의 보금자리인 것이다. 보살국은 가정에서 꽃이 피고 겨레에서 결실되며 조국의 영광으로 결실되고 세계에 광명으로 빛난다.

여성의 특성이 모성의 덕성

—

앞에서 여성이 여성다워지는 몇 가지 근본 덕성을 열거하였다. 그것은 첫째 조건 없는 사랑, 둘째 따뜻한 이해와 감싸줌, 셋째 부드럽고 평화함, 넷째 너그러움 등이었다. 이 여성이 가지는 덕성은 여성으로서 가져야 할 덕성이 아니라, 여자는 원래 그런 덕성을 가지고 있는 것이다. 여성이라는 성격에 그러한 덕성이 풍부하게 있는 것이다.

이 덕성을 스스로 경시하고 버린다면, 자기 망각이요 자기 파괴다. 여성의 깊은 정신적 특징 속에 그러한 덕성이 자리 잡고 있고 여성의 신체적 상황이 또한 그렇게 되어 있다. 여성으로서 부정할 수 없는 신체적 특성 속에 깔려 있는 아름다운 덕성은 바로 그것이 여성의 보배이며 특권이다. 잘못된 사상이나 생각에 물들어 그것을 무시하고자 해도 될 수 없고, 거기서 얻어지는 것은 불행 · 고독 · 적막과 자기 파괴뿐이다. 여성의 특성이 여성으로서의 자신만을 키우고 빛낼 뿐만 아니라 온 인간과 세계를 키워가는 것임을 생각해야 할 것이다.

생명이 태어나 윤택하고 건실하게 커가는 가정이라는 보궁은 필경 여성이 가지는 덕성으로 인해 유지되는 것이다. 그러므로 필자는 가정에 대한 예찬을 바로 여성에게 돌리고 싶다. 여성의 모든 특성이 바로 모성의 덕성과 통하기 때문이다. 그런데 여성이 이러한 정신적 · 육체적 특성을 버렸을 때를 생각해 보자. 그 여성 자체는 어떠하겠으며 가정이 어떠하겠으며 거기서 자라나는 모든 생명이 어떠하겠으며 가정의 일들이 어떠하겠는가. 가정을 기약 없는 감옥이라고 하고 살아 있는 지옥이라고 말할 때, 가정의 정상이 깨어진 결과인데 그 원인에 대해 생각해 볼 필요가 있다.

아내는 애정의 태양

—

인간은 100년 이내의 금생만을 사는 것이 아니다. 기나긴 시간을 벌리고 그 위에 한 생애라는 무대를 설치해 연극을 벌이며 자기를 실현하고 연마해 가는 영원한 생명이다. 인간이 육체나 물질이나 정신의 속성이 아니라, 그에 앞선 불성의 주체자라는 것이 부처님의 가르침이며 불자의 믿음이다. 그것을 구김없이 발휘하려고 자신을 연마하며 훈련하고 수행하는 것이 인생이라는 무대이다. 우리는 이 무대에 출생으로써 등장한다. 그리고 죽음으로써 막을 내린다. 그 사이 수십년 간이라는 공연 기간 중에 우리는 공연의 기본 취지와 성격을 잘 알아야 할 것이다. 그리고 자기가 맡은 배역의 역할을 잘 알고 능히 연기를 해내야 할 것이다.

필자가 가정에 대해 글을 쓴 이후 한편에서 남성 우위를 주장한다는 항의를 받은 적이 있었다. 그런데 남녀는 무대에 선 배역의 차별 외에 다른 것이 아닌데, 거기에 무슨 우열이 있다고 하는 것일까. 배역에 따라 남자는 남자답게 여자는 여자답게 멋진 연기를 해내야 그 공연이 성공할 것이 아니겠는가.

인간의 본성에 있어 남녀의 차별은 없다. 무대에 등장할 적마다 어떤 때는 남자가 되고 어떤 때는 여자가 된다. 본성은 평등하지만 인생 무대에서 수행 · 상이라는 공연을 할 때 배역이 다른 것이다. 연기자는 마땅히 주어진 배역에 충실하게 책임을 다한다. 가정에는 중심이 있어야 한다. 그 점은 어떤 사회단체에서도 마찬가지다. 가정의 중심은 남성이 가지는 특성으로 대표된다. 그렇다고 하여 여성의 위치를 곧 종속 관계로 보는 것은 잘못이다.

부부는 동일 생명체다. 동일 생명에서 각기의 다른 부분은 서로 조건없이 주고받는 것뿐이다. 남편은 아내에게 모든 신뢰와 모든 사랑과 모든 영광을 돌린다. 그 사이에는 오직 주는 것뿐이다. 조건도 이유도 없고 알아주길 바라거나 대가를 생각할 리 없다. 이처럼 부부는 서로 모두를 주되 거기서 행복을 얻는 것이다. 새로운 행복을 창조해가는 것이다. 필자는 결혼 주례를 맡을 때 주례사에서 빼놓지 않는 한마디가 있는데, 그것이 바로 이 말이다. 가정 천국은 이렇게 해서 이루어지고 보살불국도 여기에서 터전이 놓아지는 것을 믿기 때문이다.

소년 시절에 읽었던 기억인데, 일본 명치 문단의 거목인 나쓰메(夏目) 씨 부인의 진술이다. 나쓰메 씨는 작품 구상을 할 때는 열흘이고 한 달이고 부인과 말이 없었다고 한다. 그것이 얼마나 고통스러웠던지 이렇게 말하고 있다. "차라리 도적의 아내가 되어도 좋으니 내생에는 다정하게 대화할 수 있는 남편을 만났으면 좋겠다."

여기에는 여러 뜻이 있으리라. 여성은 말을 통한 끊임없는 신뢰와 애정의 표현을 원한다고 할 수 있다. 여성만이 아니다. 남성에 있어서도 그 돌부처 같은 거동 속에서도 어머니 같은 사랑을 끊임없이 구하고 있는 것이다. 설사 그 표현이 없더라도 모든 남성 심층부에는 모성애와 같은 무조건적인 애정을 그리워하고 있는 것이다. 모성애에서 젖 먹는 아기나, 수염 난 아기나 한결같이 안심을 얻고 옹알대며 가정의 온도가 유지되는 것이다.

가정에 있어 아내는 필경 끊임없는 애정의 태양이다. 가족을 키워가는 따뜻한 체온이며 밝고 부드러운 햇볕이 아닐 수 없다. 여성들이 하늘에서 타고나온 이 영예로운 권능을 어찌 소홀히 할 수 있겠는가?

    -1979년 1월

3장

불교인의 생활방식

행복은 불심이 창조한다

인생과 행복

———

'행복'을 말하면 혹 어떤 독자는 속물 냄새나는 시시한 얘기라고 코웃음 칠지도 모른다. 그러나 불행을 원하느냐고 물으면 아무도 그렇다고 할 사람은 없을 것이다. 정말 아무도 불행을 원하는 사람은 없다. 행복을 추구하는 것이 저질인생의 목표라고 욕할 사람도 불안 공포 앞에 만족할 리 만무하다.

사실 행복이란 막연한 향락이나 동물적 인생의 긍정이나 야욕 충족을 의미하는 것은 아니다. 야심과 속임수와 안이한 생활태도로는 불안과 재난이 닥쳐올 뿐 결코 행복해지지는 않는다. 이웃을 해치고 제 잇속만 교묘하게 추구한 데서 행복해지는 것도 아니고, 먹고 마시고 마구 놀아댔다고 해서 행복하지는 않다. 어쨌든 행복을 저질시하는 사람은 행복의 의미를 생각하지 않은 데 있는 것이다.

거듭 말해서 어느 누구도 행복을 생각하지 않은 사람은 없을 것이다. 불행과 불안에서 벗어나고 싶고, 재난이 없기를 바라는 것은 어느 누구나 매일반이다. 사실 우리 인간은 어느 누구나 한결같이 행복에 무관심한 사람 없고, 온 생활이 행복해지기를 바라는 것이다.

행복은 어떻게 해서 이루어지는 것일까? 어떤 사람은 운수와 재수를 들먹이고, 또 어떤 종교를 믿는 사람은 신이 돌봐주어야 한다는 등 여러 말이 있을 것이다. 운명이 행복을 만든다는 사람은 자신의 현 존재와 생활, 미래 등 그 모두가 운명의 손에 쥐어져 좌우된다고 생각한다. 그러나 그런 사람도 운명에 자기의 모두를 내맡기고 두 손 놓고 있지는 않을 것이다. 얼마간 자기 결정을 따라 발버둥쳐 보고, 그래도 시원스런 결과가 안 나면 그저 운명의 장난으로 돌리고 만다. 또 어떤 사람은 눈앞에 닥쳐오는 어려운 일들을 모두 이웃이나 사회에 그 책임을 돌리고 세상을 저주하기도 한다. 어쨌든 살아가는 동안에 만나는 역경은 그것이 모두 밖에 있는 어떤 심술꾸러기가 보내주는 선물인 것처럼 생각하는 사람도 있다. 인생을 살아본 사람들 속에 오히려 이러한 운명론적 인생관을 가진 사람이 있다.

그러나 눈을 뜨고 깊이 살펴보면, 자기를 둘러싼 행·불행의 환경이나 온갖 역순경계가 자신에 의하여 오고 가며 그 의의가 좌우되고 있는 것을 알 수 있다. 내가 타고난 이 몸, 가정환경, 성장과정 등 그 모든 것의 결정적 원인자는 나 자신의 깊은 마음에 자리잡은 자기 자신뿐이다. 남의 허물을 따지기에 앞서 그 제일 원인자는 자기 자신이다. 세상풍조나 세계경제 사정이 어떻고 사상조류나 사건들이 가져다주는 것이 어떻고 하는 것도, 자기 자신에 의하여 선택되고 각색된 것을 맞아들이는 것이다. 또 자연현상이나 기세간적 환경마저도, 그것이 자신에게 성장과 발전의 계기가 되느냐 몰락과 불운의 사자가 되어 나타나느냐도 기실 자신의 깊은 마음이 결정하고 있는 것이다.

부처님은 "인간세계도 지옥세계도 아름다운 행복의 구름으로 가득 싸인 하늘나라도 그 모두가 한마음일 뿐이요, 이 마음밖에 다른 아무 것도 없다."고 하였다. 또한 "우리를 둘러싼 온갖 현상은 실로는 마음의 작용일 뿐"이라 하였고, "온 천지와 그밖에 모두는 오직 마음이 지은 바이다."라고 하였다. 우리가 느끼는 행·불행이 마음을 떠나 없다는 말씀이다.

결국 행운도 불운도, 행복도 불행도 만들어주는 자는 어떤 권능자나 원수 같은 요물단지가 아니라 우리의 마음임을 일러준 것이다. 이것을 알게 되면 스스로가 행복의 창조자가 되고 불행을 행운으로 바꾸는 조화주가 된다. 또한 심술궂은 조물주나 장난꾸러기 운명신의 손을 벗어나, 오히려 스스로 창조자가 되고 운명을 호령하는 자가 된다. 그러면 이러한 권능자인 이 마음이란 어떤 것일까.

우리가 능히 생각하고 보고 아는 그 주인공이 참마음이다. 구름을 하늘로 알 때 하늘을 잘못 보는 것처럼, 보고 듣고 느끼고 생각한 것을 마음이라 한다면 그것은 참마음이 아닌 것이다. 이 참마음이 참나요 참우리요 참생명이다. 우리는 이것을 부처님 마음이라 하고 불심이라 한다. 우리의 참마음은 불심이고, 이 불심이 우리의 행복을 지켜주고 만들어주는 것이다.

그러므로 우리가 행복하다는 것은 불심인 참마음을 그대로 쓴다는 뜻이다. 그리고 행복을 창조한다는 것은 불심의 원리를 바로 알아 모든 생활에서 불심의 원리대로 쓴다는 것을 의미한다. 행복은 불심을 쓰는 데서 이루어지는 것이므로, 우리는 불심의 주인공이요 불심 자체인 것을 깨달아서 불심을 써야 할 것이다. 행복도 번영도 평화도 안녕도 여기에서 오는 것을 알아야 할 것이다.

－1979년 11월

합장 공경하며 산다

불자생활의 창조행

—

불심은 우리의 본성이며 진리의 주인공이다. 그러므로 불심을 쓰는 것이야말로 불자의 생활이라고 말할 수 있다. 불심을 구체적 생활에서 표현하고 실현하는 것이 창조일진대, 이것은 바꾸어 말하면 근원진리를 생활현실이라는 마당에서 구현하는 것을 창조라고 말할 수 있다. 이런 점에서 창조는 어떤 특별한 권능자나 특별한 수행을 한 특정인의 독점물이 아니라, 오히려 우리 모든 생활인의 전유물이다. 그러면 창조자로서의 불자는 일상생활에서 어떻게 불심을 내어쓰는 것일까? 우선 몇 가지 생활상의 예를 들어 보기로 한다.

우리들은 독경을 하든 염불을 하든 합장하고 산다. 부처님께 예배할 때도 합장하고 존경하는 스님이나 벗을 만나도 합장을 한다. 이 합장이 불자생활의 기초다. 합장은 나의 진정을 표시하기도

하고, 청정한 일심을 나투기도 하고, 모두가 함께 하는 진실을 의미하기도 한다. 합장 예배하는 마음에는 존경심이 깔려 있는 것이다.

여기서 유의해야 할 것은 상대방이 수행한 덕이 높다거나 나이가 많다거나 사회적 지위가 높아서 존경한다는 것만은 아니라는 점이다. 일심과 진실의 눈에는 상대방의 허물을 보지 않는 것이다. 오히려 상대방에게서 진실한 공덕을 보는 것이니, 이것은 상대방의 본성이 불성이며 원만한 공덕성이라는 믿음에서 그러하다. 이 원만한 공덕성을 보는 사람이 어찌 존경하고 예경하는 마음이 없으랴. 상대방의 겉모양에 걸리지 않고, 설사 그가 아무리 악하게 보이더라도 그의 '참 얼굴'이 존경받을 사람인 것을 믿는 것이다. 불자의 합장과 예배의 생활은 이렇게 하여 출발한다.

여기 어떤 사람이 있다고 하자. 그 사람이 항상 자기를 비방하고 이웃에 해로움을 주는 행위를 하고 있다고 하자. 그러할 때 '저 사람은 나쁜 사람이다, 나와 이웃에 해를 준다'고 마음에 두고 행동으로 대한다고 하자. 그러면 이렇게 대하는 마음이나 행동은 누가 하는 것일까? 상대방이 하는 것이 아니다. 내 마음에 내가 품고 내 몸으로 내가 행하는 것이다. 그렇게 되면 원래로 나는 허물이 없건만, 밖에 있는 저 사람의 거친 행으로 인하여 자기 마음 속에 그와 똑같은 마음을 갖게 되는 것이다. 나쁜 짓은 저 사람이 하였는데 나쁜 마음의 상태는 내가 가지고 있는 것이 되니, 나는 곧 남의 잘못이나 불행을 제 것으로 거두어들인 셈이 된다. 이 점을 우리는 깊이 생각하여야 한다. 남이 한 나쁜 일에 끌려 들어가고 오히려 남이 한 악행의 밥이 된다. 내 마음을 송두리째 악에게 먹힌 바가 되는 것이니, 이 어찌 어리석고 억울한 일이 아니겠는가.

원래로 우리는 한 50근이나 100근쯤 되는 고기덩어리는 아닌 것이다. 무엇에도 결박됨이 없이 자유롭게 자기를 결정하고 스스로 행복을 창조할 주인공인 것을 잊어서는 안 된다. 우리는 모름지기 자신이 불성이며 불심이며 청정심이며 무한창조의 주체라는 사실을 명념하여야 하겠다. 어찌하여 우리 자신의 이 고귀한 권능을 포기하고 악의 물결에 휘말려들까. 어찌하여 남이 지은 악한 일이나 환경의 노예가 되어야 한단 말인가. 상대방이 설사 거칠고 어리석고 악하다고 하여 내가 그와 함께 나란히 거칠고 어리석고 악하여야 한단 말인다. 우리의 고귀한 주체성을 어느 때나 굳게 지키도록 하자.

때묻은 만원 지폐의 가치

—

우리는 고결하고 상대방은 악하니, 악한 상대방을 무시하고 홀로 고귀한 체 하자는 말이 아니다. 상대방이 악과 어리석음을 행할 때, 현상인 악에 사로잡히지 않고 상대방 인격의 바탕에 있는 고귀한 참 얼굴을 합장하고 대하자는 것이다. 합장 예경이라 하는 것이 결코 독선주의가 아니라는 것을 알아야 하겠다. 상대방의 참된 얼굴을 바로 보고, 그 참된 인격을 존중하고 예배하는 것이다. 아무리 악한 일을 하였다 하더라도 참된 얼굴이 때묻지 않고 원만한 본성은 변함이 없는 것을 보는 것이다.

예를 들어, 만원짜리 지폐를 두고 생각해 보자. 이 돈이 여러 사람 사이를 옮기는 동안에 때묻고 헤졌다고 하자. 그렇다고 해서 이 돈이 만원 가치가 없다 하겠는가? 그 만원짜리의 경제적 실질 가치에 조금도 손상이 없다. 우리는 때묻은 낡은 돈을 받았을 때, 새 돈과 조금도 다름없는 액면 그대로의 만원으로 받는다. 불자는 사람을 대할 때 또한 그와 같은 것이다. 악인으로 낙인 찍혔든, 전과자라는 별이 붙었든, 눈앞에서 거친 행동을 하는 폭한이든 그 사람은 존경받을 불심의 표현자인 것을 보는 것이다. 그의 본성이 불성이며 진금인 것을 결코 의심하지 않는 것이다.

이와 같이 불자들은 어떠한 사람이든 모든 사람을 불성의 표현인 지극히 고귀한 사람으로 본다. 이렇게 될 때 근본적으로 인생관이 바뀌지 않을 수 없다. 불평불만과 우울이 가득 차고 비관적인 사람이더라도 단번에 태양 같은 밝은 인생관으로 바뀐다. 그리고 모든 사람들을 찬란한 부처님의 광명 속에서 보게 된다. 그러니 어찌 합장하고 예경하며 존경하지 아니할까.

-1979년 12월

행복 성취의 비결

내 마음 속에 감사와 존경을 가득 채우고 진실을 기울여, 대하는 모든 사람을 예배해야 한다. 이것이 행복한 환경을 만들어가고 스스로 행복해지는 첫째가는 비결이다.

「보현행원품」은 부처님의 한량없는 공덕을 성취하는 방법을 말씀하고 있는데, 그 첫째가 모든 부처님을 예경하는 것으로 되어 있다. 시방세계 무한시간에 계시는 헤아릴 수 없는 많은 부처님 앞에 일일이 잠시도 쉬지 않고 한없는 동안 예경하는 것이다. 그 많은 부처님을 눈앞에 대하듯 정성을 다하여 예배하라고 말씀하셨다. 이러한 예배는 두 가지 주요 요건을 생각할 수 있다. 하나는 자기 마음에서 한량없는 부처님을 대하고 진실과 존경을 다하여 감사하는 것이요, 또 하나는 온갖 말과 행동과 생각으로 항상 존경 예배하는 것이다.

이런 말을 듣고 예배를 하려 할 때 '어디 부처님이 계셔야 할 것이 아닌가? 또 어떻게 한단 말인가?' 할지도 모른다. 그러나 이 말은 아직 불자의 믿음과 이해가 없는 사람의 말이다. 모든 사람을 중생이 아니라 부처님 공덕신으로 보는 것이다. 이것이 부처님의 한량없는 공덕을 성취하고 우리의 일상생활에서 진실한 행복을 가꾸어 가는 요결이다. 그러므로 「보현행자의 서원 예경분」에서 다음과 같이 말하고 있는 것이다.

부처님께 예경하겠습니다. 일체세계 일체국토에 계시는 미진수 부처님께 예경하겠습니다. 혹은 보살신으로 나투시고 혹은 부모님으로 나투시고 혹은 형제나 착한 이웃으로 나투시고 혹은 거칠은 이웃이나 대립하는 이웃으로 나타나시는 자비하신 부처님께 빠짐없이 예경하겠습니다. 아무리 모나게 나에게 대하여 오고, 아무리 억울하고 다시 어려운 일을 나에게 몰고 오더라도 거기서 자비하신 부처님을 보겠습니다. 나를 키우시려는 극진하신 자비심에서 나의 온갖 일을 다 살펴주시고 천만 가지 방편을 베푸시어 자비하신 은혜로 나에게 대하여 오시는, 나를 둘러싼 수많은 부처님. 비록 형상과 나툼이 아무리 거칠더라도 진정 곡진하신 자비심을 믿고 감사하겠사오며 그 모든 부처님을 공경하겠습니다.
온갖 방편 다 기울여서 영원한 미래가 다 하도록 예경하겠습니다. 부모님과 형제, 이웃과 벗, 온 겨레와 중생이 기실 부처님 아니신 분 없으십니다. 끝없고 한없는 공덕을 갖추시지 않으신 분 없으십니다. 이 모든 거룩한 임께 내 지극정성 다 바쳐서 예경하겠습니다. 그리고 이 사회, 이 국토, 이 질서 속에서 이와 같은 불성 인간의 존엄과 신성이 보장되고 그가 지닌 지고한 가치와 능력과 덕성이 발휘되도록 힘쓰겠습니다.

감사와 예배는 성불하는 길이며 무한공덕을 성취하는 길인 까닭에, 그를 실천 수행할 때에 기적적인 공덕이 나타난다. 가정이 화합하고 가족이 건강하며 사업이 순탄한 것은 가장 처음 받게 되는 공덕이다. 행복은 가정에서부터 이루어진다.

- 1980년 1월

환경은 내 마음의 거울

왜 예배하는가

—

예배와 감사가 우리의 일상생활에서 행복을 낳고 기적을 낳는다.
그러기에 우리는 예배하고 존경하여야 하는 것일까? 아마도 그런
사람도 있을 것이다. 오늘의 고난을 해결하고 행복하기 위해서 예
배하고 감사할 수도 있다. 그러나 우리에게 그런 공리적 타산은 잘
먹혀지지 않는 것이며 우리의 지성이 승복하지 않는 것이다. 그러
면 왜 예경하는 것일까?

한마디로 말해서 불자는 불심과 믿음으로 본다. 불심으로 볼
때 모든 사람이 부처가 되고, 믿음으로 볼 때 부처님의 깨달은 진
리의 말씀이 자기의 참 경계가 된다. 부처님의 깨달은 눈에서는 중
생이 보이지 않는다. 그러기에 경에는 "가히 제도할 중생이 없다"
고 말씀한다. 못난 범부중생이 아예 없는 것이다. 이것이 부처님이

보신 바 인간의 실상이다.

그런데 범부들은 이러한 진리에서 밝혀진 참모습을 보지 못한다. 따라서 알지 못한다. 따라서 범부적 현상과 고난과 장애가 겹친 경계만을 보며 그것을 현실이라고 한다. 그러나 그런 현실은 참현실이 아니다. 가상적인 현상을 현실이라고 보는 것이 범부이고, 진리의 눈에 비친 참모습을 보는 것이야말로 참현실인 것이다.

여기에서 우리가 무엇을 믿고 어떤 말을 따를 것인가? 범부적인 현상만을 믿고 그것만이 현실이라고 말하며 그것밖에 없다고 고집할 것인가? 그런 사람은 진리의 참모습을 말하면 믿지 않는다. 이와 같이 진리를 보지 못하는 망녕된 고집에서 중생들의 고통이 생기게 마련이다.

고를 여의고 진리대로 살고 싶거든, 거짓없이 자기생명에 순수하고 진실하게 살고 싶거든 모름지기 깨달은 진리의 말씀을 믿고 따를 수밖에 없다. 믿고 따르기 싫으면 스스로 깨쳐 진리의 안목을 이루어야 한다.

불자는 부처님의 진리의 말씀을 믿는 자다. 물론 진리를 믿고 행하므로 행복의 창조가 있고 기적적인 장애 극복이 있다. 그러나 불자는 기적과 행복을 위해서 부처님 말씀을 따르는 것이 아니다. 부처님의 말씀에서 우리들의 진실 생명을 보고, 모든 이웃의 진실한 가치를 믿음으로 보기 때문이다. 이 진리인 현실을 자기의 참현실임을 인정하고 생활하게 되므로, 결과적으로 행복의 창조가 있고 기적의 성취가 있게 되는 것이다.

사실 타산적 목적에서 예경한다는 것은 예경이라 하기에 좀

쑥스러운 것이다. 자기 목적달성을 위해서 남을 이용하고 추켜세우는 것과 무엇이 다른가. 진정한 예경과 진정한 공경심이 우러나지 않는다. 불자의 염불은 불심의 발현을 의미하듯이, 우리의 감사 예배행도 이러한 자각적인 진실자기의 전개라는 깊은 존재의식에 근원을 두고 있다.

독경·염불·예경하라

—

이해가 한낱 아는 것으로 그치고 말 때, 거기에는 아는 것과 보는 것 사이에 차이가 벌어진다. 그러므로 참으로 진리를 행하는 것이 자연스럽게 이루어지고 진실한 믿음 그대로 보고 행하게 되자면, 불가불 수행이 있어야 한다. 그 수행은 한두 가지가 아니다.

첫째로 말해 둘 것은 진리를 말씀하고 있는 경전을 뜨거운 신앙으로 수지 독송하는 일이다. 『반야심경』, 『금강경』, 『보현행원품』, 『법보단경』, 『지장보살경』 등 지혜의 관근을 말씀한 경전을 마음으로, 믿음으로, 뜨거운 신앙으로 읽어야 한다. 한 열 번쯤 읽었다거나 강의를 들어 대의를 알았다고 그친다면 그것으로는 아무 힘이 없다. 몇 백 편이고 몇 만 편이고 알고 모르고를 떠나 수를 헤아림 없이 수지 독송하는 것이다. 하루에 한 편이나 반 편만이라도 마음에 지니고 끊임없이 매일 읽어야 한다.

그 다음에 염불을 하여야 한다. 나무 석가모니불, 나무 보현보살, 나무 관세음보살, 나무 지장보살 등 불보살의 명호를 일심으로 지송하는 것이다. 그러나 나는 한 가지를 더 권하겠다. 불보살 명호뿐만 아니라 오히려 '마하반야바라밀'을 일심 염송하기를 권한다. 마하반야바라밀은 제불이 출생하는 곳이다. 일체 법문이 나온 근원이다. 삼세제불의 법과 위신력이 여기에서 비롯한다. 그러므로 여기에는 일체제불이 함께 있고 일체보살이 함께 한다. 그러므로 마하반야바라밀을 염송하여 힘을 얻은 사람이면 일체제불, 일체보살, 일체중생에게서 마하반야바라밀이 완전성숙, 무한공덕, 무한성취인 것을 보게 된다.

다음에는 불보살님 존상 앞에 예경하는 것을 배워야 한다. 내 마음을 비우고 형상을 떠난 무한 공덕 광명의 근원이신 불보살님 앞에 이 몸을 던지는 것이다. 백 배, 천 배를 염주로 헤아리는 것도 좋다. 십 분, 한 시간 등 시간을 정해도 좋다. 다만 중요한 것은 어느 때나 정성 다하여 부처님의 법성신을 믿고 그 무한한 자비서원과 자비위신력 앞에 몸을 던지는 것이다. 실로 거기에는 절하는 횟수의 관념이 있을 리 없다. '눈앞에 대하듯 분명한 지견'으로 절하라고 경에는 말씀하고 있다. 이렇게 우리는 때를 따라 정성 기울여 예경하는 것이다.

이와 같이 독경하고 염불하고 예경 수행하면 망념은 사라지고 가슴 속에 가득히 공덕심이 차온다. 거기에서 존경과 감사는 자신의 깊은 생명의 흘러남으로 행하여지며, 안과 밖이 없이 대하는 사람마다 경건과 진실과 존경이 저절로 흘러나오게 된다.

착한 생각 착한 말

—

경계를 당하여 차별심이 나고, 미운 생각과 불안한 감정이 고개를 들거나 또는 분별망상이 느닷없이 끓어오르는 것을 효과적으로 막는 데는 위의 염불수행에 반드시 곁들여야 할 것이 있다. 감정 없이 오히려 존경하는 마음으로 사람을 대하는 데 빼놓을 수 없는 수행이 있다. 그것은 자신의 마음속에 깃든 밖에서 온 생각이나 안에서 일어나는 감정을 모두 털어버리는 것이다. 미운 사람에 대하여 미운 생각을 털어버리고, 슬픈 감정이 올 때 슬픈 심정을 털어버리는 연습을 쌓아야 한다.

설사 힘들더라도 단연코 마음먹고 행하면 의외로 용이하게 된다. 거기에는 좋은 방법이 있다. 슬픈 감정에서 우울한 생각이 마음에 깃들었을 때는 어떻게 해서든 웃을 기회를 만드는 것이다. 거울을 들여다보고 웃는다거나 사람을 대하여 먼저 웃고 말을 시작한다거나 말하는 도중 웃을 기회를 놓치지 않는 것은 좋은 방법이다. 눈앞에 있는 사람이 분명히 자기를 욕하고 해를 끼친 사실이 있다 하더라도 일단은 미운 생각이나 원망스러운 생각을 털어 날려버리라. 그리고 반대로 저 사람은 고마운 사람, 착한 사람, 나에게 교훈을 주고 내가 반성하도록 하며 나의 뜻을 굳게 하고 나를 성장시켜준 사람이라는 생각을 억지로라도 반복해야 한다. 상대방이 표면상 나타내고 있는 나쁜 점, 미운 점은 아예 눈감아 버리도록 힘써야 한다. 저 사람은 착한 사람, 덕있는 사람, 장점이 많은 사람이라고 되도록 생각하는 것이다.

이 글을 보시는 독자 가운데는 '그것은 억지소리다. 거짓을 꾸미라고 강요하는 말이다.' 하실지도 모른다. 그러나 생각해 보라. 하늘에 걸린 검은 구름, 우박 구름이 하늘의 제 모습인가. 설사 비가 오고 지금 당장 우박을 퍼붓고 있다 하더라도, 구름은 구름이고 잠시 있는 듯이 보일 뿐 있다가도 없어지는 흘러가는 구름이 아닌가. 비가 퍼붓는 이 순간에도 하늘은 푸르지 않은가! 푸른 것이 하늘의 제 모습이 아닌가. 구름은 떴다가 사라지는 것이 아닌가.

하늘은 푸르다고 아는 것이 어느 때나 변치 않는 진실한 말이다. 내 앞에 나타난 사람이 밉고 원망스러운 짓을 한 것으로 보여도 그 사람의 참모습은 불성이며, 부처님의 착한 공덕이 거기에 무진장으로 갖추어져 있다. 설사 지금 당장 하늘에서 우박을 퍼붓고 있다 하더라도 하늘은 푸르듯이, 지금 당장 포악을 퍼붓는 사람이 있더라도 그의 원 마음은 착하고 거룩한 것이다. 이 착하고 진실한 모습을 마음으로 존경하고, 말로 장점을 긍정해야 한다. 이렇게 할 때 바람 앞에 구름이 견디지 못하고 햇살 앞에 어둠이 견디지 못하듯이, 고난과 불행과 나쁜 현상은 사라지고 만다. 사라지는 것이 아니라 원래로 있는 것이 현상 위에 나타나는 것이다.

화해한 마음과 말

—

상대방이 나에게 어떤 식으로 대하든지, 상대방이 착하고 호의를 가진 사실을 상상한다는 것은 실로 중요한 일이다. 자기 마음속에 깊이 상대방이 지닌 진실한 모습을 새겨야 하는 것이다. 구체적으로 어떤 사람에 대하여 미운 생각이 가시지 않을 때 다음과 같은 방법도 좋은 방법이다.

우선 조석으로 염불 수행한 다음에 자기 마음에 걸리는 사람을 마음에 그린다. 그리고 '당신은 착한 사람, 당신은 착한 사람…'을 몇 번이고 반복한다. 그리고서 '나는 불자이다. 나의 마음은 자비와 진실과 너그러움만이 가득하다. 나는 당신을 미워할 리가 없다. 나는 당신을 착한 사람이라고 생각한다. 당신은 착한 사람, 당신은 착한 사람. 당신에게 깃든 거룩한 불성을 존중하고 나는 합장한다. 당신이 나를 미워할 리가 없다. 당신은 나의 진실을 이해하고 있다. 나를 이해한다.' 이렇게 나지막한 목소리를 내어 자기에게 타이르듯이, 동시에 저 사람에게 선언하듯이 결단적인 말을 몇 번이고 반복한다.

어쩌면 이런 일이 우스꽝스러운 것 같지만, 자기 마음에서 증오와 불행을 몰아내는 데 절대적인 기술이다. 마침내 실제로 미운 상대방을 만나게 되더라도 자연스런 감정으로 융화할 수 있게 된다. 그렇게 될 때까지 반복해야 한다. 이 방법은 어떤 관계의 사람에게 적용하여도 좋다. 특히 가까운 집안 사람 사이에는 터럭 끝만한 마음의 벽도 틈도 없어야 하는 것이기 때문에, 가까운 사이에 이 법을 활용하면 놀라운 기적이 나타날 것이다.

이렇게 말과 생각과 마음에서 보는 것이 하나가 될 때 불가사의한 기적이 나온다. 말이 가지는 위력, 마음에 있는 위력을 잊지 말아야 한다. 거기에서 자기가 바뀌고 환경이 바뀌고 상대방이 바뀌는 것을 알아야 한다. 이것이 마음과 말의 활용이다.

현실 생활에서 진정으로 예배 공경이 되지 않을 때, 또 하나 기특한 방법이 있다. 이것은 사경의 원리를 활용하는 것인데 존경해야 할 상대방에게 존경하고 감사한다는 말을 깨끗한 노트에 적어가는 것이다. 앞서는 '당신은 착한 사람, 고마운 사람, 당신에게 감사한다'는 말을 입으로 하고 귀로 듣는 것이었지만, 여기서는 그것을 깨끗한 노트에 몇 번이고 반복해서 적어가는 것이다. 조용하고 깊은 마음에서 합장한 마음자세로 펜을 들고 정중하게 천천히 써나아간다. 정성껏 반복해서 써나아갈 때 붓끝에서는 청청한 광명이 발한다. 나의 일심이 광명이 되어 그와 나 사이를 가로 막고 있는 온갖 장애를 녹여 버리는 것이다.

이러한 수행이 바로 기도이며 불심의 활용이며 공덕심의 발동이다. 실로 불가사의한 기적을 나타낸다. 우리 인간은 화합하고 존경하며 돕고 기뻐하는 데서 평화와 창조가 있다. 가족 사이에 불화가 있거나 이웃과 불화한 사람, 직장이나 사업상의 동지들과 불화한 사람은 이 방법을 꼭 실행해보라. 진정한 마음으로 진실을 다하여 일심으로 써내려가 보라. 그럴 때 어느덧 자기가 바뀌고 상대방이 바뀌고 환경이 바뀌는 것을 알게 될 것이다. 우리들은 흔히 환경을 극복하고 운명을 바꾼다는 말을 한다. 그러나 실로는 환경을 정복하는 것이 아니라 자기 마음 속 악당을 소탕하는 것이다. 마음속의 악당이란 바로 대립하는 마음, 미워하고 원망하는 마음, 어둡고 불안한 마음이다. 자기 마음을 존경과 감사와 평화와 환희로 채울 때, 환경은 어느덧 자신을 감싸고 있는 은혜로운 조건임을 알게 된다.

내 마음이 어떠한가를 측정하는 방법이 있다. 나를 둘러싼 사람들이 나에게 어떻게 대하고 있는가를 살펴볼 일이다. 거칠게 나오고 있는가, 대립된 장벽이 되고 있는가, 싸늘한 찬바람으로 나를 대하고 있는가 등 그것은 내 마음의 반영인 것이다. 내 마음이 바뀌면 환경이 바뀐다는 사실을 거듭 알아야 하겠다. 나를 둘러싼 모든 사람은 내 마음을 비춰 주는 거울인 것을 다시 알아야 하겠다.

　　이런 도리를 알면 능히 행복창조의 비결을 잡은 사람이라 하겠다. 모든 사람은 참으로 존경하고 예배하고 감사할 지혜의 눈이 열렸기 때문이다.

- 1980년 2월

충만한 기쁨만을 생각한다

빛나는 순간만을 생각한다

—

행복을 창조하는 불자 생활의 둘째 법칙은 찬란한 자성의 환희만을 생각하고 말하는 것이다. 우리의 참생명인 자성은 태양보다 밝고 허공보다 넓으며 바다보다 깊고 온갖 원만한 능력과 덕성이 가득 넘친다. 이것이 불성인 인간생명의 모습이다. 이것밖에 다른 것들은 모두가 미혹의 결과로 생긴 허망한 그림자이다. 그리고 그 허망한 그림자를 진실한 것으로 믿고 집착할 때 인간은 엎어지게 되고 불행이 온다. 그러므로 불성인 자성을 보는 불자는 언제나 불심으로 살고 찬란한 자성생명으로 산다. 언제나 기쁨과 희망과 용기와 성공만을 생각하고 말하는 것이다. 언제나 빛나는 순간, 행복했던 시간, 기쁨의 시간만을 생각하고 말하는 것이다. 불쾌했던 과거의 기억들은 모두 몰아낸다. 잠시라도 그런 불순한 찌꺼기는 마음에 머물게 하지 않는다. 슬픈 연상이나 우울한 기억들을 남겨두지 않는다.

그래서 불심의 태양이 환히 웃고 밝게 빛나는 가슴으로 사는 것이다. 마음에 불행을 생각하고 유쾌하지 않은 일들을 기억하며, 그것을 붙들고 되풀이하여 생각하는 데서 마음의 어두운 그림자는 더욱 커가고 불행이 뿌리를 내린다. 불행했던 과거에 집착하고 생각하거나 말하는 것은 불행을 복습하는 것이다. 불행을 복습해서 무엇하자는 것일까. 그것은 마음이 가지는 창조의 법칙을 모르는 까닭이며, 말이 가지는 창조적 힘을 모르기 때문이다. 말하고 생각하는 데서 일이 이루어진다는 사실을 명심해야 한다.

불행 복습을 말라
—

우리가 시골길을 여행한다고 가정하자. 기차를 타고 버스를 타고 그리고 걸어서 호젓한 산길에 접어들었다고 하자. 거기까지 오는 사이 수많은 사람을 만났을 것이다. 아름다운 얼굴, 당당한 풍채, 어떤 때는 너절한 옷차림, 또는 술주정뱅이, 어떤 때는 흉한 부스럼 병을 앓는 사람도 만날 수 있다. 그런 때 그날 만난 여러 사람들 가운데서 더럽고 병들고 고통스러워 하는 사람만을 마음에 생각하고 있다고 하자. 그 사람은 비록 맑은 공기, 새가 노래하는 꽃피는 산길을 걸어가면서도 그 기쁨을 모른다. 어두운 생각, 괴로운 마음의 그림자가 그를 사로잡고 있는 것이다. 그와 반대로 비록 지저분

하고 복잡한 거리 속을 헤치며 지나가더라도, 그 마음속에 아름다운 종달새 소리를 들으며 따뜻하고 감사한 생각으로 있을 때 그의 발길에는 새 환경이 열려 있는 것이다.

불자는 자신의 생명이 불심이고 찬란한 환희가 넘치고 있음을 항상 생각해야 한다. 슬픔을 붙들고 마음을 아프게 해야 무슨 이익이 있는가. 손해 보았던 과거를 주무르고 있어서 무슨 소득이 있는가. 반복 후회하고 의기소침하고 있어서 세상에 무슨 도움이 되는가. 인생을 살아가는 중에 남겨진 찌꺼기, 이것이 실패며 슬픔이며 불행이다. 그런 찌꺼기를 집착할 아무런 이유가 없다. 찌꺼기는 버려야 한다.

행복을 훔치는 도적

—

만약 도적이 집안에 들어와 신발을 훔쳐가거나 정원의 돌 한 개를 가져가려 하여도, 우리는 그를 내쫓을 것이다. 그런데 돌이나 화분과는 비교가 안 되는 황금덩어리 같은 보물을 도적맞게 되었어도 그 도적을 내버려두는 사람이 있다면, 그 얼마나 어리석은 일인가. 그런데 고귀한 행복의 황금을 훔쳐 가고자 마음에 들어온 도적을 우리는 그냥 놔두고 있지 않은가. 어쩌면 그를 소중하게 대접하고 환영하고 있지는 않은가.

우리의 마음속에 미움이나 분노가 깃드는 것은 곧 우리 마음의 보물을 훔쳐갈 도적이 들어온 것임을 알아야 한다. 슬픈 생각,

불행했던 과거의 생각, 실패의 기억 등 이런 것들은 모두가 나의 행복을 좀먹는 생쥐이며 도적임을 알아야 한다. 그 모든 도적을 몰아내는 것은 당연하지 않은가. 마음에 깃드는 모든 슬픔을 털어 버리자. 미운 생각을 다 놓아버리자. 불안한 생각을 다 털어 버리자. 우울한 과거를 잊어버리자. 그리고서 오직 태양보다 밝은 찬란한 내 생명의 환희만을 생각하고 노래하도록 하자. 이것이 불자가 행복을 창조하는 제2의 법칙인 것이다.

- 1980년 4월

밝게 웃고 산다

밝은 면만 본다

—

불자라면 무엇보다 부처님을 공경하고 사람을 찬탄하며 밝은 면만을 보고 말한다. 이러한 사람은 원래 그 바탕이 맑고 명랑하다. 밝고 명랑하지 않고서는 참으로 모든 사람들을 어떤 때나 한결같이 존중하고 따뜻이 대하며 즐겁게 찬탄할 수 없다. 그러므로 불자의 생활방식에 가장 기초에 있는 것이 밝고 명랑하게 웃고 생각하며 말하는 것이다.

이렇게 밝게 웃고 생각하며 말하는 데서 매사에 성취가 온다. 사람과의 관계는 불볕처럼 따뜻하고 화목하게 되며, 나를 둘러싼 모든 환경이 거슬림 없이 하나로 통해진다. 청하지 않아도 벗이 된다는 보살의 생활이 이런 데서 되는 것이다. 언제든 밝게 웃고 밝게 생각하는 그런 마음이 불자의 기초인 것을 알아야 한다.

만약 우울하고 불안하고 신경질적이고 어두운 생각을 가지고 있다 해도, 아무리 교리를 많이 알고 지식이 풍부하다고 해도, 또한 경을 외운다고 하더라도 그는 아직 불자로서의 공덕은 받지 못한 사람이다. 웃어야 한다. 명랑해야 한다. 태양처럼 활짝 웃는 마음으로 살아야 하는 것이다. 즐거운 것과 밝은 미래를 생각하며 기뻐해야 한다. 언제나 얼굴에 웃음을 띠고, 말할 때도 웃음으로 말하고, 온몸이 기쁨으로 가득한 것처럼 밝은 것이 불자의 특징이다.

불행은 어둠에서

—

밝은 것의 반대는 어둡고 우울한 것이다. 이것이야말로 불자에게 있을 수 없는 것이다. 밝은 마음에서 온갖 성취가 있고 모든 것을 이룩하는 따뜻하고 평화로운 환경이 이룩되지만, 어둡고 우울한 곳에서는 꼭 그 반대가 나타난다. 우울한 사람에게는 비참한 환경이 따라붙는다. 마음이 어두운 사람에게는 매사가 어둡고 일마다 순탄하지 않다. 몸에는 병이 나고 사업은 실패하고 친구는 멀어지고 가족도 마침내 이산하고 삶의 보람을 잃고 만다.

그러므로 우울한 사람은 돌이켜야 한다. 병난 사람, 불행한 사람, 환경이 불안한 사람일수록 더욱 밝은 마음으로 자신을 돌이켜야 한다. 밝게 웃고 즐겁게 이야기하는 습관을 들여야 한다. 운명을 바꾸기 위하여 우울을 몰아내고 그러기 위하여 결심을 하고 하나하나 실천해야 한다.

하루에 몇 번씩 웃어볼 일이다. 보는 사람이 저 사람 돌았다고 하더라도 좋다. 마음에서 기쁘게 생각하고 기쁜 웃음을 터뜨리며, 기쁜 표정을 하고 미소를 얼굴에 가득 담는 습관을 한다는 것은 어두운 환경에서 벗어나고 밝은 운명을 맞아들이는 기술이다. 기회 있을 적마다 기쁜 것을 생각하고 웃을 것을 마음에 두어야 한다. 사람과 얘기할 때도 기쁘게 생각하고 말하며, 기회 있을 적마다 즐겁게 웃어야 한다. 혼자 방에 있을 때도 짐짓 웃어보며, 거울을 보고 웃음 연습을 하여도 좋을 것이다. 이렇게 할 때 성격이 바뀌고 건강해지며 운명이 바뀐다.

주부의 밝은 얼굴

—

특히 한 집안을 꾸려가는 가장, 한 집안의 중심이라 할 주부는 밝은 마음 기쁜 웃음을 꼭 배워야 한다. 한 직장에 밝은 분위기가 이룩되는가 안 되는가는 그 직장 리더의 마음이 밝은가 어두운가에 달려 있다. 한 집안의 가족들이 평화롭게 지내는가 그렇지 못한가는 가장의 마음가짐도 중요하지만 주부의 자세가 더욱 중요하다. 한 집안이 얼마나 밝게 웃고 밝게 이야기하는가에 달려 있다.

앞에서도 말한 바와 같이 밝게 웃는다는 것은 다만 그 사람만을 건강하고 즐겁게 해주는 것이 아니다. 그를 둘러싼 한 집안, 한 직장 그 모두를 행복하고 건강하게 만든다. 밝은 마음을 먹고 기쁘게 거리를 걸어가면 그 사람에게서는 햇살처럼 밝은 기운이 퍼진다. 환자에게는 약이 필요하고 친절한 의사의 돌봄이 필요하다. 그러나 그보다도 중요한 것은 환자가 마음을 바꾸어 명랑하고 즐거운 마음을 갖도록 하는 것이다. 명랑하고 즐거운 마음을 갖기는 쉬운 일이 아니다. 그러나 웃으면 즐겁고 밝아진다.

만병을 이기는 웃음
—

이유를 꼬치꼬치 따지기에 앞서 우선 밝게 웃고 볼 일이다. 인간의 생명이 원래가 밝은 것이다. 생명의 원모습인 불성이 태양처럼 밝은 것이기에 당연히 밝게 웃어야 한다. 그렇게 할 때 일체 병이 붙을 수 없는 건강의 샘물이 솟아나온다. 웃어야 한다. 이유를 따지지 말고 웃어야 한다. 웃을 때 기쁨이 나고 마음이 밝아지는 것이다. 기쁘고 마음이 밝을 때 병은 낫는다. 생명 속에 억압되어 있었던 건강한 힘이 솟아 나온다. 병을 모두 몰아낸다. 환자는 자칫하면 신경을 쓰고 불평하고 감사할 줄 모르는 경우가 흔히 있다. 환자 되는 사람은 불자의 웃고 밝게 사는 법을 꼭 배우길 권한다.

여기서 만병통치의 영약이 있다고 한다면 밝게 웃는 이 약보다 더 신묘한 약은 없을 것이다. 마음속의 온갖 잡귀를 몰아내고, 어두운 그림자를 소탕하고, 삐뚤어진 생각들을 날려보내고, 활발하게 생명의 힘이 뛰어나오며, 혈액 순환이 순조롭고 자연 양능작용이 왕성해진다. 생명의 진정한 힘, 부처님의 무한 공덕에서 오는 크신 은혜를 이 몸으로 받아 건강하기 위해서라도 웃고 기뻐해야 한다. 우리들은 나 자신의 생명에서 솟아오르는 샘물, 만병통치의 샘물인 이 밝은 웃음을 쓸 것을 잊지 말아야 한다.

어떤 사람은 자기 생애가 이렇게도 불행하고 고통이 많고 슬픈데도 어떻게 웃는단 말인가, 억지소리 말라고 하면서 내 말을 물리칠 사람이 있을지도 모른다. 그러나 그렇게 불행과 슬픔을 생각하고, 우울한 가슴을 안고 있어서 무엇이 이루어진단 말인가? 슬픔을 되씹고 있으면 행복해지지 않는다. 불행을 자랑스럽게 얘기해서 남의 동정을 사봐야 행복하지는 않다. 어쨌든 우리는 진리를 보고 부처님의 크신 위신력이 내 생명을 타오르고 있는 것을 바르게 보고 무조건 감사하며 웃을 것이다. 무조건 감사하며 밝은 마음으로 웃고 살 것이다. 우울한 마음이 가슴에 차오르거든 거울을 보고 스스로 웃어보라. 소리 내서 웃어보고 소리 없이 웃어보면 그러는 중 우울은 날아간다. 표정이 밝아지고 환경도 달라진다.

그러므로 슬플 때일수록 웃어야 한다. 괴로울 때일수록 웃어야 하고 우울하고 불안할수록 뱃속에서부터 웃어야 한다. 웃어야 슬픔과 우울이 물러가고, 불안과 불행이 물러가는 것이다. 친구들이 자기를 멀리하고 적대한다고 느끼거든 무엇보다 먼저 웃을 것을 생각할 일이다. 세상에서 소중히 여기는 사회적 지위도 그것이 반드시 능력만으로 되지는 않는다. 밝은 마음 기쁜 마음으로 자기 환경을 만드는 가운데 매사에 성취가 있게 된다. 기쁨과 융화가 이루어지고 한 조직의 성과를 높을 수 있는 것이다.

-1980년 5월

진실을 말한다

진리 긍정이 진실

—

불교인의 특징적인 생활 방식은 진실을 말한다는 것이다. 여기서 진실이라 함은 현상에 걸림이 없는 근원적인 진리의 본 모습이다. 그러므로 불자는 모든 사람에게서 부처님의 공덕이 원만한 것을 본다. 말을 할 때 언제나 밝고 긍정적이며 칭송하는 말이 될 수밖에 없다. 사람을 대하되 그 사람의 장점을 말한다. 그 사람의 빛나는 과거 업적을 말한다. 그것은 현상에 걸리지 않는 그 사람의 내면인격을 믿고 하는 말이다. 다른 사람의 단점이 보인다는 것은 내 눈이 가린 탓이며 내 마음에 나타난 단점이다. 실로는 그 사람의 단점일 수 없다. 그러기에 지혜 있는 사람은 모든 사람의 장점을 많이 발견하는 것이니, 그 장점을 인정하고 칭송하는 것이 불자의 말이다.

불자는 언제나 희망을 말하고 긍정적인 말을 한다. 부정적이고 소극적인 말을 하지 않는다. 성공을 말하고 결코 실패를 말하지 않는다. 이것이 진실한 말이다. 왜냐하면 모든 사람의 생명이 불성이며, 모든 사람의 진면목이 부처님의 무량공덕의 표현이기 때문이다. 거기에는 성공과 희망과 긍정과 성취와 환희와 영광이 있을 따름이다.

단점을 말하고 부정적인 태도로 말하고 실패를 말하고 소극을 말하고 비관적인 말을 한다면, 그것은 진실한 말이 아니다. 모든 사람에게는 한량없는 공덕이 감추어져 있다. 그것이 인간의 원 모습이다. 그러므로 그것을 긍정한 말이 진실한 말이다. 경에는 일체 부처님을 찬탄하라 하였지만, 지혜 있는 사람은 일체 중생이 바로 부처임을 알고 그것을 긍정함으로써 무량공덕을 받는 것이다.

말의 창조적 위력

—

말은 무한한 진리의 구체적 표현 방법이 된다. 진리를 긍정하는 말에는 진리가 가지는 무한한 힘이 뒷받침되어 있으므로 말 그대로의 실현력을 가진다. 적극적인 말, 긍정적인 말, 희망에 넘치고 성공의 환희를 말하는 말을 해야 한다. 그러한 말에는 성공이 있고, 번영이 있다. 다른 사람의 장점을 발견하여 찬양하는 말에는 평화가 있고, 보다 큰 발전이 있다. 진리의 긍정을 통하여 서로의 사이가 큰 진리에 감싸이기 때문이다.

그러므로 이와 같은 언어가 가지는 창조적 의미를 알아서 바르게 쓸 때, 그 앞에는 꽃이 피고 새가 운다. 태양은 빛나고 천지가 평화에 가득 싸이는 것이다. 그 반대로 다른 사람의 단점을 말하고 가혹하게 비평하며 나아가 악구를 서슴지 않거나 불행이나 실패를 말하면, 그 앞에는 어둠이 깔릴 수밖에 없다. 다른 사람을 헐뜯고 욕한다면 자신의 앞에 겹겹이 불행의 가시덤불이 엉기게 된다. 불자들은 이와 같이 말로써 진리를 쓰는 길을 안다. 그러므로 지혜 있는 사람은 힘써 다른 사람의 장점을 발견하려고 노력하며 그것을 긍정하고 칭찬하는 데 관심을 갖는다. 만약 그러하지 못한다면 아무리 명철한 지혜가 있다 하더라도 그는 지혜인이라고 할 수 없다. 불행을 부르기 때문이며 진리의 길을 모르기 때문이다. 우리 주변에 칭찬과 환희와 긍정과 희망을 말하는 분위기를 생각해 보자. 거기에서 역사가 밝게 빛나는 것이다.

　　불자들은 언제나 그 눈이 진리를 보는 데 관심을 둔다. 눈에 보이고 귀로 들리는 형상적인 사건에 걸리기보다는 근원적인 진리의 모습에 마음을 기울이는 것이다. 만약 어떤 사람이 자기에게 무도한 짓을 하였다고 하자. 세간적인 평가로서는 분명히 그에게 악구와 비난을 퍼부어야 옳을지 모르지만 불자에게는 그렇지 않다. 저 사람의 잘못과 무도한 짓이라 하는 것은 남의 평가가 아니라 자기 자신의 평가이다. 그에 대하여 미움, 분노, 저주, 악구 이러한 거친 감정 상태는 바로 나 자신의 감정 상태인 것이다. 그러므로 불행을 말하고 악구를 말하고 저주를 품고 있는 그 가슴에 불행이 온다. 잘못은 다른 사람이 저지르고 그 결과 불행한 것은 자기 자신이 안게 되니, 이 얼마나 어리석은 짓일까?

원래로 이 마음에는 둘이 없는 것이다. 저 사람이 나이며 세계가 자기이다. 역사가 자기이고 자기밖에 다른 것이 없다. 내가 긍정하고 내가 비판하는 한, 긍정과 비판의 주도자가 자기 자신이다. 그러므로 불자는 이 도리를 알아서, 어느 때나 주체적 책임을 생각한다. 악을 버리고, 불행을 행복으로 바꾸고, 갈등을 평화로 바꾸기 위해서라도 내 마음에서 선과 평화와 찬양을 쉬지 않아야 한다. 이와 같이 하여 따뜻하고 밝은 가슴 위에 평화와 번영이 깃들게 된다.

– 1980년 6월

생명을 존중한다

소중한 생명

—

불교인의 생활방식의 특징으로 손꼽아야 할 것은 아무래도 생명존중이다. 불자라 하면 생명존중을 신행의 제1조로 삼는다. 모든 생명을 존중하고 사랑하며 결코 죽이거나 다치게 하지 않는다. 생명이 고귀한 것은 인간뿐 아니라 모든 중생에게서 추구한다. 이것이 모든 중생을 사랑하고 존중하는 불교인의 첫째 신행이 되는 것이다.

   불자의 이와 같은 생명존중은 무엇에 근거하는 것일까? 그것은 말할 것도 없이 모든 중생의 그 모습이 불성이라는 사실이며, 모든 중생은 비록 겉모양은 다르지만 윤회를 통하여 서로 모양을 바꾸고 있다는 믿음에서 기인한다. 서로 윤회하고 몸을 바꾸는 가운데 겉모양은 달라도 그 속 생명의 진실성은 변함이 없는 것이다. 때로는 형제가 되고, 때로는 부자가 되고, 때로는 한 가족이 되고,

때로는 서로 대립하는 관계가 된다. 필경 한 동포, 한 가족, 한 핏줄이라는 사실을 불교인은 알고 있다.

사람이 모양에 차별 없이 그 본성이 불성이며, 저들이 모두가 성불한다는 신앙이다. 죽은 목숨을 지혜의 눈으로 볼 때 결코 남이 아니다. 서로 한 가족, 한 형제였던 것을 알 수 있다. 모든 생명을 존중히 여기는 바닥에는 이와 같은 깊은 신앙적 이해가 깔려 있다. 그리고 또 한 가지 있다. 그것은 인과다. 산목숨을 죽였을 때 그것은 자비의 종자가 끊어지는 것이다. 죽음을 당한 중생에게서는 원결심이 나고 죽인 사람에게는 악한 마음이 싹터서 성장한다.

그러한 관계는 긴 윤회 과정에서 필경 해소되지 않는다. 악한 원인에서는 악한 과실이 나타나게 마련이다. 살생한 인연에서 죽음을 당하는 과보를 낳게 된다는 인과 필연의 법칙을 불자들은 알고 있다. 이것이 또한 생명을 아끼고 존중하였을 때 그에 상당한 과보를 받는다. 인과응보의 믿음이 불자들 가슴에 깔려 있다. 모든 불자들은 모든 생명을 존중하고 서로 돕고 사랑하며 결코 해쳐서는 안 된다는 믿음으로 살고 있는 것이다.

생명의 영광

—

불자들은 모든 중생의 참모습이 불성인 것을 믿는다. 생명의 신성한 근거가 불성이라는 것을 안다면, 당연히 그 귀결로서 인간에게 깊은 신뢰를 주는 것이 당연하다. 생명존중은 모든 인간이 차별 없이 평등하다는 것을 믿는 것이다. 그러므로 모든 사회 여건에서 인간의 소중한 가치가 충분히 발휘될 수 있도록, 억압이 배제될 수 있도록, 충분히 성장할 수 있도록 조성적 환경이 이루어져야 한다.

오늘날 우리 불자들은 방생(放生)을 열심히 한다. 죽게 된 미물이나 동물을 살려주는 것이다. 그리고 재일에는 육식을 하지 않는다. 이 모두는 그대로 생명을 존중하고 사랑하는 것을 실천하는 것이다. 나아가 고통에 빠진 생명들에게 고통에서 해방시켜줌으로써 생명의 빛을 누리게 하는 것이며 불법인연을 심어주는 것이다. 이와 같은 자비의 실천은 그대로 자연을 아름답게 꾸미고 보호하는 결과가 된다.

만약 불자가 여실히 행을 닦고 법을 폈던들 오늘날과 같이 무자비하게 자연생물들이 멸종에 가깝도록 피해를 받지는 않았을 것이다. 수렵 기구로써 죽이고, 공해로 인하여 생존 조건을 박탈함으로써 죽여서 우리 주변이 얼마나 황량한가? 이러한 황량한 환경은 그대로 우리 모든 중생의 생명의 터전을 거칠게 하고 따뜻한 인간 심성을 해친다.

생명존중의 가르침을 불자들은 깊이 배워야 하겠다. 우리의 일상생활 가운데서 생명이 가지는 높은 가치는 너무나 등한시되어 왔다. 생명의 존중은 자기 자신에게서 먼저 행해져야 한다. 자신의 생명이 참으로 고귀하고 끝없는 능력이 있음을 알아서, 이것을 개발할 때 더 없는 큰 행복을 누릴 수 있다. 또한 모든 사람의 생명 안에 다할 수 없는 큰 위력이 갖추어져 있다. 이것을 유감없이 발휘할 수 있도록 긍정하고 개발하고 보장해준다고 하는 것은 국가와 사회는 물론 인류 전체를 통해서 끝없는 자원을 개발하는 것이 된다. 안으로 인간의 무한 자원을 포기하고서 자원부족 운운 하는 것은 참으로 어리석은 일이다.

인간의 생명과 가치가 이와 같이 존귀할진대, 사회시설로서의 복지시설이 얼마나 값있는 일인가를 생각할 수 있다. 또한 모든 인간과 모든 중생이 함께 소중한 존재임을 알아야 한다. 알고 보면 우리 모두는 서로 돕고 힘을 합해서 생명의 영광을 누리고 땅의 번영을 키운다. 불자는 이 점을 알아서 모든 중생의 생명을 아끼고 키우며 아름다운 국토가 되도록 노력해야 한다. 그리고 사회 모든 구조에서 인간중심의 체계가 이루어져야 한다. 불자는 이렇게 믿고 생활한다.

- 1980년 7월

상 없이 베푼다

보시는 불심의 최대 표현

—

불자로서 지켜야 할 기본적인 계명 5개가 있는 것은 누구나 알 것이다. 불자의 5계는 산 목숨 죽이지 마라, 남의 것을 훔치지 마라, 삿된 음행을 하지 마라, 망령된 말을 하지 마라, 술 마시지 마라 등이다. 계가 비록 '하지 마라'라는 부작위로 표현되고 있지만, 이것은 최소한의 규정이다. 실로 그 계명이 말하고 있는 뜻은 적극적인 행동을 요구한다. 적극적인 행동을 통해서 계는 실천되는 것이다. 아무 것도 행하지 않는 부작위로써 계가 지켜지는 것이 아님을 알아야 한다.

　5계의 둘째 계목이 되는 훔치지 마라는 대목에서도 마찬가지다. 실로 그 이면의 의미는 적극적으로 베풀어주고 도와주고 받들어주라는 데 있다. 적극적으로 보시, 공양하고, 돕고, 섬기는 행을 요구하는 것이 5계의 둘째가 된다. 그러므로 이것이 불자 생활의 특징이 되는 것이다.

어떤 사람은 보시에 대해 물건을 베풀어주는 것으로만 아는 사람이 있다. 그러나 보시는 물건만이 아니고 무엇이든 베풀어줄 수 있는 것이라면 다 보시가 된다. 우선은 물건을 주고, 돈을 주고, 힘으로 돕고, 지혜로 도울 수 있다. 거기에는 친절한 마음, 자비로운 마음이 언제나 함께 있다. 이 친절과 자비한 마음을 기초로 삼아 우리는 무엇으로든 남을 돕고 섬기고 위할 수 있다.

아마도 불자로서 특징적인 행위라 하면 이 보시가 으뜸일 것이다. 불자에게서 보시의 마음이 떠나고 없다면, 그것은 이미 불자의 실질을 잃은 것이고 사회성 또한 잃은 것으로 볼 수밖에 없다.

보시의 내면

—

준다는 것은 무엇인가. 좀 생각해 보면 물건을 주고, 돈을 주고, 친절한 말을 베풀어주고, 지혜로써 도와준다고 하지만 그것은 필경한 마음이 움직이고 있는 결과다. 마음에서 먼저 따뜻한 심정이 있고, 그 심정에서 무엇인가 도울 방법을 생각하고 행동으로 나아간다. 거기서 힘일 수 있는 것이다. 이렇게 보면 마음이 없는 보시는 있을 수 없다. 지극한 마음이 없는 보시는 있을 수 없는 것이다. 만약 자비심이 없이 보시를 한다면, 실로 참된 보시가 될 수 없다. 자비심이 결여된 보시는 보시일 수 없는 것이다.

대개 자비심이 외출한 보시에서, 준 사람은 잃었다는 손실감이 마음에 남게 된다. 진정한 보시는 기쁨이 따른다. 그런데도 자기 손실 감정이 따른다면 어찌 이것을 보시라 할 것인가! 또 받는 사람 입장에서도 자비한 마음이 없는 물건을 받은 때는 스스로 비굴감을 느끼게 된다. 이런 데서 받는 기쁨이 순수할 수 없다. 그 마음속에 적막감과 비굴감과 반항심이 깃든다. 받으면서도 대립감정이 싹트는 것이니 이러한 보시는 보시일 수 없다.

　　마음이 먼저 흐르고, 그 마음 위에 물건이 표현되거나 친절한 말이 나타나는 법이다. 마음이 바탕이고 마음이 근원일진대, 보시에는 물건이 따르지 않는 보시도 생각할 수 있다. 이것을 마음의 보시라고 한다. 이 마음의 보시가 보시행의 근원이 되는 것이다. 마음의 보시를 평소에 키우고 닦을 때 구체적인 보시행으로 뛰어나갈 수 있다. 마음의 보시가 없는 사람은 보시행을 할 상황을 만나서도, 인색감이나 게으른 생각으로 적극적인 보시행을 하기 어렵게 된다. 그래서 자비 보시에는 마음의 보시행이 공덕의 근원이 되는 것을 알아야 한다.

아낌 없는 보시

—

보시를 하고 베풀어 준다는 것은 무슨 뜻인가. 이것은 내 마음의 문을 여는 것이다. 100% 줌으로써 집착을 뗀다. 자신이 가지고 있는 것을 놓아 버림으로써 마음의 문이 활짝 열리는 것이다. 그러므로

보시를 행함에 있어서는 집착이 없어야 한다. 아낌없이 베풀어야
한다. 준 생각이 없어야 한다. 이것을 무주상보시라 하는 것이다.

『금강경』에 말씀하시기를 "상(相)에 주(住)함이 없는 보시를
행하라. 그 공덕은 헤아릴 수 없다."고 했다. 이 말씀을 생각하건대
보시하는 것은 물건의 많고 적음에 있지 않다. 아낌없이 베풀어주
고 상이 없이 보시를 행하는 데 있는 것이니, 이와 같은 보시에서
무한공덕이 함께 여물어가는 것이다.

약간의 보시를 행하면서 그 물건에 대해서 보시를 행하였다는
생각을 해서는 안 된다. 생색을 내거나, 내생에 좋은 과보를 받는
것을 기대하는 것은 참된 보시가 될 수 없다. 물론 그런 보시가 공
덕이 없다는 것은 아니다. 그만큼 자비심을 움직여서 어려운 사람
을 돕고 스스로 애착심을 끊었으니 틀림없이 그에 따른 선과가 있
는 것이다. 보시를 행하면 천상에 태어난다고 하는 것은 결코 허망
한 말은 아니다.

그러나 진정한 불자라면 보시를 행하되 상에 주함이 없는 무
주상보시(無住相布施)이어야 하는 것이다. 마음의 문을 열되 조건을
붙여서 어느 한계를 두고 연다면, 참으로 마음의 문을 여는 것이
아니다. 그만큼 닫혀 있는 것이다. 아낌없이 베풀어주고 상이 없이
보시를 하고 보상을 바라지 않는 보시를 행할 때, 마음의 문은 활
짝 열리고 무한공덕은 막힘없이 흘러오는 것이다. 이것이 무주상
보시의 공덕의 근거가 아니겠는가.

-1980년 8월

생활로써 법을 전한다

어떤 것이 설법인가

—

법은 설하는 것이 아니다. 원래로 법이 설해지고 있건만, 범부들이 법의 실상을 보지 못하므로 실상 설법을 듣지 못한다. 그래서 범부들에게 알아듣기 쉽도록 방편을 베푼다. 이렇게 해서 설법이란 게 있게 된다. 설법이란 말만이 아니다. 모든 동작 그 가운데 설법이 있다. 도대체 설법이 우리에게 어떤 작용을 하는 것일까.

설법은 중생의 번뇌를 깨트린다. 그래서 지혜와 광명을 열어준다. 중생의 결박을 풀어주고 자유 해탈을 선사한다. 어리석음을 깨트리고 중생의 차별과 한계와 조건을 타파한다. 그래서 한량없는 공덕과 무한자재를 안겨준다. 첩첩으로 막힌 범부생활을 무한과 영원으로 바꾸는 것이다. 흙덩어리를 금덩어리로 바꾸고 썩어가는 고기덩어리를 진리의 몸으로 바꾸어 놓는다. 겹겹으로 싸인 중생의 삼독을 일시에 녹여버리고, 광명 찬란한 자성공덕을 드러내주는 것이다.

설법이 있는 곳에 중생의 생명수가 있고 미혹의 밤을 밝혀주는 태양이 있다. 설법이야말로 중생에게 있어 생명의 의지처이고 생명을 키워주는 힘이며 태양이라 할 것이다.

설법의 방식은 어떤 것이어야 할까? 설법이란 원래로 그런 한정이 없는 것이다. 미혹한 중생심을 밝혀주고 힘과 용기를 부어주는 그 사이에, 어떤 한정된 법식이 있을 수 없다. 설법은 개인만을 문제 삼는 것이 아니다. 중생의 상호관계, 사회와의 관계, 여러 단체 내지 국가 생활에 이르기까지 그가 참답게 발전해나가는 바른 길을 설파하는 것이다. 그러므로 설법은 개인적 규범, 여러 사회계층의 윤리, 경제 사회, 국가와 국제관계에 이르기까지 그 모두를 망라하고 길을 열어간다. 이런 점에서 불법은 인간 개인을 밝혀 진리로 회복할 뿐만 아니라 역사와 사회를 진리공도 위로 인도한다. 따라서 설법은 끊임없이 중생사의 현실 모두를 문제 삼는다. 그것이 진리를 구현하도록 구체적인 처방을 제시하고 그 실현을 추구하는 것이다.

설법은 역사의 등불

—

설법은 중생 세계를 붙들어가는 근본 세력이며 빛이며 길이다. 이 땅에 설법이 없는 사회를 생각해 보자. 거기에는 오직 암흑이 있을 뿐이 아니겠는가. 인간이 무엇이고 어떻게 살아야 하고 역사와 사회의 의미가 무엇인가를 모르는 것이다. 거기에서 암흑 지대가 생기고 암흑 시대가 열리며 생명의 방황 시대가 시작되는 것이 아닌가. 오늘날 사회가 흔들리고 시대와 정신이 서야 할 땅을 잃어 가히 혼돈의 시대라고 한다. 이것은 무엇을 말하는 것일까. 바로 설법의 부재를 의미하는 것이 아니겠는가.

설법은 태양처럼 빛나야 한다. 바다처럼 영원히 설해져야 한다. 시대는 물질이나 경제나 과학기술이 해결하는 것이 아니고 실로는 설법이 결정하는 것이다. 설법이 인간을 이끌어갈 때 과학기술은 인간을 도울 것이며, 과학기술이 인간 위에 있을 때 인간에게는 혼란과 공허가 있는 것이 아닌가. 설법이야말로 오늘의 인간과 시대를 붙들어가는 최상의 가치임을 거듭 알게 된다.

전법으로 수행한다

—

경의 말씀에 부처님은 어두운 황야에 횃불로 오셨다고 했다. 중생 미혹의 현장을 광명으로 바꾸는 등불로 오신 것이다. 그렇다면 이 땅 위 중생생활 구석구석에 설법의 목소리는 이미 가득 차 있다고 보아야 한다. 그러나 이 도리를 알지 못하는 범부를 위하여 불가불 온갖 방편이 벌어질 수밖에 없다. 여기서 불자들은 부처님 법의 상속자로서 법을 전하고 법을 설할 지중한 책임이 주어져 있는 것이다. 중생이 있는 곳에 그 어느 곳이든 설법이 있어야 한다. 불자는 깨달음의 광명을 생명에 간직한 자가 아닌가. 그 광명은 결코 어두울 수 없다. 영원히 밝은 광명이다. 어느 때이고, 어떤 곳이고, 어떤 상황 속에서도 찬란히 빛날 불자 생명의 광명이다. 하물며 중생의 어두운 마당에서이랴.

어두울수록 광명은 그 빛이 찬란한 것이니 미혹이 깊은 중생 사회일수록 설법은 찬란하다. 이래서 불자의 최대 책임의 하나가 전법이 되는 것이다. 불자는 전법으로 자신을 바로 세우고, 전법으로 자신을 연마하며, 전법으로 삼보 은혜에 보답하고, 전법으로 불국토를 성취한다. 중생의 땅을 불국토로 바꾸는 것이다.

경에는 부처님 법을 전하는 것을 법공양을 행한다고 했다. 물질적 공양은 육신생명을 보존하는 데 도움이 되지만, 법을 전하는 법공양은 법신생명을 성취시키기 때문이다. 따라서 법공양이 공양 가운데서 최상이라고 하였고 다른 공양으로 얻는 공덕으로는 일념 동안 법공양을 닦는 공덕과도 비교도 안 된다고 말씀하시어 그 수승함을 거듭 강조하셨다. 「보현행원품」에는 다음 일곱 가지 법공양을 말씀하셨다.

부처님 말씀대로 수행하는 것, 중생들을 이롭게 하는 것, 중생을 섭수하는 것, 중생의 고통을 대신 받는 것, 선근을 부지런히 닦는 것, 보살업을 버리지 않는 것, 보리심을 여의지 않는 것 등이다.

이와 같은 법공양은 이 모두가 법을 전하는 것이며 법을 행하는 것이다. 그래서 시대와 이웃과 함께하는 사람들에게 불법의 광명을 가득 담아 준다. 이로써 보건대 불자는 그 생활 전체로 법을 설하고 법을 전하는 것이어야 한다. 등불이 있는 곳에 항상 밝음이 있듯이, 불자가 있는 곳에 설법이 끊임없이 행해져야 한다. 그러자면 끊임없이 불법을 바르게 배우고 행하지 않을 수 없게 되고, 그것은 동시에 전법이 된다. 전법은 이와 같이 어떠한 특별한 자격 있는 자가 하는 것이 아니고 모든 불자가 하는 것이며, 믿음을 성실히 실천하는 자가 설법으로 행하는 것이다.

부처님께서는 제자들에게 전법의 길을 떠나라고 명령하시면서 "중생의 행복을 위하여, 중생의 안락을 위하여 법을 전하라. 그리고 둘이 같은 방향, 같은 길로 가지 마라." 하셨던 것이다. 이 얼마나 간곡한 전법의 부촉이신가. 이 말씀을 부르나 존자는 받아 행하기를 "목숨을 잃는 한이 있어도 기쁘게 법을 전하겠다."고 맹세했다.

- 1980년 9월

청정을 산다

청정행을 한다

—

불자로서 지켜야 할 기본적인 계율로서, 오계의 첫째는 모든 생명을 존중하고 아끼며 내지 억압하거나 다치게 하거나 죽이지 않는 것이다. 오계의 둘째는 아낌없이 베풀어 주는 것이다. 물건이나 돈이나 힘으로써 아낌없이 베풀어주는 것이다. 그렇거늘 하물며 남의 것을 빼앗거나 훔칠 수 있겠는가. 이상 두 가지에 대해서는 이미 말한 바이므로 이번에는 그 다음을 말하겠다.

오계의 셋째는 청정한 행을 하는 것이다. 원래 사람이란 그 본성이 청정한 것이다. 본성청정을 믿고 그것을 행하는 것이 불자이므로, 불자의 모든 행은 청정해야 한다. 살생하는 것도 부정이다. 도둑질하는 것도 부정이다. 애욕에 탐닉하여 문란한 것도 부정이다. 그중에서 자기 청정심을 어지럽히고 생사상속의 깊은 구렁을 헤매게 하는 것이 성적 문란이다. 이것은 자기 본성의 청정을 근본적으로 몰각하는 행위이다. 그래서 불교인은 설사 이성과의 결합을 갖는다 하더라도 여기에는 청정을 지키기 위한 엄격한 요건이 있다.

첫째로 출가 수행하는 스님들은 일체 이성에 관한 마음이나 말이나 행에서 어지러우면 안 된다. 일체 용납이 되질 않는 것이다. 그러나 재가 불자들은 좀 사정이 다르다. 이성의 결합은 부부에 있어서와 같이 먼저 정신적인 청정이 이루어져야 한다. 순수한 일체감의 성취가 결혼을 통하여 이뤄지는 것이다. 그러므로 여기에서는 비록 남녀의 관계가 있다 하더라도 부정이라고 말하지 않는다. 대립된 다른 상대관념이 없기 때문이다. 그러므로 비록 결혼이라는 형식을 가졌다 하더라도 진실한 동일생명으로서의 일체감이 결여되었다면, 그것은 참된 결혼이라고 할 수 없다.

마땅히 동일생명으로서의 깊은 신뢰가 바탕이 된 성숙한 결혼이 이루어져야 한다. 그러므로 이와 같이 이루어진 결혼 이외의 남녀의 육체적 접근이나 정신적인 접근은 허락되지 않는다. 그것은 부정한 일이다. 이런 데서 불교인의 결혼은 청정하고 신성하다고 한다. 가정이 신성하고 가정이 청정한 이유가 여기에 있다. 결혼에 있어 동일생명의 깊은 이해와 깊은 신뢰가 선재(先在)하지 않은 결혼은 공허한 결혼이다. 결코 결혼이라고 할 수 없다. 그런 결혼에선 불행이 오고, 그런 가정에는 온갖 고통이 속출하는 것이며, 아름다운 행복과 생명이 커갈 수 없게 된다.

진실을 말한다

—

오계의 네 번째는 진실한 말을 하는 것이다. 무엇을 진실한 말이라하는 것일까. 진실한 말은 진리 그대로의 말이다.

첫째로 인간의 생명이 법성 진리 자체임을 믿고, 그것을 긍정하는 말을 하는 것이다. 존중하고 사랑하고 적극적이며 존귀한 모든 인간의 본성을 긍정하는 말을 한다. 거기에는 찬탄과 자비와 존중이 있게 된다. 승리와 성공과 행복을 말하고 평화와 안정과 희망을 말한다. 원래로 인간의 본 모습이 진리인 까닭에, 그러한 진리를 표현하는 인간과 그 생활은 밝고 평화롭고 영예로울 수밖에 없다. 그것을 긍정하는 말을 하는 것이 진실한 말이다.

그러므로 사람의 입은 진리를 긍정하는 말을 하는 창구다. 그렇거늘 하물며 이러한 진실한 인간생명 내부의 진리를 몰각하거나 부정하거나 어기는 말을 할 수 있을까. 그것은 엄격히 금지된다. 불행과 실패를 말하지 않고 투쟁과 고통을 말하지 않는다. 더욱이 속이는 말, 사실 아닌 거짓을 말하지 않는다. 남의 마음을 괴롭히는 악하고 독한 말, 형편 따라 말을 바꾸는 부실한 말을 하지 않는다. 이것이 망녕된 말을 하지 않고 진실을 말하는 것이 된다. 진실한 말은 진리의 표현이므로 거기에는 위대한 성취력이 깃들어 있다.

정념(正念)을 지킨다

—

오계의 다섯째는 정념(正念)을 지키는 것이다. 정념이란 바른 생각, 밝은 생각, 맑은 생각, 동함이 없는 마음을 말한다. 우리의 마음을 그르치게 하고 흔들리게 하는 데는 두 가지 요인이 있다.

그 하나는 그릇된 사상에 물드는 일이다. 그릇된 사상을 받아들일 때 그에 의하여 사람은 흔들리고 좌우된다. 따라서 그에게서 어떠한 바른 행도 기대할 수 없다. 마음이 토대가 되어 일체행이 전개되고 일체 진실이 지켜지는 것인데, 그 마음의 바탕에 그릇된 사상이 들어앉았을 때는 그 모두를 기대할 수 없게 된다. 오늘날 우리 주변에 얼마나 많은 삿된 사상이나 미혹한 사상들이 난무하여 개개인과 사회와 역사를 함께 더럽히고 불안과 공포로 몰아넣고 있는가.

정념을 잃게 하는 또 한 가지 커다란 요인은 술을 마시는 것이다. 술을 마시면 정념이 흐트러진다. 밝은 마음이 흐트러지고 안정된 마음이 흔들린다. 의지의 성은 무너지고 지혜의 빛은 어두워진다. 거기서부터 만 가지 우치와 불행을 저지르게 된다. 그러므로 불자에 있어 술은 금지다.

술을 금한다 하는 것은 이것이 정념을 흔들어 그릇되게 하기 때문이므로, 정념에 해를 주지 않을 정도의 약이나 음식은 술이 아니다. 술이라 할 수 없다. 그러나 정념을 잃게 되는 술의 양이 한도가 있는 것이 아니므로, 원칙적으로 그 모두는 금지되는 것이다. 술로 해서 사람의 참된 마음을 어지럽히고 정념을 상실함으로써,

무수한 개인적·사회적 불행을 낳고 있지 아니한가. 그러므로 "불자는 마땅히 술을 마셔 취하지 마라. 그리하여 밝고 맑고 통달한 지혜를 호지하라."고 가르치는 것이다.

－1980년 10월

불교인의 생활 일과

함께 기뻐한다

—

불교인은 남이 짓는 착한 공덕을 함께 기뻐한다. 부처님이 닦으신 수많은 공덕 하나하나를 대할 적마다 기뻐하는 것은 말할 것도 없고, 일체 중생 그 모두가 닦은 바 공덕을 함께 기뻐하는 것이다. 그것이 큰 것은 말할 것도 없고, 비록 털끝만 한 작은 것이라 하더라도 함께 기뻐한다. 설사 그것이 나쁜 사람이라고 세간에서 낙인찍힌 사람이라도 오늘 한 가지 털끝만 한 공덕을 지었으면, 그것을 진심으로 기뻐하는 것이다. 설사 그 사람이 자신을 해치고 모함하고 욕하고 자신에게 억울한 누명을 씌운 사람이라 하더라도, 그 사람이 지은 털끝만 한 공덕이라도 찬탄하고 그 공덕을 함께 기뻐하자는 것이다.

왜 그럴까? 원래 일체 중생과 대립이 아닌 한 몸에 대한 신앙이 있기 때문이다. 함께 기뻐함으로써 그와 더불어 함께 너울거리는 큰 생명을 키워가는 것이 된다. 남이 있고 자기가 있고 그 사이에 대립 감정이 있어서는, 결코 다른 사람의 착한 공덕을 기뻐해 줄 수가 없다. 기뻐함으로써 서로 하나인 진리를 긍정하며 존중하는 것이 된다. 말하자면 자기 자신이 그릇된 것에 집착하고 있는 상태에서 벗어나, 참된 자기 본분을 회복하는 행으로 발전이 되는 것이다. 그래서 이 세간 누구와도 대립함이 없이 화목하고 화합해서 함께 기쁨을 나누고 함께 보리의 싹을 키우는 것이다.

다른 사람이 짓는 공덕을 기뻐할 줄 모르고 다른 사람과 불목한다면, 그러한 상태로 아무리 기도를 해도 아무 소용이 없다. 기도는 원래 큰 진리 생명의 표현이요 발현인데, 대립하는 마음으로써 어찌 그 진리의 광명이 자신의 것이 될 것인가. 기뻐함으로써 일체중생 천지만물과 한 몸임을 실현하며 그 모든 공덕이 자신의 공덕으로써 성장하게 되는 것이다.

수순한다

—

불자는 모든 중생을 수순한다. 그의 어떠한 형상이든 차별하지 않고 수순한다. 경에는 "부모와 같이 공경하며, 스승이나 아라한이나 부처님과 조금도 다름없이 받들어 섬긴다."고 하였다. 그리고 또 병자에게는 어진 의원이 되고, 길 잃은 자에게는 바른 길을 가르치고, 어두운 밤중에는 광명이 되고, 가난한 이에게는 보배를 얻게 하면서 일체중생을 평등하게 받들고, 그의 이익을 도모하여야 한다고 말씀하셨다. 불자에 있어 중생을 수순한다고 하는 것은 바로 모든 부처님을 수순하는 것이 된다.

　　중생을 존중히 받들고 섬김으로써 부처님을 존중히 받드는 섬김이 되는 것이며, 중생을 기쁘게 함으로써 부처님이 함께 기쁘게 하는 도리를 믿는다. 그렇기 때문에 일체 중생을 수순하는 것이다. 중생을 나무뿌리에 비유하고 보살을 꽃과 과실로 비유함으로써 중생을 살피고, 대비심으로써 뿌리에 물을 주며 보리의 나무가 성장하고 보살의 꽃이 풍성하게 여문다고 말씀하셨다. 이러하니 어찌 중생을 수순하지 않겠는가. 중생을 수순함으로써 성불할 수 있고, 중생은 바로 보살을 성불시키는 밑거름으로 믿는다.

불광인의 생활 일과

—

불교인의 생활 표정의 특징은 아무래도 감사다. 부처님의 무량광명이 끊임없이 부어짐을 확신하면서 어떠한 일을 당하더라도, 어떠한 고난을 당하더라도, 어떠한 환경 속에서라도 끊임없이 감사하고 감사한다. 감사는 바로 참된 진리의 긍정이며, 진리의 문을 여는 것이며, 진리의 공덕을 받아쓰는 것이기 때문이다. 감사로써 일체 고뇌를 없이 하고 무량 위덕을 받아쓰며 새로운 소망을 이루어가는 것이다. 다음에 불광 법회에서 수행하고 있는 불광의 일과 내용을 소개한다. 이것을 법등십과(法燈十課)라고 부른다.

법등십과

—

1. 조석으로 법등 일과를 지키고 부처님께 감사하며 기쁜 마음으로 하루 일과를 시작합니다.

2. 하루 세 번 이상 합장하고 "나는 불보살님과 함께 있다. 나는 건강하고 반드시 행운이 온다."라고 선언합니다.

3. 매일 선조와 부모님과 가족과 이웃에게 감사합니다.

4. 사람을 만났을 때 먼저 밝은 미소와 친절한 말로 대하고 무엇으로든 도와 드릴 마음을 가집니다.

5. 공공일과 대중사에 앞장서고 무슨 일이든 정성을 기울여 최선을 다합니다.

6. 매일 법등오서를 읽고 전법을 실천하며 법회에는 반드시 출석합니다.

7. 자기 법등과 마하보살 이름을 기억하고 자주 연락을 가지며 법등 가족 늘리는 책임을 다합니다.

8. 병든 이나 고난에 빠진 이를 만나면 반드시 기도하고 도웁니다.

9. 자기 소망을 기원할 때도 나라와 세계의 평화 번영과 중생의 성숙을 함께 기원합니다.

10. 법등 가족은 감사, 찬탄, 참회, 전법을 신조로 삼고 법등으로 호법하고 호국할 것을 명심합니다.

－1980년 11월

보살의 믿음

보살이라는 사람들

—

내가 몸담고 있는 불광법회에 청정행이란 분이 계시다. 불광법회의 전법 위원을 맡고 있는데 얼마 전 법회 석상에서 이런 고백을 했다.

"저는 『금강경』을 배우면서부터 새삼 광대무변한 은혜 속에서 살고 있는 것을 알게 되었습니다. 모든 현상은 허망한 것이라 하지만, 나를 둘러싸고 있는 모든 현상은 부처님의 끝없는 자비에서 온 은혜라고 믿게 되었습니다. 그래서 하루하루를 감사한 마음으로 살고 있으며 모든 이웃에게 새삼 끝없는 존경이 되어집니다. 모든 이웃에 대한 고마움과 부처님 은혜에 대한 고마움을 갚는 길은 내 힘을 다하여 부처님 법을 전하는 것이라고 믿고 있습니다. 깨치거나 배운 것도 없지만 하나 배우면 하나를 실천하고 하나를 이웃에게 전해주는 생활을 하고자 노력하고 있습니다."

　나는 이 말을 들으면서 이 분의 마음 둔 곳이 어디메인가를 생각해 보았다. 이 분은 범상적인 육체적 자기나 세간적 일상현상에 머물러 있지 않고, 마음과 눈은 보다 깊은 곳에 서 있는 것을 알 수 있었다. 자신의 마음이 자기와 보리와 중생을 나누지 않은 곳에 서 있음을 보고 있으니, 여기에서 이른바 보살의 수행, 보살의 자비, 보살의 만행이 벌어지는 것을 볼 수 있었다.

　위로 보리를 구하고 아래로 널리 중생을 제도하는 이를 보살이라고 한다. 하지만 흔히들 보살이라 하면 남을 위하여 헌신적이며 착한 마음의 실천자를 두고 말한다. 끝없이 너그럽고 끝없이 자비하며, 끝없이 부지런하며, 결코 이그러질 수 없는 평화를 그 가슴에 담고 있는 사람을 쉽게 말해 '저 분은 보살이야' 한다. 문수보살이나 관음보살 같은 성자처럼 큰 위신력이 있고 없고는 별개의 문제다.

보살의 마음과 행

—

보살은 한마디로 크게 사는 사람이다. 크게 줌으로써 크게 살고 있다. 가진 것을 주고, 힘을 주고, 지혜를 주고, 능력을 주고 정성과 온갖 마음을 다 준다. 대가를 받기 위해 준 것도 아니며 그에게 좋은 평가를 받기 위해서 주는 것도 아니며, 부처님이 알아주고 천국에 나기 위해서 주는 것도 아니다. 중생의 슬픔이 자기의 슬픔이 되고 중생의 즐거움이 자기의 즐거움인 것이다. 줌으로써 기쁨을 삼고, 정성을 바침으로써 기쁨을 삼고, 중생의 기쁨과 성숙으로 자기의 기쁨을 삼는다. 착한 마음씨, 덕스러운 행동의 임자를 보살이라 하는 것은 이 때문이다. 그는 복덕을 닦되 복덕을 받지 않는 것이다. 그가 지은 모든 공덕은 바로 일체중생의 것이 된다.

그의 눈에는 자기와 맞선 자가 없다. 모두가 부처님과 같이 우러러 배운다. 그래서 모든 사람을 공경한다. 모든 사람에게 예경한다. 눈앞에 부처님을 대한 것과 조금도 다름없이 일체중생을 공경하고 예경하는 것이다. 그러니 어찌 대하는 사람에게 차별이 있을 수 있을까.

보살은 모든 부처님을 찬양 찬탄한다. 모든 중생을 똑같이 찬탄한다. 모든 중생에게서 무한한 부처님의 덕성을 본다. 지혜와 자비와 위덕이 넘실대는 끝없는 공덕을 일체중생에게서 보는 것이다. 그렇기 때문에 대하는 사람마다 찬탄할 수밖에 없다. 그렇지만 자기의 찬탄이 그 모두의 공덕을 다 말하였다고 생각하지 않는다. 그래서 끝없이 모든 중생에게서 진실과 청정과 자비와 위덕이 넘쳐나는 것을 존경하는 것이다.

보살은 모든 중생을 받들고 필요로 하는 것을 이바지한다. 그뿐만이 아니다. 중생이 이익되도록 하며 감싸고 두호하며, 고통을 대신 받는다. 그래서 영원토록 중생의 편이 되는 것이다. 보살은 기뻐한다. 모든 부처님이 닦으신 일체공덕을 기뻐하며 일체 중생이 닦는 설사 터럭 끝만 한 공덕이라도 다 함께 자기 것으로 기뻐한다.

보살은 일체 공덕을 끊임없이 닦는다. 부처님께서 목숨을 버려 수행하신 것을 배우며, 일체 처소에 몸을 나투어 법을 설하심을 배우며, 일체 중생이 좋아함을 따라서 성숙시키는 것을 배운다. 다시 보살은 모든 중생을 따르고 수순한다. 어떤 부류의 중생이든 가리지 않고 그를 따르고 수순한다. 부모님과 같이 또는 스승님과 같이 내지 부처님과 같이 섬긴다. 병자에게는 의원이 되고, 길 잃은 자에게는 길을 가리키고, 어두운 밤에는 광명이 되고, 가난한 이에겐 보배를 얻게 한다.

보살심이 근거하는 곳

—

보살은 어찌하여 이와 같이 될 수 있을까? 보살의 마음이 어찌하여 이와 같이 광대무변하고 처지에 막힘없고 한없는 덕성이 넘쳐 흐르는 것일까?

『금강경』에 "보살은 마음이 상에 머물지 않는다." 하였다. 바로 이것이다. 보살은 마음이 상에 머물지 않으니, 그에게는 대립이 없고 한계가 없고 속박이 없다. 무한과 자재와 원만이 허공처럼 바다처럼 그 앞에 펼쳐있는 것이다..

『반야심경』 말씀과 같이 보살은 반야바라밀다에 의하여 일체 물질 경계와 정신 경계에 걸림이 없다. 이른바 오온이 공한 것이다. 그에게는 그를 한정지을 벽이 없다. 그를 속박할 아무 물건도 없다. '바라밀다'를 떠나 아무것도 없는 것이다. 그러므로 일체는 그의 것이다. 일체는 그와 함께 있는 것이다. 일체중생이 그요, 무상보리가 그다. 실로 보살은 무변 허공을 자기 것으로 수용하고 있는 것이다.

　　필경 보살의 마음은 일체중생이다. 보살은 그 마음의 청정을 중생을 성숙시킴으로써 완성하고 실현한다. 영원한 지혜와 활력의 근원인 보살의 마음은 이와 같이 일체 중생을 감싸면서 무진행을 전개하고 쉴 날이 없는 것이다. 이래서 중생계가 다하고 허공계가 다하더라도 보살의 큰 마음은 끊임없이 청정공덕을 흘러내는 것이다.

- 1976년 10월

4장

성공자의 자기 관리

운명을 지배하는 인간형

우리의 운명을 결정하는 자

—

계절은 계절대로 어김없이 찾아든다. 쉴새없이 돌아가는 것이다. 마치 계절과도 같이 우리가 의식하든 의식하지 못하든 상관없이 우리는 매일매일 자기 운명을 스스로 지어가고 있다. 그것은 우리의 힘도 아니다. 자기의 마음가짐, 신념 또는 말의 힘으로 쉴새없이 운명의 수레를 돌리고 있다.

지구와 태양과의 각도 거리를 계산하여 계절의 시각을 산출하듯, 마음의 창조 법칙을 알고 이를 운용해 보면 인생은 운명의 장난이 아니라 마음을 따라 돌아가는 해바라기인 것을 알게 된다. 우리는 마음의 창조 법칙을 알아서 운명의 해바라기를 마음대로 돌려야 할 것이다.

우리가 거리를 걷고 있다고 하자. 그때 두 갈래길 앞에 섰을 때, 어느 쪽으로 갈까를 결정하는 것은 누구일까? 그것은 말할 것도 없이 우리 자신이다. 분명히 말해서 우리의 마음이다.

'오른쪽으로 가자'고 마음에서 정하면 우리는 오른쪽으로 걷기 시작한다. 말하자면 마음이 먼저 움직이고 그 다음에 몸이 따라간다. 마음이 안에서 결정한 것을 몸이 형상으로써 말해 주는 것이다. 우리가 이제부터 결심하기를 우리의 운명을 성공적으로 전환시키자고 할 때, 그 구체적 방법을 선택하게 된다. 그 중에 정신적 자기 개혁과 행동 방식을 배우기로 선택해, 그 구체적 방법으로 월간 「불광」 원고를 읽고 수행하는 것으로 정했다고 하자. 이런 것들은 안에서의 우리의 생각이 밖으로 형상으로 나타난 것이다.

거듭 말해서 겉모양은 마음의 나타남이라는 사실이다. 이처럼 우리 운명의 방향은 바로 우리의 마음이 선택하고 받아들인다. 겉보기에 설사 강제된 일이거나 하기 싫은 것을 부득이 하게 되는 피동적인 것이라 하더라도, 그것을 받아들인 것은 자기 마음이 선택한 것이다. 자기 마음이 주인이므로, 모든 운명적인 일도 마침내 자신의 깊은 마음과 관계가 있다. 여기서 우리가 특히 착안할 것은 마음이 움직여 구체적 형상이 된다는 사실이다.

경에서 설한 '일체유심조'는 구체적인 현상의 근원적 원인자는 마음이라는 의미이다. 마음이 현상의 근거이며 마음이 바뀐다는 '창조의 법칙'을 선시(宣示)하신 것이다. 이 법칙에 따르면 우리가 마음에 무엇을 생각하고 간직하는가는 우리의 자유이므로, 창조의 주체적 자유와 권위는 우리에게 쥐어져 있다는 중대한 사실을 명료하게 알 수 있다.

생각을 구체화하는 잠재의식

—

심리학에서는 우리의 마음이 여러 층면을 가진 것을 밝혀 준다. 우리가 흔히 말하는 마음이니 생각이니 하는 것은 현재의식이고, 우리가 의식하지 못하는 깊은 내면에 또 다른 의식이 있다. 이 깊은 내면에 있는 의식을 한마디로 잠재의식이라 하는데, 이 잠재의식이 아주 재미있는 것이다. 현재의식에서 들어오는 생각이나 감정 등을 그대로 충실하게 받아들여서, 이것을 구체적 현실로 실현시키는 작용을 한다.

이것은 마치 밭에 씨앗을 뿌리는 것과 흡사하다. 현재의식은 종자를 뿌리는 사람이고, 잠재의식은 밭과 같다. 이처럼 밭이라는 잠재의식은 현재의식이 요청하고 명령한 대로 실현하는데, 이것이 마음의 창조 법칙이며 잠재의식의 창조 작용이다. 그러므로 '생각하는 것이 실현된다', '마음에 그린 것은 나타난다', '믿는 대로 이루어진다', '신념과 상념은 구체화한다', '마음이 창조 작용을 한다'는 결론이 나온다.

이 마음의 창조 법칙과 관련해서 한 가지 말할 것은 모든 말이 창조력을 지녔다는 사실이다. 말은 바로 마음의 표현이다. 마음의 직접 표동(表動)이다. 설사 무의식 중의 말이라 하더라도 마음의 세계에서는 명백하게 이유가 있는 말이다. 다시 말하면 무의식 중에 의식이 있는 표현인 것이다. 우리는 말을 통해 참된 자기를 실현하는 것을 배우고 성공법을 훈련해야겠다. 이 말의 창조력에 대해 다음 사실만은 반드시 명기해야 한다. '말은 실현력이 있다', '말한 대

254

로 이루어진다'는 사실이다.

적극적인 소망 성취 방법
—

현대 사회에서 성공하는 방법을 '마음의 법칙'의 입장에서 정리해 보기로 한다.

첫째, 우리 모두는 불자이다. 근원 진리인 불성의 구유자(具有者)다. 그러므로 무한의 가능, 무량공덕장을 이미 부여받았다는 사실을 굳게 믿어야 한다. 이것은 개현하여 쓸수록 더욱 화수분이다. 우리의 능력은 쓰면 쓸수록 향상하는 것이다. 이 사실을 믿고 항상 마음속에 희망과 목표를 뚜렷이 그려가며 생활하도록 하자. 꼭 성공한다.

둘째, '나는 누구와도 잘 조화되고 또한 어떤 사람에게나 좋은 인상으로 받아들여진다. 나는 누구와도 잘 화합하고 친하다. 남의 장점을 발견하고 항상 존경한다.' 이 마음을 가지고 일에 임하도록 하자.

셋째, '꿈은 반드시 실현한다. 소망은 반드시 달성된다. 나의 마음의 깊은 곳에서 이미 부처님은 나의 소망을 구현시켜 주고 계시다.'고 생각하면서, 이를 굳게 믿고 '감사'를 잊지 말자. 항상 감사하는 자에게 감사할 시혜(施惠)는 풍성히 안겨진다는 사실을 알아야겠다. 이 감사와 적극적인 생활이 현실 속의 소망 성취를 가져온다.

넷째, '나는 불자다. 무량복을 지닌 자다. 무한한 가능성이 있다. 나의 운세는 좋다. 전도(前途)가 열린다.'는 생각으로 염불하고 기도하자. 기도할 때는 반드시 세계 평화와 국가 안녕을 함께 기원한다.

다섯째, '나의 하루하루는 향상하고 진보한다. 나는 적극 인간이다. 모든 여건에서 오히려 성장하고 생활은 성공적으로 변혁한다.'고 스스로 선언하고 늠름한 자세를 지니자. 이것이 불성의 소유자로서 정상적인 자기 영리 자세다.

- 1974년 11월

풍부한 협력 관계를 얻자

성사는 인간관계에서

—

일이란 서로의 관계를 통해 이루어진다. 개인적 · 육체적 · 생리적
인 것을 빼고는 모두가 서로의 관계에서 떠날 수 없다. 그러므로
우리가 하는 일은 작으나 크나 반드시 협력자가 있게 마련이다. 일
은 모두가 협력자에 의해 좌우되는 것이다. 우리는 직장에서 또는
인생에서 어떤 협력자를 갖고 있는가. 사람은 어떤 때에 협력자가
되는가를 깊이 살필 필요가 있는 것이다.

오늘날의 조직화된 산업 사회에서 방대한 일을 해내는 것도
단순히 조직화된 기능의 힘이 아니다. 모두가 인간의 깊은 인간관
계가 이를 좌우하고 있는 것이다. 어떻게 하여 훌륭한 협력자를 얻
을까 하는 것은 오늘날의 절실한 문제다.

중국 화교는 어디를 가나 강한 생활력을 배우게 된다. 정치적

·사회적으로 거의 무보호 상태에서 그들은 착실히 기반을 구축해 간다. 그리고 당대에 거부가 되는 자도 많다고 들었다. 헌데 이 화교의 상훈(商訓)에 "돈을 버는 것보다 사람을 벌어라"는 명구가 있다 한다. 이것은 참으로 재미있는 말이다. 화교들은 인간관계의 중요성과 인화의 힘, 그리고 협력자를 많이 갖는 것이 돈보다 중요하다는 것을 몸에 배도록 알고 있는 것이다. 그렇기 때문에 이들은 결코 적을 만들지 않는다. 설사 적이라도 자기 편으로 만들고 만다. 이들 사회에서는 "그만두고 나가는 사람에게는 한 급 올려서 내보내라"는 도덕이 있다고 하니, 이 얼마나 인간관계를 중요시하는 처사인가. 물론 이것은 인간관계에 관심이 있다기보다 따뜻한 인정이 앞선 것이겠지만, 결과적으로는 그 온정에 감격하여 언제까지나 깊은 협력 관계를 유지하게 마련이다.

알아주는 마음

—

사람 마음의 움직임은 실로 미묘하다. 이것을 모르면 좋은 협력자도 얻을 수 없고 따라서 사업도 원만히 돌아가지 않는다. 좋은 협력자를 얻으려면 무엇보다 사람의 마음을 따뜻하게 알아주고 맞아주는 것이 중요하다. 이것은 한 사람 한 사람에 대한 따뜻한 사랑과 이해의 문제다.

속담에 "남자는 자기를 알아주는 사람을 위해 죽는다"는 말이 있는데, 여기에는 깊은 진리가 스며있는 것으로 생각된다. 사람이란 참으로 자기를 알아주기만 한다면 목숨도 아깝지 않다는 심정이 된다. 그만큼 사람이란 자기를 알아주고 자기를 이해해 주기를 간절하게 찾고 있다. 그러기에 자기의 좋은 점을 인정받았을 때 감격하고 환희하고 용기가 솟아오르는 것이다. 그러므로 우리가 협력자를 얻고 싶으면 이러한 인간 심정의 움직임과 그 간절한 소망에 착안하지 않으면 안 된다.

거기에는 첫째, 그 사람의 좋은 이해자가 되어야 한다. 우리가 그 사람의 마음을 알아주고 그 사람 편이 되어 주어야 한다. 이처럼 내가 그에게 마음을 주고 이해하고 따뜻한 정을 보낼 때, 당연히 그에게서 이해와 협력은 오는 법이다. 우리 편이 되는 것이다. 이것은 법칙이다. '주는 자는 받는다'는 법칙이 그렇게 만드는 것이다. 이것이 인간관계 형성의 제1조이다. 따뜻한 마음을 주지 않는 한 협력자는 얻을 수 없다. 돈으로도 살 수 없다. 아무리 치밀한 관리조직도 설득도 도리도 강한 인간관계를 만드는 데는 별 구실을 못하는 것이다.

무엇이 우리를 감동시키는가

—

사람은 흔히 이해타산으로 움직인다고 한다. 그러나 꼭 그렇지는 않다. 그런 것같이 보이지만 그것은 극히 피상적 측면일 뿐이다. 실로 사람을 움직이는 것은 감격이다. 사람은 감동에서 움직이는 것이다. 그러면 무엇이 가장 사람을 감동시키는가? 그것은 다름 아닌 '애정'이다. 이것은 결코 이성(異性)에 대한 연정이 아니며, 깊은 인간성의 흐름이다.

누구든지 이 '사랑'을 원하고 있다. 우리 앞에 나타나는 모든 사람들이 '사랑받기'를 원하고 거기 서 있다. 당신에게 사랑을 받고 싶은 것이다. 모든 사람에게 사랑받고 싶은 것이다. 인정의 깊이에 깔려 있는 이 심정을 우리는 깊이 이해해야 한다. 이 인간적인 따뜻한 사랑이 우리를 감동시킨다.

사람은 누구나가 사랑받기를 원하고, 사랑받고 감동하고 환희하고 다시 용기를 낸다. 이것은 어쩔 수 없다. 사람의 근원적인 측면에는 동일성과 긍정이 깔려 있기 때문이다. 그렇기 때문에 우리는 우리가 대하는 모든 사람의 심정을 다음과 같이 읽을 수 있어야 한다.

1. 우리가 대하는 모든 사람은 누구나 자기의 장점이 이해되고 인정받기를 원한다.
2. 우리가 대하는 모든 사람은 자기에 관한 일을 중요시하기를 바라고 있다. 무시당하는 것을 극단으로 싫어한다.
3. 우리가 대하는 모든 사람은 누구나 인정받고 칭찬받고 싶어 한다. 사람은 누구나 무엇으로도 바꿀 수 없는 소중한 가치와 존엄성을 지니고 있음은 부처님의 말씀이고 불자의 믿음이다. 모든 사람이 그 가치의 인정을 요구하는 것도 당연하고 그를 인정하고 찬탄하고 칭찬하는 것도 또한 불자의 믿음이다.
4. 우리가 대하는 모든 사람은 평등하게 대우받기를 원하고 있다.

차별대우하는 것을 싫어한다.

5. 우리가 대하는 모든 사람은 또한 평등하게 대우받기를 원하면서도 한편 자기의 개성을 특별히 인정받기를 바라고 있다. 이것은 이 세상에 둘도 없는 자기의 특성에 대한 강한 요청이다.

6. 우리가 대하는 모든 사람은 누구나 우리의 이해와 조력으로 보다 나은 자기를 형성하고 자기가 타고난 훌륭한 재능을 계발하고 십분 발휘하여 향상하고 진보하기를 바라고 있다. 그의 존재 가치의 증대를 희망하는 것이다.

이와 같이 모두는 절실한 심정으로 우리 앞에 있음을 알아야 한다. 이것은 만인의 간절한 소망이다. 그렇기 때문에 우리가 남의 협력을 얻어 많은 사람을 자기 편으로 끌어들여 인간관계에서 성공하려면, 이와 같은 사람들의 마음속에서 바라고 있는 절실한 소망의 목소리에 귀를 기울여야 하겠다. 그리고 그 소망에 상응하도록 노력하고 행동해야 한다. 여기서도 '주는 자는 받는다'는 법칙대로 우리는 풍부하고 윤택한 인간관계를 갖게 되고, 그만큼 우리의 소망은 넓은 인간관계, 즉 협력자를 통해 커다란 성과를 얻게 되는 것이다.

협력자가 되는 조건

—

사람들은 어떤 때에 우리의 협력자가 되는가? 위에서 살핀 바를 정리해 보면 다음과 같다.

1. 우리가 그 사람을 사랑하고 있을 때
2. 그 사람을 존경하고 있을 때
3. 그 사람을 너그러이 이해해 줄 때
4. 그 사람의 인격을 인정해 줄 때
5. 그 사람을 칭찬할 때
6. 그 사람의 협력자가 될 때
7. 그 사람의 편이 될 때
8. 그 사람을 중요시 할 때
9. 그 사람을 신뢰할 때
10. 그 사람에게 마음을 열어 화평할 때
11. 그 사람에게 감사할 때
12. 그 사람의 은혜를 알아줄 때
13. 그 사람을 소중히 할 때
14. 그 사람의 뜻에 따라줄 때
15. 그 사람의 인격과 능력을 높여줄 때

이처럼 협력자를 얻는 방법과 잃는 방법도 함께 알게 된다. 위에 열거한 반대가 바로 인간관계의 단절을 뜻하게 되는 것이다. 대개 사람을 진정으로 사랑하지 않고 일시적 협동자나 이용 관계로 알 때, 또는 그의 인격이나 능력을 인정하지 않거나 그의 존재를 무시할 때는 결코 평범한 관계조차 유지하지 못한다.

부처님은 인간 존경을 가르치신다. 그리하여 모든 사람을 부처님이나 스승처럼 공경하고 그 뜻을 섬기라 하신다. 그리고 그의 덕성을 찬양하고 그의 소망을 수순하라고 하신다. 풍부한 협력관계를 얻고 원만한 인간관계를 얻는 데 이 이상 가는 진리가 또 어디 있을까.

-1974년 12월

기도로 능력을 계발하자

소망을 이루는 기도의 힘

—

인생을 살아가노라면 즐거움만이 있는 것이 아니다. 어쩌면 어려운 일, 괴로운 일이 더 많은지도 모른다. 오히려 즐거움이라는 것은 어떤 어려움의 존재가 전제되고, 거기서 자기 소망을 이룬 데서 적극적인 즐거움이 있게 마련이다. 불안함과 어려움을 극복했을 때 즐거움을 얻는 경우, 불안함과 어려움이 전제되었기 때문이다.

　소망을 이루는 즐거움, 아마도 이것이 즐거움의 기본형이라 해도 좋으리라. 고귀한 소망을 이루는 즐거움이 우리에게 보람을 안겨 주는 것이다. 그래서 적어도 인생에서 무엇인가 이루고자 하는 사람이면 그만큼 많은 노력을 한다. 종교에 신앙을 갖는 사람이라면 으레 기도가 따르게 마련이다. 기도하는 자세는 소망을 이루는 데 결정적 역할을 한다. 신앙인만이 아니라 무엇인가를 이루고

자 하는 사람에게 있어 마음이 가지는 위력과 신앙과 신념의 힘을 아는 것은 성공의 기초가 된다 하겠다. 우리는 기도의 힘과 마음의 창조력을 십분 활용해서 우리의 능력을 계발하고 향상시켜 고귀한 소망을 이루어야 할 것이다.

불교를 믿는 사람이라면 어떤 소망을 앞에 놓고 성실한 노력도 계속하지만 한편 염불도 잊지 않는다. 더욱이 어떤 고난을 앞에 두었을 때 곧 '관세음보살'을 염한다. 그것은 관세음보살의 이 땅의 이름이 시무외자(施無畏者)라 하여, 이 땅에 두려움을 없게 하는 대자비 성자이기 때문이다. 이러한 기도는 물론 좋은 일이다. 그렇지만 우리가 경의 가르침을 보다 깊이 배우자면 마음의 세계에 함장된 불가사의한 힘과 마음의 창조 법칙, 그리고 기도로 소망을 이루게 하는 힘의 원리에 대해 깊은 이해가 있어야 한다. 그래야만 기도의 힘이 위대한 것을 알게 되고, 다시 일에 대한 적극적 추진력과 두려움을 모르는 정진력이 솟아나오게 되는 것이다.

기도는 어떤 힘을 가지고 있을까? 기도는 우리의 생명 속에 간직되어 있는 부처님의 무애자재한 위신력, 즉 우리의 근본 생명력을 생각으로 끌어내어 우리의 현실 위에 드러낸다. 다시 말해서 우리의 생명 깊이에는 무한한 지혜와 힘이 본래부터 주어져 있고, 이것의 출구는 곧 우리의 마음이다. 그래서 마음을 쓰는 생각과 말과 행으로 마음속의 위력을 현실 위에 실현토록 하는 것이 기도다. 그러므로 기도는 참으로 큰 위력을 갖는다. 대개 우리 인간의 진면목은 진여 법성의 진리가 온전히 간직된 이른바 불성이기 때문에, 우리가 생각하는 것은 실현되도록 되어 있는 것이다. 기도와 신념의 위력이 바로 여기에 있다.

부처님 말씀에 "세계가 마음의 표현"이라 했고 "일체는 마음이 만든다" 하셨다. 마음을 움직여서 우리의 환경을 만들고 현실을 변혁하며 가치를 창조해 나가는 것이 본래의 자세인 것이다. 우리의 마음은 무한한 진리의 힘의 현실적 조절자이므로, 마음의 상상력은 창조적 힘을 갖는다. 따라서 생각하는 것이 마침내 이루어지고 마음에 그린 것이 현실화 되는 것, 이것이 마음의 법칙이며 기도의 법칙이라 할 것이다.

그렇기 때문에 기도와 상념의 힘을 구사하면, 우리는 현실을 개혁하고 미래의 소망을 이루기도 하는 것은 당연한 일이다. 우리는 우리에게 주어진 이와 같은 권능을 착실히 활용해야 한다.

매일매일을 진보하고 향상하는 날로 만들고 자기의 미흡한 성격을 개조해 나가자면, 아침마다 또는 틈틈이 기도하는 것을 잊지 말아야 한다. 어떻게 기도하는가? 방법은 염불이다. 그리고 마음의 창조 법칙을 활용하는 것이다. 우리는 틈틈이 염불하면서 다음과 같은 생각을 해야 한다.

"나는 불성이다. 무량한 공덕과 행복의 창고다. 염불과 함께 부처님의 무량 공덕은 나의 생명 속에 팽팽히 채워지고 더욱 넘쳐난다. 나에게 부처님의 원만 조화된 위신력이 흐르고 있다. 무한 가능의 생명력이 맥박에 넘쳐 온다. 나는 성공한다. 나는 향상한다. 나는 행복하다. 감사한다."

이 신념은 염불할수록 더욱 굳어지고 마음 구석구석에 다져지고 넘치게 된다. 이렇게 염불할 때 성격이 밝고 적극적이며 긍정적으로 바뀌고, 활동력이 확대되며, 소망은 소리 없이 하나하나 이루어진다. 불신력이 현상화하기 때문이다. 염불하자. 착실히 염불하자.

기도를 방해하는 요소들

—

기도 염불하는 데 방해 요소는 여러 가지 있다. 대개 우리의 순수한 본성 공덕을 가로막고 있는 것은 무명(無明)이라는 망상 구름인데, 우리가 일심염불할 때 우리를 장애하지 못한다. 왜냐하면 무명이란 본래 있는 것이 아닌, 우리가 본성을 잊고 있는 데서 일어나는 현상이기 때문이다. 그러므로 일심으로 염불하는 자리에는 무명의 구름이 없다. 오직 본성 공덕이 그대로 드러나게 마련이다.

그러나 염불하더라도 일심이 된다는 것이 용이한 일이 아니다. 끊임없이 뭉게구름 같은 생각이 떠오르고, 오히려 염불하는 생각을 사로잡는다. 이것이 무명에서 나오는 망상이다. 이 망상을 퇴치하는 방법은 일심염불뿐이다. 망상을 상대하지 않고 오직 염불만 하는 것이 최상책이다. 망상에 빠져들면 일심은 아니다.

그밖에 또 한 가지 있다. 마음의 법칙의 활용이다. 대개 우리의 본 생명은 무한한 조화력이고 성취력이다. 그리고 우리의 생각은 마음의 조정자다. 그러므로 생각하는 것이 이루어진다고 앞서 거듭 말했다. 그런데 염불하면서 생각 속에 불안과 두려움을 가지고 있거나 소극적이며 어두운 현상 경계를 마음에 두고 있을 때, 우리의 소망은 이루어질 수 없다. 마음에 어두운 무명을 끌어안고 있기 때문이다.

그러므로 생명 본성이 가지는 긍정적이며 밝고 적극적인 생각을 마음에 채워야 한다. 소망하는 것이 완전히 이루어진 상태를 명확하게 자기 마음에 그리고 신념의 풀로 굳게 붙여, 평화롭고 활기 넘치는 마음으로 염불하고 행동해야 한다. 그런데 한 가지 유의할 것은 본성 공덕에 어긋나는 소망은 이루어지지 않는다는 사실이다. 우리의 본성 즉 부처님의 공덕 바다는 우애와 협력, 자비와 조화, 향상 진보가 본질적 양태다. 그런데 우리가 투쟁 대립이나 다른 이의 파멸이나 그밖에 불화를 가져오는 소망을 세우고 기도하면 이루어지지 않는다. 또한 진보를 방해하는 기도도 이루어지지 않는 법이다. 물론 강한 염력(念力)을 집중적으로 작용시켜 남을 해치는 사리사욕에 치우치거나 불합리한 소망을 이룰 수도 있다. 그러나 그것은 일시적이다. 진리의 근본 뒷받침이 없는 일시적 성공은 조만간 전복된다.

기도는 모든 것을 성취시키는 기초라 했다. 그래서 여러 경우에 기도하는 방식이 따로 있을 것이다. 여기서는 하나의 보기를 들어 본다. 부조화한 인간관계, 즉 가족이나 친구간의 갈등이나 대립만큼 또한 괴로운 것도 없다. 기도를 통해 파국에 이른 인간관계의 돌파구를 찾는 것은 중요하다.

무엇보다 일심염불할 것은 말할 것도 없다. 그리고 기도는 잠들기 전 또는 아침이 좋겠으나 어느 때나 틈나는 대로 기도할 것을 잊지 말아야 한다. 염불하기 전에 또는 평소 생각하기를 모두가 하나의 대진리, 즉 부처님 공덕의 나툼이며 그 본성이 불성이라는 것을 깊이 믿어야 한다. 그래서 모두는 형제자매다. 겉보기에 아무리 무도(無道)하고 거칠게 보이더라도 실로는 불공덕의 나툼이며 지극히 착하고 따뜻한 사람이다. '그는 진정한 나의 존경과 사랑과 이해를 바라고 있다. 그는 남에게 도움을 주고 싶어 하며 나로부터의 이해를 절실히 바라고 있다. 잘못을 용서하고 싶어도 그의 본성에 실로 용서받을 허물이 없는 것이다. 나는 그를 사랑한다. 존경한다. 그에게 감사한다.' 이런 생각을 몇 번이고 일으켜서 자기 마음속에 상대에 대한 깊은 사랑과 이해를 가득 채우고, 이것이 실로는 우리의 본 생명인 부처님 공덕에서 하나를 이루고 있는 것을 관해야 한다. 그리고 일심으로 염불한다. 이 관(觀)과 염불이 중요하다.

이렇게 할 때 사람과의 통로는 열린다. 모두 나의 이해자가 되고 협력자가 되고 대립은 풀릴 길이 열린다. 이렇게 기도하고 관하고 성실을 말과 행동으로 표할 때, 모든 이웃과의 협력 관계는 이루어진다.

- 1975년 2월

발전과 성공을 부르는 사고방식

성공하는 발상법

—

우리는 하루의 일을 시작할 때 먼저 어떤 생각으로 임하는가? 이 생각하는 자세가 하루의 일, 하루의 전부를 방향 짓는다. 보람을 느끼는 하루가 되고 행복을 쌓아가는 생활이 되려면 먼저 생각하는 기본 자세가 바로잡혀 있어야 한다. 예를 들어 아침에 직장에 나서면서 생각하는 자세 두 가지를 두고 보자.

하나는 "오늘도 이 꼴로 나가는구나. 어쩔 수 없지. 별일 없이 지나가면 그만이다. 퇴근 후 한 잔에 재미나 보자."이다. 또 하나는 "자 오늘도 해보자. 닥치는 대로 멋지게 해치우자. 나는 발전한다."이다. 이들 둘 가운데 어느 편이 사는 보람이 있고 발전성이 있는 것일까?

인생이란 일하고 사는 것이다. 그래서 일생의 반이나 1/3 이상을 직장이나 일에 바치고 있다. 이 많은 시간이 고통이나 불유쾌한 시간으로 채워진다면 어찌될까. 일도 안 되고 진보도 창의도 발전도 있을 수 없다. 인생은 정말 적막강산이 될 것이 뻔하다.

사람은 마땅히 직장에서 보람을 발견해야 하고 일을 즐겁게 할 연구가 있어야 한다. 우리는 일을 통해 자기를 표현한다. 자신에게 잠재된 능력도 갖가지 일을 당하고 처리하는 데서 계발되고 무한의 가능성을 실현해 간다. 우리의 직장이야말로 자기 표현의 마당이며 보람을 느끼는 기회인 것이다. 의욕을 가지고 함께 하루의 일에 맞붙어 마음껏 열정을 기울여 하루 일을 해냈을 때, '잘 했다'는 보람을 느끼는 법이다. 여기에 일하는 사람의 멋이 있다.

역경 속에 활로가 있다

—

발전하고자 하고 의욕을 갖는 사람이라면 어떤 조그마한 일에서도 성공의 길을 잡는다. 그 일의 작고 큰 것에 눈을 두지 않고 그 일이 전체에 연관되어 있다는 자각과 사명감에서 성실과 열성을 다하기 때문이다.

성공자의 말을 들어 보면 대개 역경 속에서 오히려 활로를 찾았던 것을 듣게 된다. 집도 자산도 아무것도 없는 중에서 오직 성실과 창의, 가능성에 대한 끈질긴 신앙이 성공의 터전을 장만해주고 있는 것이다. 마땅히 역경 속에서 성공의 기회를 찾고, 고난 속에서 성장하고 발전할 지혜와 힘을 찾아내야 한다.

일을 당하여 회피하느냐, 맞붙어 해결해 나가느냐, 이것은 우리의 생각 나름이다. 적극적 태도를 취하든 소극적 태도로 나오든, 우리가 대하는 정신 자세에 따라 일의 국면이 달라지는 것이다. 역경 앞에 오히려 용기를 내는 자, 이 사람이야말로 역사를 만드는 사람이다. 성공자다.

주는 자만이 받는다

—

어느 직장이나 제각기 직분이 있지만, 그중에도 일을 회피하는 사람과 일을 떠맡는 사람이 있게 마련이다. 동료가 도움을 청해 오면 좀 곤란한 일이라도 선뜻 맡아 준다. 상담에 응해 준다. 이런 친절한 사람은 항상 일도 많다. 겉보기에는 고달파 보일 때도 있다. 그러나 이런 사람이야말로 그 직장을 중심으로 성장하는 것이고 동료들의 마음의 벗이 되고 있는 것이다. 고달프기보다 인기 속에 성장하는 것이다. "그 사람 아직 초년병이라서…" 하는 사람이야말로 이 사람에게 빚을 지고 있는 것이다.

사람은 대개 주는 것보다 받는 것을 좋아한다. 그러나 실제로는 주지 않고는 받지 못하는 것이다. 주는 자만이 받는 것이다. 그러므로 주는 것 없이 받는 것, 이것은 어쩌면 주어야 할 어떤 조건이 이루어지고 있는 것이다.

그러므로 평소에 침묵하고 봉사하는 이 사람은 많은 것을 주는 사람이다. 적극적인 자세로 일을 해치우는 이 사람은 직장과 사회에 많은 것을 주는 사람이다. 남에게 기쁨을 주는 사람, 남에게 도움이 되는 사람, 봉사하는 사람, 이 사람은 밝고 행복할 요건을 장만하는 사람이다. 그리고 친절과 봉사심을 통해 하는 일에서 그 사람의 능력은 향상되고 가능성은 더욱 믿음직스럽게 성장하는 것이다. 새로운 일을 당할 적마다 그 사람은 새로운 것을 배우게 되고 성장한다.

발전하는 기본 자세

—

발전하고 성공하는 사람은 한 직장을 두고 봐도 어딘가 다르다. 그것은 일에 대처하는 근본적 사고방식과 인생을 대하는 정신 자세가 다른 것이다. 그래서 생각하는 것이 발전적 · 성공적 · 적극적이 되고 결국 그와 그의 사회에 발전을 가져온다. 다음에는 발전적 사고방식, 성공을 부르는 발상법을 간단히 소개한다.

1. 자기의 직장을 자기의 아름다운 개성을 발휘하고 잠재적 능력을 발휘할 장소라고 생각하자. 일을 떠나서 나의 능력도 개성도 발휘할 곳은 없고, 보람을 느낄 곳도 없는 것이다.

2. 어려운 일이야말로 나의 잠재 능력을 끌어낼 기회라고 생각하자. 그래서 적극적으로 성실하게 일에 맞붙자. 고난이 나의 성장을 촉진할 교재이며 소재다.

3. 손해되는 일로 보이는 것 중에도, 또한 덕이 되는 부분이 언제나

있다고 생각하자. 그리고 거기서 배우자.

4. 부과된 일이 비록 자기의 적성이나 취미에 맞지 않더라도 이에 소극적·종속적 위치에 서지 말자. 적극적으로 참가하여 정면으로 일을 대하고 주도적 자세로 일을 추진하도록 하자.

5. 하루하루를 자기가 성장하고 발전하는 날이라고 생각하자. 그리고 나에게 당하는 모든 일이 나를 계발하는 기회며 교재라고 생각하자.

6. 자기 직무에 사명감을 갖자. 비록 하잘것없는 부분적 일이라 하더라도 이 일이 전체를 받들고 있다는 자각과 긍지를 갖자.

7. 다른 사람에게 도움을 받고 신세를 지는 사람이 되지 말고 무엇으로든 항상 남을 돕고 보탬이 되는 자기가 되도록 힘쓰자. 이것이 남에게 빚을 지고 사는 인생이냐, 아니면 빚을 주고 사는 인생이냐를 결정하는 갈림길이다.

8. 일을 처리할 때 선입견이나 상식적 견해에 빠지지 말고 항상 새로운 관점에서 보도록 하자. 치우치는 것이 사물을 그릇 보는 장본이다.

9. 일의 밝은 면을 먼저 보도록 하자. 긍정적·적극적인 면을 보자. 실패 속에서도 무엇인가 배운 것을 생각하고 일어서자. 그리고는 "자 무엇이든 닥쳐라. 나는 잘 된다. 잘될 수밖에 없다."고 용기와 자신을 갖자. 이것은 공연한 자기 위안의 말이 아니다. 진리가 본래 그런 것이다.

-1975년 1월

언어의 창조력

말이 가지는 창조력

—

우리가 쓰는 말은 단순한 성대의 진동이나 음파의 파장이라고 생각될지도 모른다. 그러나 그것은 극히 피상적인 관찰이다. 실로 말은 놀라운 힘을 가지고 있다. 말에는 생명의 의지가 강한 힘으로 함축돼 있다. 그래서 우리가 흔히 쓰는 말은 쓰기에 따라서는 자기에게 플러스로도 작용하고 마이너스로도 작용한다. 어쩌면 자기도 상처 입고 다른 사람도 다칠 수 있다. 인생에 승리자가 되려면 말을 어떻게 쓰느냐와 밀접한 관계가 있는 것이다.

건강법에도 여러 가지가 있다. 그러나 말의 건강법을 아는 사람은 많지 않다. "나는 항상 건강하고 힘차고 왕성하다" 이렇게 붓으로 큼직하게 써서 벽에 붙여 놓고 매일 이것을 반복해 몇 번이고 소리 내어 읽는다. 그리하여 어떤 때라도 '나는 약하다', '병들지도 모른다' 하는 소극적인 생각을 일체 마음에 받아들이지 않는다. 누가 인사말을 해온다. "그 사이 건강하세요?" 그러면 "네! 감사합니다. 건강합니다." 하고 명쾌하게 대답한다.

이 방법은 '나는 건강하다' 하는 적극적인 건강 관념을 의식에 충만시킴으로써, 신념을 굳히고 잠재의식 깊이 침투시킨다. 그럴 때 생명은 조절되고 활기는 넘쳐나고 자기 전체와 소극적·파괴적 관념은 조달되어 충실한 건강이 전면에 나타난다.

우리 생명의 깊은 곳에는 불보살의 위신력이 넘쳐 있다. 본래 병들 수 없는 것이 생명이다. 말을 하고 생각하고 믿고 신념으로 행동할 때 건강은 나타난다. 말이 건강을 불러내는 길잡이가 된다. 반대로 '나는 병약자다'라고 생각하고 말하고 믿고 있는 한 병은 떠나지 않는다. 말이 병약을 굳히는 것이다. 이처럼 말은 건강에도 훌륭한 위력이 있다.

말은 앞서도 말한 것처럼 단순한 음성이 아니다. 그것은 우리의 마음속에 살아서 활동하며 우리의 생명을 조절하고 있는 깊은 마음의 활동이며 그의 울려남이다. 그래서 깊은 마음의 의지적 발동은 창조력을 가지며 현상 변개의 힘이 있다. 왜냐하면 창조적 의지의 힘이기 때문이다.

경에는 "일체는 오직 마음이 만든다"고 한다. 이 창조적 마음이 말로 표현되고 거기에 마음의 강력한 힘이 상부된다. 그래서 우리의 말은 단순한 입김에 실린 성대의 진동이 아닌 것이다. 그래서 우리는 말의 힘을 구사해 우리의 운명을 만들어내는 것이다.

말이 가지는 이와 같은 놀라운 힘을 우리는 등한시하기 쉽다.

그래서 말을 잘못해서 많은 고난도 부르고 실패도 부르며 이웃도 해친다. 우리는 이를 깊이 경계하자. 그리고 말의 창조력을 활용하도록 하자.

성공을 부르는 말과 실패를 부르는 말

—

우리는 언제나 건강하고 활력이 넘치고 창조성이 풍부한 사람이 되어야겠다. 무슨 일이든지 맡은 일을 여유 있게 해내는 유능한 인간이 된다는 것은 누구에게나 바람직한 일이다. 그러자면 먼저 말이 가지는 위력을 써서 자기를 변혁하고 성격을 개조하며 능력을 진리 본연해야 한다.

본래 못난 사람은 없다. 원래는 모두가 부처님의 큰 공덕을 입고 태어났다. 누구나 불보살의 지혜와 능력과 덕성을 가지고 있는 것이다. 그러므로 우리에게 중요한 것은 가능성이라는 잠재적 상태로 있는 무한의 위력을 현실로 끌어내는 일이다. 그러기 위해 우리는 말을 가려쓰는 데 특별히 노력해야 한다. 그러기 위해 다음과 같은 말은 중요한 지침이 될 것이다.

"내가 할 수 있을 것 같다."가 아니라 "나는 할 수 있다." 하고 단정하는 것이다.

"나는 무한의 가능성이 구족한 불자다. 놀라운 능력을 지닌 자다."

"나는 매일매일, 여러 방면에서 향상하며 발전하고 있다."

"나의 운명은 활짝 열려 있다. 나의 생명의 깊은 곳에는 우주와 통하는 힘의 광장이 준비되어 있고 무엇이든지 이룰 수 있다. 나는 우주 의식이며 불성 공덕이 나를 지탱한다. 나는 성공한다. 행복자다."

이와 같이 자기 본성과 생명이 가지는 공능을 긍정하도록 해야 한다. 그리고 이와 같은 말을 단호히 자신의 잠재의식 속에 선언하고 침투시키도록 해야 한다. 그러자면 위와 같은 긍정적인 말을 하루에도 몇 번씩 정해 놓고 반복해 읽는 것이 필요하다. 매일 10회 이상 조석으로 외치면 이것이 그대로 자신의 신념과 힘이 되어, 자기의 무명은 점차 밝고 활기가 넘치고 윤택하게 된다.

현재의 상태가 못마땅하게 돌아가는 사람, 어떤 장벽 같은 것을 느끼는 사람, 일이 꼬이고 잘 안 되는 사람 등은 자기 마음속을 자세히 살펴볼 필요가 있다. 마음 한구석 어딘가에 '나는 이젠 틀렸다' 하는 한정의 생각이 붙어 있거나 자기 부정적 요인이 있을 것이다. 이것이 자신에게 소극화를 가져오고, 열등감이나 좌절감에서 헤어나지 못하게 하는 요인이다. 이런 어둔 그림자를 소탕해야 한다. 그리고 희망과 생기가 팽팽한 긍정적인 말을 반복해 자기 심층의식에 광명을 가득 채워야 한다. 결코 소극적 · 부정적인 생각을 용납하지 말자.

일을 성사시키고 우리를 발전시키는 말, 일을 헛되게 하고 우리를 불행으로 몰고 가는 말이 있다는 것을 알아야 한다. 말이 가지는 창조적 힘을 일상생활에 활용하도록 하자.

－1975년 3월

훌륭한 리더의 조건

기업 번영과 간부
—

오늘날 기업이나 직장은 그 나름대로 조직의 단위를 가지고 사업을 밀고 나간다. 그것이 독립적인 것이든 혹은 보다 큰 단위의 하부조직이든 각각 리더의 통제와 지도 아래 고유의 사업을 펴나가기는 마찬가지다. 그래서 유능한 리더를 가진 직장은 활기에 넘치고 능률이 오른다. 모든 요원이 보람을 느끼고 힘껏 뛰며 창의는 끊임없이 샘솟고 협동·화합은 소리 없이 이루어진다. 어떤 변동이나 난관이라도 끄떡없이 대처해 나간다.

이것은 리더와 조직 요원이 총력을 기울인 결실임은 물론이다. 그러나 조직의 전 요원이 살아 움직이는 것은 요원 개개인의 능력 여하보다 오히려 그 관건이 간부에게 달려 있다. 유능한 리더의 유무에 따라 직장의 활력이 좌우되기 때문이다.

매력 있는 리더, 이것이 오늘날의 기업을 끌어가는 중추다. 그러면 매력 있는 리더가 되기 위해서는 어떻게 해야 하는가. 리더십의 향상과 자기 계발, 그리고 부하의 능력을 키우고 계발할 방법이 무엇인가를 생각해 보자.

기업이나 직장에서 매력 있는 리더가 되려면 인격에서나 실력에서 뛰어나야 한다. 부하직원은 그런 리더의 출현을 기다리고 있다. 그러므로 리더 자신은 끊임없는 자기 계발이 있어야 한다. 스스로 자기의 무한한 가능성을 믿고 이에 적극적으로 도전하여 자기를 연마하고 능력을 신장해 나아가야 한다. 그러자면 다음 몇 가지 원칙을 알아 둘 필요가 있다.

1. 자기 능력의 무한성을 생각에 그리되 결코 자기의 한계성을 마음에 두지 말 것. 이것은 마음의 창조 법칙의 활용이다.
2. 평상시 사용하는 말에서 소극적이며 부정적인 말을 쓰지 말고, 적극적·긍정적·발전적 용어와 신념을 가지고 구사할 것. 이것은 언어의 개척력의 활용이다.
3. 능력은 쓸수록 발전한다는 것을 믿을 것. 오히려 쓰지 않을 때 감퇴 둔화한다. 그러니 리더는 다른 이보다 몇 배 일할 각오를 해야 한다.

번영의 원리

—

이웃을 생각하고 그의 이익을 소중히 생각하는 마음에서 복의 문은 열린다. 그러므로 이웃의 이익을 우선해서 생각하는 자세에서, 이웃이 자기에게 우호적이고 부(富)도 함께 따라 온다. 리더가 되는 사람은 항상 자기보다 직장과 동료를 생각하고, 고객과 소비 대중과 사회 전체의 이익을 염두에 두고 행동해야 한다. 이것이 번영의 원리다. 무한의 문에서 얻는 것이다.

지금의 세상은 바로 아이디어 전성시대라 해도 과언이 아니다. 만사가 아이디어로 승부가 결정난다. 훌륭한 아이디어로 기술을 향상해 나가는 것이 바로 부와 번영과 직결되기 때문이다. 그래서 오늘날의 모든 기업은 아이디어 진리 본연에 전력을 기울인다. 사업의 성쇠가 아이디어 여하에 달려 있기 때문이다. 그러므로 훌륭한 간부, 매력 있는 리더라면 우선 창의성이 풍부해야 한다. 뿐만 아니라 부하직원도 또한 뛰어난 아이디어 메이커로 길러내야 한다. 그러자면 다음의 아이디어 진리 본연법을 알아두는 것이 리더의 필수 요건이라 할 만하다.

1. 사람의 마음은 누구나 깊은 층에서는 우주 보편적인 대지혜와 통해 있다. 사람의 진면목은 바로 대지혜의 직접 표현이다.
2. 그러므로 자기 마음의 참빛을 가리고 있는 망념을 버리고 밝고 청정한 마음으로 참마음을 드러내면, 거기에 풍부한 지혜의 빛이 드러나서 인류 향상에 도움이 되는 아이디어가 솟아오르게

된다.

3. 그 방법은 기도다. 먼저 청정원을 발하고 다음에 일심염불하고, 염불로 드러난 청정한 마음을 밝게 지키는 것이다. 이 청정한 마음에서 아이디어는 튀어나온다. 그리고 청정원은 사리사욕이나 다른 사람을 손해 보이거나 발전을 저해하는 그런 소망이 아니라, 널리 인류에 이익을 주고자 하는 넓고 큰 소원을 말한다.

좋은 인간관계를 갖자

—

오늘날의 조직화된 사회 구조에서 인간관계는 매우 중요하다. 어떠한 조직이나 관리법보다도 인간관계가 일의 성패를 결정짓는 것이다. 그래서 오늘날에 있어 훌륭한 리더라 하면, 인간관계를 잘 운용하여 모든 성원의 뜻을 하나로 묶어나가는 사람이다. 그렇게 하자면 인심의 미묘한 작용, 사람의 참된 소망을 알아 두어야 한다. 제각기 자존심을 가지고 자기 존재의 인정을 바라고 있으며, 무시당하거나 나쁘게 평가되는 것을 극단으로 싫어한다. 설사 아무리 극악무도한 사람이라도 이런 심리는 다 같다.

세상에는 자기 편 사람을 적으로 만드는 사람이 있는가 하면, 적을 자기 편으로 만드는 사람도 있다. 그 차이는 어디에 있는가. 바로 인심 깊이에 있는 자존심과 관계가 있다. 자존심을 손상당하거나 창피당하거나 하찮은 취급을 당하면 자기 편이라도 적이 되기 십중팔구이다. 그 반대로 인정받고 높이 평가받으면 협력자가 되는 것은 당연하다.

　　여기서 인간관계의 요결을 말한다면 '상대를 인정하고 존중하면 자신의 협력자가 된다'는 사실이다. 상대방의 참된 인격을 존중하고 존경하는 데서 모두 자기의 협력자가 되는 것이다.

부하의 능력 계발

—

대개 누구든지 자기 능력의 계발 향상을 바라지 않는 사람은 없다. 그래서 부하되는 사람은 자기를 성장시켜주기를 기다리고 있는 것이다. 그리고 한 리더의 장래는 얼마만큼 협력자를 육성했으며 인재를 진리 본연했는가와 깊은 관계가 있다. 그러므로 부하를 잘 살펴서 어디에 고민이 있는가를 알고 조언해주며 격려해주어야 한다.

　　리더로서 또 한 가지 중요한 것은 부하의 소망을 알아주어야 한다는 것이다. 어떤 때에 기뻐하는가, 무엇에 보람을 느끼는가를 알고 있어야 한다. 대개 사람 마음의 깊은 속에서는 몇 가지 공통적인 소망이 있다.

1. 우정을 주고받고 싶어 한다.
2. 자기 존재를 인정받고 싶어 한다.
3. 꾸준히 향상하고 진보하고 싶어 한다.
4. 남에게 도움을 주고 싶어 한다.
5. 풍족해지고 싶어 한다.

6. 구속받지 않고 자유롭고 싶어 한다.

7. 평등 속에서도 자기에 대한 특별한 인정을 바란다.

얼핏 보기에 사람들은 주기는 싫어하고 받기만 바란다든가 안정만을 추구한다든가 평등만을 요구하는 것으로 생각하기 쉽다. 그렇지만 꼭 그런 것만은 아니다. 받고 싶어 하기도 하지만 그에 못지않게 주고 싶은 것이 인간의 속 모습이며, 남보다 못하게 차등 대우를 받고 있을 때는 평등을 요구하지만 평등 속에 있을 때는 오히려 자기만의 특별한 인정을 바라고 있다. 평등의 굴레 속에 모두를 일색으로 다루어지는 것이 인간 개개인으로서는 못마땅해 하는 것이다. 개아의 인정, 특별한 개성의 발휘 등 이러한 심리를 이해해야 한다.

정말로 이와 같이 평등하면서도 다양한 개성을 지닌 사람들의 심정을 이해해 주는 데서 한 직장의 리더는 비로소 "최고야!" 하는 소리를 듣게 된다. 이처럼 자기를 알아주는 사람을 위해서 사람들은 심신을 바치고 보람을 느끼는 것이다.

－1975년 4월

희망은 어떻게 실현할까

꿈을 갖자

—

대개 같은 일에 대해서도 이것을 고난으로 받아들일 것인지, 혹은 희망으로 받아들일 것인지는 그 사람의 마음에 달렸다. 하지만 그 결과는 그 일을 통해서 향상할 수도 퇴타하거나 실패의 구렁에 빠질 수도 있다. 그 갈림길의 선택이 그 사람에게 있다지만, 실로는 그 사람이 마음의 법칙이 무엇인지 아는가 여부에 달린 것이다. 참으로 마음의 법칙을 알고 있으면 고난이 고난이 아니다. 고난이 전진을 위한 발돋움이 되어, 겉보기에는 고난이라도 그 속에는 희망과 성공의 길을 발견한다.

이 마음 법칙의 활용은 사업의 개선, 성격의 개조 및 능력의 계발, 그밖에 대인 관계에 있어서 보다 원만하고 성공적인 조화를 갖는 등 모두를 이룰 수 있는 것이다. 이러한 희망을 실현하는 데는 불가불 비결이라는 것이 없지 않다. 먼저 "큰 꿈을 가져라"는 것이다. 대개 마음속에 그린 생각이란 그 속에는 자신의 마음이 깊이 작용하고 있는 것이다. 그러므로 소망을 이루고자 하는 사람은 마음속에 큰 꿈을, 커다란 소망을 꿈꾸고 살아나가야 한다.

역사상 위대한 업적을 남긴 사람치고 마음속에 꿈을 가지지 않은 사람은 없다. 결국 역사상 위대한 사람이라고 불리거나 위대한 사업으로 평가받는 그 모두가 마음속 커다란 꿈의 소산인 것이다. 그렇다면 우리는 무엇보다 먼저 꿈을 꾸고 커다란 소망을 갖는, 활기찬 마음의 소유자가 되어야 할 것이다. 참으로 크고 밝고 활발하고 정말 용기 있게 꿈꾸는 자야말로 위대한 사업을 성취시키는 능력자라 말할 수 있을 것이다. 꿈은 실현성 없는 공허한 것이 아니다. 희망을 현실화시키는 힘을 가지고 있으며 생각을 구현시키는 방법이기도 하다.

꿈은 실현된다

—

사람이 물건을 만들고 환경을 이룩해가는 데 있어 그 원인을 추구해 보면, 인간의 창조력을 빌리지 않고 된 것은 하나도 없다. 인간이 만들고 발견하고 발명하는 그 모두는 당초에 사람의 마음속에 그려져 있던 것들이다. 어떤 사람의 꿈이나 희망으로서 또는 어떤 사람의 아이디어로서 그려왔거나, 일단의 사람들의 공통된 요청으로 추궁해왔던 일이 마침내 긴 세월을 지나면서 현실화된 것이다.

이와 같은 사람의 마음이 가지는 창조의 힘을 우리는 십분 알아야 한다. 그래서 우리가 만들고자 하는 물건이나 환경이 밖에서 오는 조건이라기보다는, 그에 앞서 마음속에 창조적인 원인력이 있는 것에 착안해야 한다. 이것을 모르는 사람은 자기 마음속의 창조력을 알지도 못하고 또한 이루어지는 원리를 모르기 때문에, 자신에게 있는 창조의 힘을 쓰지 못한다. 오히려 밖에서 가져오는 것에 의존하거나 그에 구속되어, 자신의 자유도 잃고 소망도 잃어버리니 이것이 진리를 모르는 범부 인간의 서글픔이다.

이 원리를 참으로 알아서 마음에 있는 창조력을 활용하면, 자기 운명의 창조와 자기 이상의 실현 등 희망을 현실화할 수 있는 것이다. 누누이 말한 바와 같이 "일체는 마음에서 이루어진다"는 가르침은 어떤 현실에 대한 환상적 판단이나 우리가 마땅히 도달코자 하는 하나의 목표가 아니다. 진리적 현상에 대한 말씀이며, 또한 모든 창조가 이루어지는 참된 과정을 사실대로 말씀하신 것이다.

꿈이 이루어지는 조건

—

봄이 오고 날이 따뜻해지면 사방이 파릇파릇 풀과 나무에 싹이 솟아난다. 땅에 뿌리박은 싹, 땅에 떨어진 종자가 눈을 뜨고 빛을 향해서 솟아나는 것이다. 이처럼 사람의 마음에 생각했던 것은 마치 땅에 종자를 뿌린 것과 같고, 깊은 신념으로 가졌던 꿈은 대지에 심어 놓은 뿌리와 같아서 거기에서 소망이 이루어질 여러 여건이 하나둘 이루어져 간다.

　사람의 마음에 있는 잠재의식 속에 던져진 희망은 봄날에 종자가 싹을 틔우고 뿌리에 새 힘이 솟아오르는 것처럼, 차차 현실화 과정을 밟아가는 것이다. 우리는 항상 현재의식 속에서 부단히 참된 꿈, 참된 생각, 아름다운 소망이라는 종자를 장만함으로써, 잠재의식이라는 밭에 깊이 뿌려야 할 것이다. 소망을 이루게 하는 원동력이 무엇인가 하면, 잠재의식이라고 하는 마음밭에 풍부하게 갖추어져 있는 양분과 힘이라는 사실을 알아야 한다. 마음속에 굳게 생각하고 확신을 가지고 행동하고 말하는 것은 반드시 실현된다.

　이것이 마음의 창조 법칙이다. 이 희망 실현 법칙을 활용하면, 우리는 일상생활의 개선이나 사업의 진취나 장애의 극복 등 여러 면에 있어서 자기의 소망을 펴나갈 수 있다. 예를 들면 보다 적극적이며 활동적인 인간이 되고 싶다든가, 또는 보다 훌륭한 성적을 올리고 싶다든가, 내지 인간관계의 조화 등 이러한 가지가지 희망을 실현할 수 있다. 이와 같은 희망이 이루어져 가는 데는 몇 가지 중요한 요점이 있다.

　첫째, 우리가 그리는 희망이나 꿈 등 소망스러운 것은 참을 수 없이 절실한 것이어야 한다. 다행히 되면 좋고 안 되면 그만이다 하는 것으로는 무력하다. 결실되지 않는 종자와 같이 거기에는 힘이 없다. 마음속에서부터 우러나는 절실한 소원이어야 실현이 빠른 것이다.

　둘째, 그와 같은 희망이나 소원은 다른 사람 또는 세상 사람에게 이익이 되고 자신에게도 도움을 주는 소원일수록 실현되기 쉽다. 말하자면 많은 사람을 이익하게 하고자 하는 마음이니, 이것은 바로 성현의 마음에 통하는 것이며 부처님의 원력과 통하는 것이므로 진리의 힘이 그 소망에 뒷받침되어 빨리 실현된다. 반대로 이기적인 것, 자기만의 이익을 위한 것, 다른 사람은 손해나도 좋다든가 다른 사람을 해치는 요소가 있는 희망 등은 실현될 수 없다. 나와 남이 함께 기뻐하고 많은 사람에게 이익을 줌으로써 내가 기쁨을 갖는 그러한 희망이어야 한다. 그것은 진리와 어긋나는 희망이 결코 진리의 뒷받침을 받지 못하는 것이기 때문에, 설사 일시적인 소망 성취가 있는 듯이 보여도 오래가지 않는다.

셋째, 중요한 것은 이와 같은 희망과 소원은 '지금 이미 실현됐다' 하는 생각을 마음에 간직해야 한다. 다시 말하면 마음속에 자기의 소원이 성취된 상태를 뚜렷이 그려보고 확신함으로써, 이것이 이루어졌다고 마음먹어야 한다. 이와 같은 희망에 대한 성취 상태의 확신은 마음속에 이미 이루어진 것이기 때문에, 그와 같이 마음속에 이루어진 설계도가 잠재의식 속에 깊이 뿌리박아져 꽃이 피고 열매가 열리는 것이다. 이것은 참으로 중요하다. 마음속에 이루어진 상태의 확신, 이것이 구체적으로 현상계에 소망을 성취시키는 원형도라는 사실을 알아야 한다. 그렇기 때문에 소망하는 바가 분명치 않거나 또는 흔들리는 상태, 다시 말해서 성공에 대한 확신이 없는 희망은 좀체 이루어지기 어렵다.

희망을 갖자. 큰 소망을 세우자. 그것이 이루어진 상태, 완전한 상태, 성공한 상태를 뚜렷이 마음속에 그리고 확신으로 붙들고 가자. 그리고 굳은 집념으로 꾸준히 밀고 나가자. 그러기 위해 몇 가지 방법도 있을 수 있다. 벽에 '나는 무엇 무엇을 성취했다' 하는 것을 크게 써서 붙인다든가, 혹은 시시때때로 '나는 무엇 무엇을 성취했다' 하는 것을 마음속에 그리고 입으로 외는 것을 반복해 나가는 것도 소망을 성취시키는 좋은 방법이다.

끝으로 한마디 더 한다면 일상생활에서 현재 상태를 전반적으로 개선해 나가고자 할 때에는 '나는 하루하루 좋아진다', '나는 매일매일 향상한다' 등의 말을 신념을 가지고 아침저녁으로 선언하고 자기 자신을 향해 다짐하고 나아가면 좋을 것이다. 어떤 곤란한 일이나 당해 보지 않은 일에 손댈 때 또는 실패의 경험이 있는 사태에 부딪칠 때는 새로 용기를 내보자. '나는 된다', '나는 이 일을 해낼 수 있다'는 적극적인 말의 힘을 활용해, 마음속의 불안과 근심 등 소극성을 털어버리면서 도전해가야 할 것이다.

- 1975년 5월

의욕에 불을 붙여라

처처에 주인공이 되자

—

직장에서 일에 종사하는 사람들이 혹 일할 흥미가 나지 않는다면 그 이유를 잘 생각해 볼 일이다. 일에 재미가 없다고 하는 데는 그런 대로 이유가 있을 것이다. 사실 즐거움이라고 하는 것은 노는 데 있는 것이 아니고 일하는 가운데 있다. 일 속에서 즐거움도 보람도 감격도 받는 것이다. 만약 일에서 재미를 못 느낀다면, 그 생애는 따분하다고 할 수밖에 없다. 왜냐하면 사람이란 일을 통해 살아가기 때문이다. 활기차게 활동하는 가운데서 보람도 느끼는 것이다. 왜 일에 재미가 없을까?

결론부터 말하면 그것은 자신이 자기에게 있는 능력을 모두 털어 내놓지 않는 데 있다. 다시 말해서 자기에게 있는 무한의 가능성을 능력껏 발휘했을 때, 비록 작은 일이라 하더라도 보람과 성과가 있는 것이다. 그렇지 못할 때에는 비록 큰일이라 하더라도 보잘것 없는 일 속에 자기를 매몰시킨다고 생각되어 재미가 없게 된다.

"스스로 주인공이 되라." 이 말은 매사에 참으로 금언(金言)인 것이다. 임제 스님 말씀에 "수처작주(隨處作主)"라는 말씀이 있다. 처처에 주체성을 살려서 자신이 주인공의 위치를 탈취하라는 뜻이다. 그렇게 되면 하는 일마다 모두가 참되다. 이 가르침은 참으로 만고에 변함없는 금칙(金則)이다. 우리는 이 말씀을 깊이 마음속에 간직하도록 하자.

남의 일을 한다고 생각하지 말자
—

무엇이든지 자기 일이라고 생각하고 임할 때, 그 일을 열심히 하는 법이다. 열심히 한다고 하는 것은 그 일을 대상으로 파악하지 않고 자기와 하나가 되는 것이다. 대상을 자기와 하나로 만들 때, 일의 능률도 창의성도 나타난다. 이것이 바로 삼매며, 도인이 이르는 일색판도(一色辦道)의 교훈이기도 하다. 그렇지 못하고 남의 일이라고 생각해 보자. 이렇게 하라고 했으니 그대로 하기만 하면 된다. 또는 대충 큰 허물없이 해 나가면 된다. '어차피 큰 재미없는 일이니까 어지간히 적당히 해 두자.' 이러한 자세로서는 일을 해도 즐거울 리가 없다. 이것은 일종의 노예와 같은 것이어서, 남의 일에 종속되어 돈에 팔린 일이라고 생각하기 때문이다. 거기에는 보람이 있을 리 없다. 일할 맛이 없는 것이다.

앞서 말한 바와 같이 아무리 작고 남 보기에 보잘것없는 일이라 하더라도, 그 일에 온몸으로 맞붙어 밀고 나갔을 때를 생각해보자. 자기가 바로 주인이다. 그 일에서 자기의 창의와 능력과 의지 등이 나타난다. 그래서 그 일을 통해서 더욱 향상되고 진보되며 자기 계발의 기회도 되는 것이다. 아무리 재미없는 일이라 하더라도, 적극적으로 생각을 바꾸고 일하는 방법을 연구해보라. 일하는 직장이 빛날 것이다. 이것이야말로 임제 스님이 말씀하신, "곳곳마다 주체성을 획득하라" 하는 주인공적인 생활 방식이라 하겠다.

주체적인 생활 방식, 이것이 참으로 중요하다. 어떠한 일이라도 자기 것으로 알고 탄탄히 맞붙는다. 어떠한 회사에서든지 이것이 나의 운명을 건 일이라 생각하고 소임을 다한다. 그리고 "이 회사야말로 내가 지탱해 나아가는 회사다. 나의 직분이 비록 낮아도 나를 통해서 이 회사는 유지된다." 이렇게 커다란 기개를 갖는다면, 참으로 처처에 주체성을 발휘하는 기쁨이 오는 것이다.

피동에서 능동으로 바꾸자

—

남이 시켜서 하는 일, 남에게 명령 받아서 하는 일이 어째서 재미가 나지 않을까? 어째서 그것이 고통스러운 것일까? 그 이유는 단순하다. 자기가 일을 당하는 입장에 서기 때문이다. 일을 주체적으로 하는 것이 아니라, 일에 밀리고 일에 쫓기고 사람에게 몰리기 때문이다. 다시 말하면 일과 사람에게 결박된 까닭이니, 그러고서는 일이 재미있을 리 없고 살맛이 날 리 없다. 일과 적극적으로 대결하고 이에 맞붙어 보라. 그리고 "좋다. 어떠한 일이든지 오라. 내가 다 해치우리라." 이렇게 스스로 선언하고 마음의 자세를 적극적 자세로 바꾸면 어떻게 될까.

생각을 수동에서 능동으로, 소극에서 적극으로 바꾸는 것이다. 여기에서 비로소 창조의 즐거움과 살맛이 나는 법이다. 이럴 때 인생도 함께 바뀐다. 마땅히 소극적 인간에서 적극적 인간으로 변신해야 할 것이다.

누구에게나 사람은 풍부한 창조성을 지니고 있다. 직장에서 생활에서 인생에서 그 창조력을 자유자재로 구사해 적극적으로 창조해 나갈 때, 인간에겐 기쁨을 찾아오기 마련이다. 오히려 이처럼 사는 것이 정당한 인간 자체인 것이다. 따라서 인간은 누구나 적극적인 의욕을 가지고 일에 임하는 것이 본래 자세다. 그런데 자기의 이 같은 의욕을 충분히 발휘하지 않는 데 문제가 있다. 보람 있고 기쁘고 멋있는 생애를 꾸며야 할 것이다.

능동적 자세를 갖추자

—

같은 일을 하더라도 자기 스스로 하는 일과 남이 시켜서 하는 일은 다르다. 하고자 하는 일도 남이 시키면 의욕이 식는다. 이것은 자기의 하고자 하는 의욕을 인정받지 못한 데서 오는 반감이다. 마땅히 마음속 의욕에 불을 붙여서 자발적으로 나아가야 한다. 누구에게 부림을 받아서 하는 것이 아니다. 스스로 생각하고 스스로 행동하자. 여기에 참된 승리와 참된 인생의 보람이 느껴지게 마련이다. 최근에는 산업인의 자발성과 자주성의 제고, 참가 의식의 향상 등이 여러 가지로 논의되고 있다.

스스로 하고자 하는 의욕을 내지 않을 때, 일에 진취성도 창조성도 있을 리 없다. 기계적인 조직의 제도에 묶여서 끌려가는 자세로는 일에 능률과 창의가 나지 않는다. 거기에서 전체적인 향상이 있을 리 만무하다. 비록 하잘것없는 작은 일이라 하더라도, 스스로 능동적인 자세로 돌아가 창조의 기쁨을 느끼지 않는 한 그 일이 원만히 되지 않는다. 더욱이 어려운 일에 맞부딪쳤을 때 어찌될까? 좌절, 아니면 그 일에 전진을 보지 못할 것은 뻔하다.

능동적인 주체성을 가지고 일에 임하자. 그리고 자기 능력을 시험하는 계기라고 생각하며 일에 도전하라. 그러면 일을 성취한 승리감, 자기 충족감을 통해서 십분 기쁨을 맛볼 것이다.

자기 실현과 자기 확대

—

사람은 누구나 제각기 풍부한 능력과 개성을 가지고 있다. 따라서 누구나 그 사람이 아니면 할 수 없는 장점을 가지고 있다. 이 인간 내면에 있는 무한한 가능성을 발굴하고 자신만의 개성을 풍부하게 꽃피게 할 때, 일하는 즐거움과 보람을 느낀다. 자기의 존재나 자기가 하는 일이 주위 사람들을 기쁘게 하고 있다는 충실감, 이것이야말로 자기 확대의 즐거움이며 자기 실현을 통해 자타가 일체된 기쁨인 것이다.

마음속에 의욕의 불을 붙이고 주위 사람에게 기쁨을 주도록 하자. 주위 사람에게 중요한 존재로서 인정받는 것은 바로 자기 확대를 의미한다. 일하는 사람은 이 자기 실현을 통한 자기 확대에 최대의 보람을 느끼는 것이다. 우리는 모름지기 모든 일에서 주체적이며 능동적인 자기를 탈취해, 있는 힘과 능력을 최고로 발휘하자. 거기서 생활과 인생에 즐거움과 보람을 누리며, 이웃에게 기쁨과 보람을 주는 소중한 사람이 되어야 할 것이다.

– 1975년 6월

일하는 즐거움을 잡자

일은 괴로운 것일까

—

일은 원래 즐거운 것이다. 일이란 자기의 생명 활동이기 때문이다. 그것이 즐겁지 않을 수 없다. 그런데도 즐거움을 느끼지 못한다면 어딘가 잘못이 있는 것이 아닐까?

어느 직장이고 한두 사람의 모범형이 있는 법이다. 일을 기분 좋게 척척 처리해 나가는 사람이 있다. 자기 일에 능숙할 뿐만 아니라, 항상 겸허하고 다른 사람의 의견을 소중히 한다. 그래서 언제나 주변에서 신뢰받고, 어려운 인간관계의 틈바구니에서 하나의 완충 역할을 하는 사람이 있다. 이런 사람들은 대개 속이 툭 트인 것처럼 시원스럽고, 자주 유머를 즐기기도 한다. 그렇지만 그는 무엇보다 일하는 것에 더 재미를 느끼고 있는 것이다. 회사 일이 즐겁고 기뻐서 어쩔 수 없다는 성싶다. 이러한 일의 태도와 직장 환경은 어떻게 해서 이루어지는 것일까?

우리는 살고 있다. 살아있다는 것은 움직이고 활동한다는 뜻이며, 이것이 우리 본연의 모습이다. 다시 말해서 살아있는 우리 인간은 원래가 활동하고 일하는 것에서 즐거움을 느낀다. 일이 없는 것만큼 따분하고 처량한 것은 없다. 우리는 일을 당해서 감사한다. 일이 있어서 좋은 것을 알고 일에 대해서 감사하고 일을 사랑하자. 일을 싫어하는 사람, 일을 발견할 줄 모르는 사람은 이 세상을 졸업할 사람이다.

자기 표현은 일에서

—

원래 일은 기쁜 것이다. 일은 생명의 자기 표현이며 생명의 활동인 까닭이다. 생명을 구김없이 마음껏 활동시킬 때 우리는 거기서 즐거움을 맛본다. 당연히 기쁠 수밖에 없다. 일을 남에게서 주어진 것, 명령된 것, 피동적으로 마지못해 하는 것 등으로 생각하면 괴롭다. 스스로 일에 맞붙고 적극적으로 참가할 때, 비록 육체적으로는 괴로움이 있다 하더라도 마음은 즐거움을 느끼는 것이다. 자발성이 있고 자주성이 충족될 때 일은 기쁘다. 마땅히 적극적으로 일에 참여하고 자주성을 처처의 일에서 충만시켜야 할 게 아닌가.

우리 인생은 바로 자기 표현의 장소이다. 우리가 살고 있는 것으로써 넉넉하게 자기의 가능성을 표현하며, 자기가 가지는 정신적인 내용과 인격을 실현하는 것이다. 그리고 일은 우리의 가치를

나타내주며 자기를 실현하는 도구가 된다. 그래서 직장은 우리의
가치를 실현하는 장소가 된다.

　　이렇게 생각해 보면 일에 맞붙어 열심히 몰두하는 마음의 자
세는 신성할 수밖에 없다. "자 어떤 일이라도 오라. 내가 이 일을
통해서 훌륭한 업적을 지으리라." 또는 "어떤 일이든지 나서라. 나
의 능력을 보여주마." 하고 일을 대해보자. 그 일을 자기 표현의 기
회로 삼아서 기쁨으로 맞이해야 할 것이다.

능력을 발휘하자

—

어느 직장이고 훌륭한 고참들이 있게 마련이다. 실력이 있고 능력
이 뛰어난 인재나 전문가들이 있다. 그런 사람들은 어떻게 해서 그
렇게 되었을까? 일을 많이 했기 때문이다. 여러 가지 전문적인 일
을 끊임없이 연마하며 자기 능력을 계발했기 때문이다. 전문가나
숙련자들은 그 방면 일에 맞붙어 많은 세월을 지냈기 때문이다. 여
기에 능력 계발의 요점이 있다. 사람의 능력은 쓰면 쓸수록 더욱
는다. 어려운 일은 그만큼 우리의 가능성을 계발해 주는 기회가 되
고 있다. 고난은 바로 나에게 새로운 능력을 열어주고 새로운 힘을
보태주는 중요한 계기인 것을 잊어서는 안 된다. 여기서 능력 계발
의 원칙을 몇 가지 열거해 둔다.

　　첫째, 자기 안에 무한의 가능성이 있는 것을 알 것. 사람은 누
구나 부처님 공덕으로 태어난 불자인 까닭에 그에게는 무한의 가

능성을 스스로 지니고 있다. 이것을 먼저 굳게 믿자.

둘째, 능력은 쓸수록 더욱 커진다. 일을 많이 하면 무능해진다 거나 무력해지는 것이 아니다. 반복해서 쓸수록 그 사람의 능력은 향상되고 풍부해지는 것이다. 게으르고 쓰지 않으면 그만큼 쇠퇴 한다.

셋째, 능력은 스스로 자신을 가질 때 일정한 방향으로 더욱 성 장한다. 그러므로 나는 할 수 있다는 가능성을 확신하며 신념으로 이를 굳혀 나가야 한다. 앞에 당한 일에 당황하거나 나의 소질이 아니라고 한정한다면 그 사람은 그 일에 막힐 수밖에 없다. 할 수 있다는 확신, 자신, 그것이 할 수 있는 능력을 끌어내는 것이다.

넷째, 자기가 하기 싫은 일, 실패의 경험이 있는 일을 당했을 때는 이때야말로 이 일을 극복할 수 있는 절호의 기회다 하고 적극 적으로 맞붙어야 한다. 그러면 거기에는 당신의 또 하나의 능력이 열리고 그를 이겨낸 승리의 업적이 당신에게 채워질 것이다.

남을 도울 자세
—

우리는 사는 보람을 어디에서 느끼는가 하면, 자신의 존재가 주변 사람에게 도움이 되고 있다는 사실에서다. 자신의 존재를 주변에 서 기쁘게 받아들임을 알았을 때, 우리는 즐거움과 기쁨이 솟아난 다. 그러므로 우리는 우리가 하는 일을 통해서 많은 사람에게 도움 을 주자. 많은 사람의 도움이 되도록 주변 사람에게 기쁨을 주도록 일을 해야 한다. 이것이 직장에서나 사회에서 성공할 기초다. 또한 이처럼 남에게 도움을 줄 수 있는 사람이 되고자 하는 마음씨가 바로 번영의 법칙이기도 하다. 많은 사람에게 도움을 주고자 하는 사원이 있을수록 그 회사는 힘이 넘쳐서 크게 발전하는 법이다. 이처럼 많은 공부와 노력이 쉬지 않아야 한다. 남에게 도움을 주자면 그만큼 게으를 수 없다. 부단한 공부, 이것이 또한 성공의 비결이다.

대개 직장이 즐거우냐, 아니면 고통스러우냐는 일 자체보다 인간관계에 크게 좌우된다. 그러므로 모름지기 스스로 훌륭한 인간관계를 갖도록 노력해야 할 것이다. 이 인간관계가 남에게서 작용해 오기를 기다리지 마라. 스스로 적극적으로 지어가야 한다. 그리고 인간관계의 요결로서, 상대의 태도는 내 마음의 반사경이라는 것을 항상 인식해 둬야 한다.

상대방이 나에게 거칠게 나온다고 해서 그 원인이 상대방에 있다고 생각하지 말아야 한다. 내가 먼저 호의를 가지고 반갑게 맞아주고 도울 때, 상대방이 나에게 거칠게 나올 리 없다. 그는 나를 사랑하고 나에게 사랑으로써 대해 오는 것이다. 상대방을 거부하고 배척하는 심정을 갖고 있으면서 그에게서 좋은 태도가 나오기를 바라는 것은 있을 수 없는 것이다. 내가 그를 존경할 때 그가 나를 존경한다. 내가 그에게 호의를 가질 때 그는 나에게 호의를 갖는다는 이 원칙을 깊이 명심하자. 나의 태도가 바뀌었을 때 상대방도 태도가 바뀌는 것이다. 그러므로 인간관계에서 다음 몇 가지는 항상 염두해 두어야 한다.

1. 누구나 존경받고 싶어 한다.

2. 의견이 받아들여지고 싶어 한다.

3. 소중히 대접받고 싶어 한다.

4. 이해받고 싶어 한다.

5. 자기에게 관심을 갖게 하고 싶어 한다.

이상 몇 가지를 마음에 두고 직장을 통해서 즐거움과 성장을 기약해야 하겠다. 그리하여 일을 통해서 높은 인격으로 도약해야 하겠다. 직장이야말로 우리가 나라와 사회에 기여할 최상의 장소 이다.

- 1975년 7월

행복의 법칙

© 광덕, 1990

1990년 9월 17일 초판 1쇄 발행
2015년 10월 15일 2판 1쇄 발행
2020년 2월 1일 2판 2쇄 발행

지은이 광덕 스님
발행인 박상근(至弘) • 편집인 류지호 • 상무 양동민 • 편집이사 김선경
편집 이상근, 김재호, 양민호, 김소영 • 디자인 쿠담디자인 • 제작 김명환
마케팅 김대현, 정승채, 이선호 • 관리 윤정안

펴낸 곳 불광출판사 (13150) 서울시 종로구 우정국로 45-13, 3층
　　　　대표전화 02) 420-3200 편집부 02) 420-3300 팩시밀리 02) 420-3400
　　　　출판등록 제300-2009-130호(1979. 10. 10.)

ISBN 978-89-7479-277-0 (03220)

값 15,000원

이 도서의 국립중앙도서관 출판시도서목록(CIP)은
서지정보유통지원시스템 홈페이지(http://seoji.nl.go.kr)와
국가자료종합목록 구축시스템(http://kolis-net.nl.go.kr)에서 이용하실 수 있습니다.
(CIP제어번호: CIP2015026353)